"十三五"国家重点图书出版规划项目

国家出版基金项目
NATIONAL PUBLICATION FOUNDATION

《中国经济地理》丛书

孙久文　总主编

上海经济地理

曾　刚　滕堂伟　等◎编著

SHANGHAI

经济管理出版社
ECONOMY & MANAGEMENT PUBLISHING HOUSE

图书在版编目（CIP）数据

上海经济地理 / 曾刚等编著. -- 北京：经济
管理出版社，2024. -- ISBN 978-7-5096-9759-7

Ⅰ．F129.951

中国国家版本馆 CIP 数据核字第 20246ZQ810 号

组稿编辑：申桂萍
责任编辑：申桂萍
助理编辑：张　艺
责任印制：黄章平
责任校对：陈　颖

出版发行：经济管理出版社
　　　　　（北京市海淀区北蜂窝 8 号中雅大厦 A 座 11 层　100038）
网　　址：www. E-mp. com. cn
电　　话：（010）51915602
印　　刷：唐山昊达印刷有限公司
经　　销：新华书店
开　　本：720mm×1000mm/16
印　　张：16. 75
字　　数：329 千字
版　　次：2024 年 10 月第 1 版　　2024 年 10 月第 1 次印刷
书　　号：ISBN 978-7-5096-9759-7
定　　价：98. 00 元

《中国经济地理》丛书

顾　　问：宁吉喆　刘　伟　胡兆量　胡序威　鄢翊光　张敦富

专家委员会（学术委员会）

主　　任：孙久文
副 主 任：安虎森　张可云　李小建
秘 书 长：张满银
专家委员（按姓氏笔画排序）：

邓宏兵	付晓东	石培基	吴传清	吴殿廷	张　强	李国平
沈正平	陈建军	郑长德	金凤君	侯景新	赵作权	赵儒煜
郭爱君	高志刚	曾　刚	覃成林			

编委会

总 主 编：孙久文
副总主编：安虎森　付晓东　张满银
编　　委（按姓氏笔画排序）：

文余源	邓宏兵	代合治	石培基	石敏俊	申桂萍	安树伟
朱志琳	吴传清	吴殿廷	吴相利	张　贵	张海峰	张　强
李　红	李二玲	李小建	李敏纳	杨　英	沈正平	陆根尧
陈　斐	孟广文	武友德	郑长德	周国华	金凤君	洪世键
胡安俊	赵春雨	赵儒煜	赵翠薇	高志刚	涂建军	贾善铭
曾　刚	覃成林	滕堂伟	薛东前			

总　序

今天，我们正处在一个继往开来的伟大时代。受现代科技飞速发展的影响，人们的时空观念已经发生了巨大的变化：从深邃的远古到缥缈的未来，从极地的冰寒到赤道的骄阳，从地心游记到外太空的探索，人类正疾步从必然王国向自由王国迈进。

世界在变，人类在变，但我们脚下的土地没有变，土地是留在心里不变的根。我们是这块土地的子孙，我们祖祖辈辈生活在这里。我们的国土面积有960万平方千米之大，有种类繁多的地貌类型，地上和地下蕴藏了丰富多样的自然资源，14亿中国人民有五千年延绵不绝的文明历史，经过40多年的改革开放，中国经济实现了腾飞，中国社会发展日新月异。

早在抗日战争时期，毛泽东主席就明确指出："中国革命斗争的胜利，要靠中国同志了解中国的国情。""认清中国的国情，乃是认清一切革命问题的基本根据。"习近平总书记在给地理测绘队员的信中指出："测绘队员不畏困苦、不怕牺牲，用汗水乃至生命默默丈量着祖国的壮美山河，为祖国发展、人民幸福作出了突出贡献。"李克强同志更具体地提出："地理国情是重要的基本国情，要围绕服务国计民生，推出更好的地理信息产品和服务。"

我们认识中国基本国情，离不开认识中国的经济地理。中国经济地理的基本条件，为国家发展开辟了广阔的前景，是经济腾飞的本底要素。当前，中国经济地理大势的变化呈现出区别于以往的新特点。第一，中国东部地区面向太平洋和西部地区深入欧亚大陆内陆深处的陆海分布的自然地理空间格局，迎合东亚区域发展和国际产业大尺度空间转移的趋势，使我们面向沿海、融入国际的改革开放战略得以顺利实施。第二，我国各区域自然资源丰裕程度和区域经济发达程度的相向分布，使经济地理主要标识的区内同一性和区际差异性异常突出，为发挥区域优势、实施开发战略、促进协调发展奠定了客观基础。第三，以经济地理格局为依据调整生产力布局，以改革开放促进区域经济发展，以经济发达程度和市场发育程度为导向制定区域经济政策和区域规划，使区域经济发展战略上升为国家重大战略。

因此，中国经济地理在我国人民的生产和生活中具有坚实的存在感，日益发挥出重要的基石性作用。正因为这样，编撰一套真实反映当前中国经济地理现实情况的丛书，就比以往任何时候都更加迫切。

在西方，自从亚历山大·洪堡和李特尔之后，编撰经济地理书籍的努力就一直没有停止过。在中国，《淮南子》可能是最早的经济地理书籍。近代以来，西方思潮激荡下的地理学，成为中国人"睁开眼睛看世界"所看到的最初的东西。然而对中国经济地理的研究却鲜有鸿篇巨制。中华人民共和国成立特别是改革开放之后，中国经济地理的书籍进入大爆发时期，各种力作如雨后春笋般出现。1982年，在中国现代经济地理学的奠基人孙敬之教授和著名区域经济学家刘再兴教授的带领和推动下，全国经济地理研究会启动编撰《中国经济地理》丛书。然而，人事有代谢，往来成古今。自两位教授谢世之后，编撰工作也就停了下来。

《中国经济地理》丛书再次启动编撰工作是在2013年。全国经济地理研究会经过常务理事会的讨论，决定成立《中国经济地理》丛书编委会，重新开始编撰新时期的《中国经济地理》丛书。在全体同人的努力和经济管理出版社的大力协助下，一套全新的《中国经济地理》丛书计划在2018年全部完成。

《中国经济地理》丛书是一套大型系列丛书。该丛书共计40册：概论1册，思想史1册，"四大板块"共4册，34个省（自治区、直辖市）及特别行政区共34册。我们编撰这套丛书的目的，是为读者全面呈现中国分省区的经济地理和产业布局的状况。当前，中国经济发展伴随着人口资源环境的一系列重大问题，复杂而严峻。资源开发问题、国土整治问题、城镇化问题、产业转移问题等，无一不是与中国经济地理密切相连的；京津冀协同发展、长江经济带战略和"一带一路"倡议，都是以中国经济地理为基础依据而展开的。我们相信，《中国经济地理》丛书可以为一般读者了解中国各地区的情况提供手札，为从事经济工作和规划工作的读者提供参考。

我们深感丛书的编撰困难巨大，任重道远。正如宋朝张载所言"为往圣继绝学，为万世开太平"，我想这代表了全体编撰者的心声。

我们组织编撰这套丛书，提出一句口号：让读者认识中国，了解中国，从中国经济地理开始。

让我们共同努力奋斗。

孙久文

全国经济地理研究会会长

中国人民大学教授

2016 年 12 月 1 日于北京

前　言

　　上海市位于我国华东地区，地处太平洋西岸，亚洲大陆东沿，是长江三角洲冲积平原的一部分，介于东经 120°52′~122°12′，北纬 30°40′~31°53′；上海市平均海拔高度为 2.19 米，大金山岛为上海最高点，海拔 103.7 米，属亚热带季风气候，河网密布，主要有黄浦江及其支流苏州河、川杨河、淀浦河以及淀山湖、沙田湖等。南宋咸淳三年（1267 年），在上海浦西岸设置"上海镇"。清道光二十三年（1843 年），上海开埠。民国十六年（1927 年），上海特别市成立，直辖于中央政府。民国十九年（1930 年），上海特别市改称上海市。2022年，上海总面积 6340.5 平方千米。截至 2022 年，上海市辖 16 个区，常住人口为 2475.89 万人。平坦的地形、密布的水网、亚热带季风气候构成了上海自然景观的基本轮廓。

　　上海是我国诞生于工业文明的国际都市之一。自 1843 年开埠以来，上海创造了全国诸多第一——全国第一条有轨电车、第一条营运铁路、第一条高速公路、第一部电话、第一盏电灯、第一座音乐厅、第一家正式电影院、第一家书局、第一所美术专门学校、第一份大型画报、第一座公园、第一个专业足球场、第一个公共游泳池、第一座污水处理厂、第一座消防瞭望塔。上海在我国现代产业、现代都市建设方面，发挥了重要的开拓和引领作用。

　　上海战略地位十分重要。上海位于东部沿海发展轴与长江东西发展轴所构成的"T"形接合部，长江经济带发展与长三角区域一体化发展新时期两大国家战略重叠区，肩负着区域发展"龙头"示范引领责任。2017 年 12 月 15 日国务院批准的《上海市城市总体规划（2017—2035 年）》指出，上海是我国国际经济、金融、贸易、航运、科技创新中心城市，应努力把上海建设成为创新之城、人文之城、生态之城，卓越的全球城市和社会主义现代化国际大都市。2019 年11 月，习近平总书记考察上海时明确要求，上海应强化全球资源配置功能、强化科技创新策源功能、强化高端产业引领功能、强化开放枢纽门户功能。

　　上海是我国的经济中心城市之一。2022 年，上海市实现地区生产总值44652.80 亿元，人均生产总值达到 18.04 万元，第一、第二、第三产业结构为：0.22∶25.66∶74.12。上海拥有 20 家国家新型工业化产业示范基地、外高桥和虹桥国家进口贸易促进创新示范区，以及 2.2 万家高新技术企业、4942 家专精特新企业。工业战略性新兴产业总产值占规模以上工业总产值的比重为 42%，集成电路、生物医药、人工智能三大先导产业规模达到 1.4 万亿元，初步形成了以三大先导产业（集成电路、生物医药、人工智能）、六大重点产业（电子信息、生命健康、汽车、高端装备、先进材料、时尚消费品）为支撑，四大新赛道（数字经济、绿色低碳、元宇宙、智能终端）和五大未来产业（未来健康、未来智能、未来能源、未来空间、未来材料）为引领的新型产业体系。此外，2022 年，上海市研发经费支出占地区生产总值的 4.2% 左右，有效专利达 80.11 万件，科创板上海上市企业 78 家。地方一般公共预算收入达到 7608.2 亿元。口岸贸易总额突破 10 万亿元，占全球比重提高到 3.6% 左右，居世界首位。上海港集装箱吞吐量达 4730.3 万标准箱，连续 13 年排名世界第一。

然而，上海经济也面临以数字技术为核心的第四次产业革命以及世界百年未有之大变局的重大影响，产业升级、绿色转型、对外合作关系重构深刻地影响着城市经济发展的各个方面。如何调整产业结构、优化上海产业布局，保持上海经济持续稳定增长、建设世界级产业集群、提升上海企业的核心竞争力和全球影响力？为了唤起更多人对上海经济地理的关注，在中国人民大学孙久文教授的统筹与指导下，在经济管理出版社的大力支持下，来自华东师范大学、华东理工大学、上海社会科学院、上海市发展战略研究所等单位的专家学者合作撰写了本书。本书共分为条件与资源、产业与经济、协同与战略三篇，共十一章，具体写作分工为：第一章、第十章、第十一章，滕堂伟；第二章，胡德；第三章，尚勇敏；第四章，石庆玲、谭亘奇；第五章，朱贻文；第六章，曹贤忠；第七章，张云伟、方田红、朱贻文；第八章，倪外；第九章，程进。此外，曾刚、滕堂伟承担了全书写作要求、框架设计、稿件统筹等方面的工作。需要指出的是，由于上海城市体量巨大，内部情况复杂，再加上作者水平与能力有限，本书可能存在一些疏漏，恳请各位读者批评指正！

华东师范大学城市发展研究院院长、终身教授
2023 年 11 月于华东师大丽娃河畔

目　录

第三篇　协同与战略

第一篇

条件与资源

第一章　资源环境与发展条件

资源环境是区域社会经济发展的物质基础和根本保障，自然资源数量的多寡、质量和开发利用条件以及地域组合状况，会影响区域生产发展的规模大小、生产活动的经济效益、区域的产业结构等。区域发展必须要以生态环境保护为前提，坚持可持续发展原则。独特的资源环境条件成就了上海，也对上海社会经济发展形成了基础性的约束和规定。

第一节　自然资源禀赋

自然资源是人类赖以生存和社会经济发展的重要物质保障。自然资源禀赋是区域所拥有的自然资源的数量和质量，主要包括土地资源、水资源、海洋资源、生物资源等。区域自然资源禀赋优劣及开发利用水平与区域内社会经济发展密切关联，明晰上海市资源禀赋条件是实现高效可持续发展的重要前提。

一、土地资源

土地资源是已经被人类所利用和可预见的未来能被人类利用的土地，既包括自然范畴，即土地的自然属性，也包括经济范畴，即土地的社会属性，是"财富之母"（刘彦随，2013），也是人类的生产资料和劳动对象。土地资源的分类有多种方法，在中国较普遍采用地形分类和土地利用类型分类。

（一）土地资源现状

上海市是位于全球第三大河流——长江河口的全球超大城市，北接长江口，南邻杭州湾，西倚太湖及环淀山湖地区，东临太平洋东海海域，陆域面积6833平方千米，海域面积10642平方千米。上海市除西南部有佘山、天马山等少数残丘外，其余为地势平坦、河网密布的三角洲冲积平原，拥江面海、枕湖依岛、河网交织、林田共生，呈现九峰三泖、湖荡圩田、湿地滩涂等"河—湖—海—田—滩"地貌特征。陆界北起崇明岛西北端，南止金山区大金山岛附近，西起青浦区西商榻，东止佘山岛以东的鸡骨礁，南北长约 120 千米，东西宽约 100 千米，平均海拔高度为 2.19 米，大金山岛为上海最高点，海拔高度为 103.7 米。

1. 土地资源开发优势

（1）区域条件优越，开发利用便利。上海市河网密布，江、河、湖、海息息相通，具有良好的通达性，土地容易开发利用。

（2）土地质量好，利用多宜性。上海市为地势低坦的冲积平原，只在西南境内有佘山、天马山等岩丘。在亚热带季风气候条件下，温暖湿润、四季分明、雨热同期。土壤肥沃，水稻土和灰潮土占耕地面积的 93.2%，有利于多种生物的繁衍生息，作物年可 2~3 熟，适宜于建设粮、棉、油、蔬菜基地，同时适合发展农、林、牧、副、渔生产。由于处在弱震区，地基承载力适中，土层为建筑物理想的桩基持力层。水资源及其他经济布局条件地域组合良好，其土地作为建设用地或其他非农利用，条件也是得天独厚。

（3）人多地少，土地利用程度高。上海市土地资源面积占全国的 0.066%，人口占全国的 1.1%，人口密度高，土地资源稀缺性十分突出。长期以来形成了土地利用集约化的传统，土地利用程度高。

（4）土地生产潜力大，利用效益好。上海市农用土地 90% 以上属于一等地，无任何限制因素。其余为二等地，仅有盐碱化因素制约，无三等地和不宜土地。

（5）泥沙淤积丰富，土地面积扩张。上海市位于我国潮差最大的强潮汐湾——杭州湾与长江入海口，特殊的地理位置使沿海滩地不断向外扩张，面积逐年增加，为上海提供了一定的土地后备资源。两千年来长江泥沙堆积成陆的土地约占上海土地面积的 60%。

2. 土地利用类型分布

上海市根据《上海市人民政府关于印发本市全面推进土地资源高质量利用若干意见的通知》（沪府规〔2018〕21 号）、《上海市国民经济和社会发展第十四个五年规划和二〇三五年远景目标纲要》（以下简称《上海"十四五"规划纲要》）提出，明确不同土地利用类型总量和变化结构，通过鼓励和引导各项建设节约集约利用土地，加大存量建设用地挖潜力度，推进土地利用功能适度混合利用。2010~2020 年，上海市主要土地利用类型一直是建设用地、耕地占比大，2010 年、2020 年这两种地类总面积分别占上海市总面积的 70.81%、66.82%。从变化量可知，林地和草地面积分别增加 39270.09 平方百米、17263.71 平方百米，林地增幅为 57.29%，草地增长了 10.52 倍；水域和耕地面积大幅减少，面积分别缩减 28287.43 平方百米、19245.35 平方百米，降幅分别为 21.61%、10.14%，建设用地面积缩减 8474.49 平方百米，降幅达 2.81%（见表 1-1）。

表1-1 2010年和2020年上海市土地利用面积和变化率

时间	项目	耕地	林地	草地	水域	建设用地	未利用地
2010年	面积（平方百米）	189739.21	68544	1640.19	130897.38	301268.74	1302.26
	占比（%）	27.36	9.89	0.24	18.88	43.45	0.19
2020年	面积（平方百米）	170493.86	107814.09	18903.91	102609.96	292794.24	775.72
	占比（%）	24.59	15.55	2.73	14.8	42.23	0.11
2010~2020年	面积变化（平方百米）	-19245.35	39270.09	17263.71	-28287.43	-8474.49	-526.55
	占比（%）	-10.14	57.29	1052.54	-21.61	-2.81	-40.43

资料来源：数据来源于上海市2010年、2020年土地利用变更数据，依据中国科学院土地利用/覆被分类标准，将各细分土地利用类型归并为耕地、林地、草地、水域、建设用地和未利用地6种土地利用类型。社会经济数据主要来自《上海统计年鉴》（2011~2021年）。

（二）土地资源储备

土地储备是县级及以上国土资源主管部门为调控土地市场、促进土地资源合理利用，通过征收、收回、购买和优先购买等办法取得土地，组织前期开发、储存以备供应的行为（李金光和张毅，2021）。土地储备是城市实现高质量发展的有力保障，是实现城市建设用地供给侧结构性改革的重要手段，是土地市场调控的一项经常性、保障性、基础性的制度安排。1996年，上海市在国内率先组建土地储备机构（上海土地发展中心）。此后，该机构在加快推进国际大都市的国际经济、金融、贸易、航运和科技创新"五个中心"建设进程中发挥重要作用（王丹妮，2023）。上海城市发展模式已进入从"外延扩张"转向"内涵提升"的阶段。为此，上海市土地储备工作要在面临新挑战的情势下开拓创新，通过高质量土地储备服务城市的高质量发展（王玲慧，2020）。2016年，根据财政部、国土资源部、中国人民银行、银监会发布的《关于规范土地储备和资金管理等相关问题的通知》（财综〔2016〕4号）的要求，上海市土地储备机构按"1+3+16"的模式进行设置，其中，"1"为上海市土地储备中心，"3"为临港、长兴、化工区分中心，"16"为16个区土地储备中心。

1.储备规模

2022年，上海市土地储备总规模为22536公顷（见图1-1），其中拟收储10405公顷，储备库12134公顷（含净地5298公顷），净地率约为44%。全市储备土地规模整体稳定，相比2021年的22802公顷下降约264公顷。

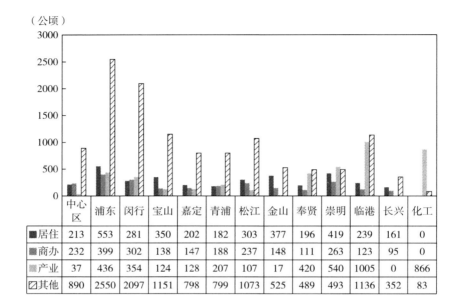

（公顷）

	中心区	浦东	闵行	宝山	嘉定	青浦	松江	金山	奉贤	崇明	临港	长兴	化工
■居住	213	553	281	350	202	182	303	377	196	419	239	161	0
■商办	232	399	302	138	147	188	237	148	111	263	123	95	0
产业	37	436	354	124	128	207	107	17	420	540	1005	0	866
▨其他	890	2550	2097	1151	798	799	1073	525	489	493	1136	352	83

图 1-1　截至 2022 年 7 月底上海市储备土地用地结构

注：数据以项目立项启动为标准。

资料来源：笔者根据上海市土地储备中心数据计算所得。

2. 用地结构

2022 年，上海市储备居住用地总规模为 3476 公顷，约占储备总规模的 15%；商办用地 2383 公顷，约占储备总规模的 11%；产业用地 4241 公顷，约占储备总规模的 19%；其他用地 12436 公顷，约占储备总规模的 55%（其中公共绿地占比 15%、公服用地占比 11%、交通运输占比 11%、控规未覆盖占比 9%、水域占比 8%、农用地占比 3%、战略预留占比 2%）。经营性储备用地的占比不高，居住、商办和产业三类土地约占储备总规模的 45%。

3. 空间布局

全市位于国土空间近期规划确定的重点建设区、一江一河、南北转型和五个新城等重点地区范围内的储备土地共计 11613 公顷，占全市储备总规模的 52%（见图 1-2）。2022 年，重点地区的储备库净地规模约 3080 公顷，比 2021 年底增加 624 公顷，净地率约为 48%，不仅高于全市平均净地率（44%），也高于 2021 年底的 38%。全市位于新城范围内的储备土地共计 5285 公顷，占总规模的 23%，略低于 2021 年底的 5773 公顷，但净地规模明显扩大，由 2021 年底的 1124 公顷上升为 1750 公顷，增加了 626 公顷。

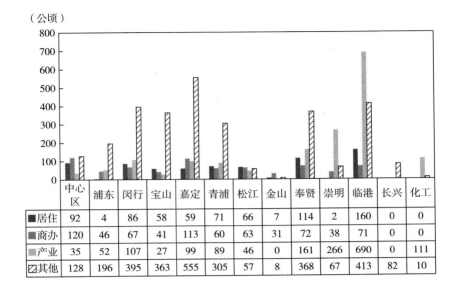

（公顷）

	中心区	浦东	闵行	宝山	嘉定	青浦	松江	金山	奉贤	崇明	临港	长兴	化工
■居住	92	4	86	58	59	71	66	7	114	2	160	0	0
■商办	120	46	67	41	113	60	63	31	72	38	71	0	0
▨产业	35	52	107	27	99	89	46	0	161	266	690	0	111
▤其他	128	196	395	363	555	305	57	8	368	67	413	82	10

图 1-2 截至 2022 年 7 月底上海市储备空间布局

注：数据以项目立项启动为标准。

资料来源：笔者根据上海市土地储备中心数据计算所得。

二、水资源

水资源是指可资利用或有可能被利用的水源，应具有足够的数量和合适的质量，并满足某一地方在一段时间内具体利用的需求[①]。它是人类社会发展不可或缺的基础物质资料之一，关系到经济社会发展的各个领域，是经济社会发展的战略资源和经济资源。

（一）水资源储备现状

上海水资源通常指淡水资源的数量和质量，包括本地水资源和过境水资源两部分，本地水资源由地表水径流量和地下水可开采量组成，过境水包括长江干流过境水及太湖流域来水。

从 2018~2022 年上海市各类水资源量变化趋势可以看出，水资源总量、地表水资源量、地下水资源量、人均水资源量都呈波动起伏态势，整体上先增后减，随着时间的推移，总量逐渐减少（见图 1-3）。原因如下：一是受降水量和蒸发量影响，全市降水年内分配不均衡，且多数集中在 3 月、4 月、6 月、9 月。

---

① 根据世界气象组织（WMO）和联合国教科文组织（UNESCO）的《INTERNATIONAL GLOSSARY OF HYDROLOGY》（国际水文学名词术语，第三版，2012 年）中有关水资源的定义。

2022 年，全市平均降水量 1072.8 毫升，折合降水总量 68.02 亿立方米，比多年平均降水量减少 4.3%，比 2021 年降水量减少 27.2%，属"平水"年。黄浦江区、杭嘉湖区、武阳区、通南及崇明岛诸河水资源分区差异明显，黄埔江区常年高于其他两大水资源分区[1]。二是本地水资源空间分布不均，分区差异大，整体呈现南多北少的特征（见图 1-4）。其中，浦东新区，地表水资源量和水资源总量遥遥领先于其他地区。三是过境水资源在流动过程的耗损与蒸发，即太湖流域来水和长江干流来水量的多少，直接影响了各类水资源总量的变化。

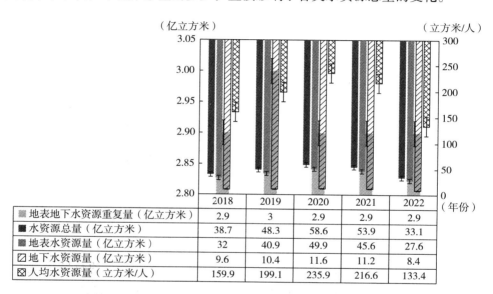

	2018	2019	2020	2021	2022
地表地下水资源重复量（亿立方米）	2.9	3	2.9	2.9	2.9
水资源总量（亿立方米）	38.7	48.3	58.6	53.9	33.1
地表水资源量（亿立方米）	32	40.9	49.9	45.6	27.6
地下水资源量（亿立方米）	9.6	10.4	11.6	11.2	8.4
人均水资源量（立方米/人）	159.9	199.1	235.9	216.6	133.4

图 1-3　2018~2022 年上海市各类水资源量情况

资料来源：根据上海市水务局与历年水资源统计公报数据整理。

（二）水资源开发利用

截至 2022 年底，全市用水总量 76.76 亿立方米。按用水性质分，农业用水量 17.21 亿立方米、工业用水量 34.89 亿立方米、生活用水量 23.83 亿立方米、生态环境用水量 0.83 亿立方米。全市人均年用水量 310 立方米，万元地区生产总值用水量 17 立方米，万元工业增加值用水量 32 立方米，农田灌溉水有效利用系数为 0.739。针对上海本土水资源承载能力的硬约束和国家对上海市水资源开

---

[1]　黄浦江区含中心城区、浦东新区、闵行区、宝山区、嘉定区、奉贤区等全域及金山区、松江区和青浦区等部分区域；杭嘉湖区含金山区、松江区和青浦区部分区域；武阳区含青浦区部分区域；通南区及崇明岛诸河为崇明区全域。

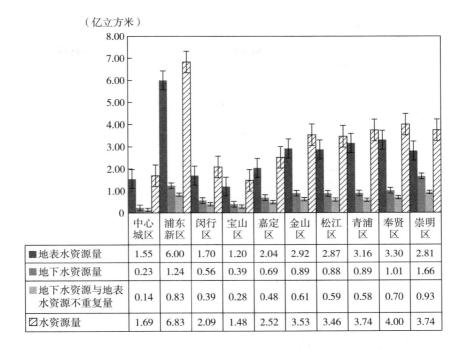

（亿立方米）

	中心城区	浦东新区	闵行区	宝山区	嘉定区	金山区	松江区	青浦区	奉贤区	崇明区
■地表水资源量	1.55	6.00	1.70	1.20	2.04	2.92	2.87	3.16	3.30	2.81
■地下水资源量	0.23	1.24	0.56	0.39	0.69	0.89	0.88	0.89	1.01	1.66
▨地下水资源与地表水资源不重复量	0.14	0.83	0.39	0.28	0.48	0.61	0.59	0.58	0.70	0.93
▨水资源量	1.69	6.83	2.09	1.48	2.52	3.53	3.46	3.74	4.00	3.74

图 1-4 2021 年上海市各行政区水资源量情况

资料来源：根据上海市水务局与历年水资源统计公报数据整理。

发利用总量控制的"天花板"约束，实施最严格水资源管理制度，至 2035 年年用水总量控制在 138 亿立方米。开源与节流并重，提高水资源供应能力，进一步转变水资源利用方式，强化水资源的多源统筹、循环高效使用，不断提高用水效率，优化用水结构，控制取用水总量，万元地区生产总值（GDP）用水量控制在 22.5 立方米以下，万元工业增加值用水量控制在 33 立方米以下。

三、海洋资源

21 世纪是海洋的世纪，随着陆地资源紧缺、人口膨胀等问题日益严峻，开发利用海洋资源被全球各沿海国家提升到发展战略的高度，世界范围内兴起了一场以发展海洋经济为标志的"蓝色革命"（狄乾斌，2007）。海洋经济已成为全球经济发展的重要引擎，海洋资源的开发与利用关乎海洋经济的可持续发展及海洋强国建设[1][2][3]。

---

① 国家海洋信息中心（中国海洋信息网，https://www.nmdis.org.cn/）。
② 《"海洋十年"实施伙伴蓝色经济合作倡议》。
③ 2023 中国海洋发展指数。

（一）海洋资源条件

上海作为中国最大的海滨城市，位于中国大陆海岸线中部，居于长江出海口，东濒东海，所辖海域面积约 10642 平方千米，虽然上海是一座资源短缺的城市，但具有丰富的海洋资源（见表 1-2）。海洋资源作为上海市国际经济、金融、贸易、航运、科创中心建设过程中重要的发展基础，蕴藏着巨大的开发潜力，开发程度高，产业基础雄厚，是维护上海市经济、社会可持续发展的重要资源基础。

表 1-2 2020 年上海市主要海洋资源分类

海岸线资源	上海的大陆海岸线包括长江口两岸和杭州湾北岸，总长度约 183 千米，其中已被开发利用约 130 千米，其中深水岸线已全部开发利用，主要为港口和临港工业。岛屿海岸线包括崇明岛、长兴岛和横沙岛，总长度约 287 千米
海岸滩地资源	上海市滩地资源可划为三类：芦苇覆盖型滩地、海草覆盖型滩地和光滩（植被欠发育滩地），其中芦苇覆盖型占 70%，海草覆盖型占 20%，10% 为光滩。滩地资源是上海缓解用地矛盾的一条最主要有效的途径。上海市的航空港及浦东国际机场、深水港建设和崇明岛土地等大都是通过滩地填埋获得的
滨海浅滩资源	上海市所辖海域浅滩分布广泛，滩面平坦，共约 25 个，共分 9 个区，总面积 2040.3 平方千米，主要浅滩区为崇明岛东浅滩区、南汇嘴浅滩区、横沙东浅滩区和九段沙浅滩区，这 4 个浅滩分布总面积占 17348 平方百米
海洋生物资源	上海海域约有浮游植物 456 种，浮游动物 342 种，近海底栖生物 276 种，潮间带生物 131 种，鱼卵仔鱼 60 种，典型渔业资源有中华绒螯蟹、鳗鲡苗以及中华鲟等珍稀动物。湿地鸟类共有 129 种，分别隶属 7 目 15 科，其中国家一级重点保护鸟类 3 种，二级保护鸟类 12 种
海洋可再生能源	海洋可再生能源主要指潮汐能、波浪能、海流能、海水温差能、海水盐差能。广义上的海洋能还包括海洋上空的风能、海洋表面的太阳能以及海洋生物质能等。上海沿海海洋风能储量以佘山附近最大；波浪能资源与周围省市相比，处于相对较低水平；潮汐能主要集中在长江口北支和杭州湾北岸
滨海旅游资源	上海既有长江和东海海面交汇口的崇明岛、长兴岛、横沙岛，也有位于杭州湾的金山三岛，可以开发旅游项目；上海崇明北湖、南汇滴水湖等人工湖泊的开凿，成为上海新的旅游景点。总的来说，上海滨海旅游资源以人文风景见长，门类齐全，内涵丰富，表现在旅游景点上，脉络清楚

资料来源：笔者根据不同时期《中国海洋统计年鉴》、《中国统计年鉴》、《中国海洋年鉴》、中国海洋信息网（国家海洋信息中心）、《上海概览》统计整理。

（二）海洋资源利用

2022 年，上海市实现海洋生产总值 9792.4 亿元，同比名义增长 1.8%，占当年全市生产总值的 21.9%，占当年全国海洋生产总值的 10.3%。尤其是海洋产业发展势头良好，海洋第一产业增加值为 7.1 亿元，第二产业增加值为

2605.5 亿元，第三产业增加值为 7179.8 亿元①（见图 1-5）。其中，海洋旅游业占比最大，占全市海洋产业增加值的 48.6%；其次是海洋交通运输业，占比 41.7%；海洋船舶工业占比 6.9%；其余海洋产业合计占比 2.8%②。

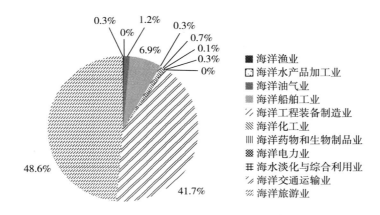

图 1-5　2022 年上海市海洋产业增加值构成

资料来源：根据自然资源部反馈的初步核算数据整理。

　　为进一步贯彻落实海洋强国战略，推进上海市海洋工作，根据《上海"十四五"规划纲要》《上海市水系统治理"十四五"规划》《上海市海洋"十四五"规划》《上海市加强滨海湿地保护严格管控围填海实施方案》以及修订版《上海市海域使用金征收管理办法》《2022 年上海市海域使用管理公报》，上海市对海洋资源实施高水平保护利用，主要包括加强海洋资源空间管控、系统开展海洋调查监测、强化海域资源集约节约利用、统筹推动海洋绿色低碳发展。

四、生物资源

　　生物资源指生物圈中对人类具有一定经济价值的动物、植物、微生物等有机体以及由它们所组成的生物群落，是自然资源的有机组成部分。生物资源包括基因、物种以及生态系统三个层次，对人类具有一定的现实和潜在价值，它们是地球上生物多样性的物质体现。

----

　　① 海洋经济：开发、利用和保护海洋的各类产业活动，以及与之相关联活动的总和。《海洋及相关产业分类》（GB/T 20794—2021）将海洋经济活动划分为海洋产业、海洋科研教育、海洋公共管理服务、海洋上游相关产业和海洋下游相关产业。

　　② 海洋产业：分类执行《海洋及相关产业分类》（GB/T 20794—2021）。自然资源部海洋战略规划与经济司根据标准对历史数据进行了修订；2022 年数据为初步核算数，根据自然资源部反馈数据，统计数据保留小数点后一位，存在与分项合计不等的情况。

（一）生物资源分类现状

上海位于长江流域末端，独特的自然条件和生态区位，孕育了丰富的生物多样性。上海城镇面积占比 38.85%，农田面积占比 30.85%，湿地、森林自然特征为主的生态空间占比 30.29%，是我国滩涂湿地的主要分布区，拥有多样的生态系统，具体包括城市生态系统、农田生态系统、淡水湿地生态系统、滩涂湿地生态系统、森林生态系统等，其中长江河口湿地和青西河湖湿地为生物多样性重点区域。多样化的生态系统，再加上河口湿地、河湖湿地等特殊的生物多样性重点区域，使上海拥有丰富的动植物资源，动植物种类繁多；但是城市的快速发展和人类活动的干扰，导致珍稀濒危物种也较多。上海位于长江下游冲积平原，有着悠久的农耕历史与农业文化，拥有一批优质、有特色的地方作物、畜禽水产资源，也是全国遗传资源多样性的重点区域。

1. 主要生态系统类型及特征

上海属于北亚热带季风气候，温暖湿润、四季分明、日照充足、雨热同期，孕育形成湿地、森林、农田、海洋等多种生态系统，其中以湿地最具特色。上海湿地资源丰富，面积共计 2640.52 平方千米，是全国湿地面积占比最高的省级行政区，包括滩涂、河流、湖泊、水库等类型。在长江携带的巨量泥沙沉积作用下，长江河口形成广袤的滩涂湿地，是我国重要的河口滩涂分布区。森林生态系统总面积 1265.33 平方千米，森林覆盖率为 18.51%，包括乔木林、竹林、灌木林等类型，其中乔木林占 80.57%，以落叶阔叶林和常绿阔叶林为主。但是，在人类活动的强烈干扰下，森林资源以人工林为主，仅在大金山岛、佘山等区域存在少量天然次生林。海洋生态系统包括海岛、河口、海湾、浅海等类型。

上海湿地以河口海岸滩涂和内陆河湖为主，长江河口滩涂是全球的"东亚—澳大利西亚"候鸟迁徙路线上的重要中转站，是长江三角洲及东部沿海的重要生态安全屏障，淀山湖、元荡、滴水湖、北湖等大小湖泊总面积 75.50 平方千米，黄浦江、苏州河、蕴藻浜、淀浦河、太浦河、川杨河等河流总长 30397.37 千米，长江口被列入全球湿地生物多样性保护热点地区。上海森林具有典型的平原人工林资源特征，为城市居民提供包括娱乐休憩、缓解热岛、滞尘降噪、生物多样性维护、固碳释氧等生态服务功能。森林建设主要围绕"环（环城绿带）、廊（道路和滨水廊道）、林（郊区片林）"等空间布局，其中崇明区、浦东新区、奉贤、青浦区面积较大，占全市的 72.07%。上海农田共计 1770.44 平方千米，包括耕地和园地，其中耕地为 1619.78 平方千米，占全市农田生态系统总面积的 91.49%，主要分布在崇明区、浦东新区、金山区、奉贤区、青浦、松江区。上海拥有岸线长约 572 千米，其中有居民海岛岸线约 354

千米、大陆岸线约 218 千米；共有海岛 26 个，总面积约 1546 平方千米，其中，有居民海岛 3 个，分别为崇明岛、长兴岛和横沙岛，金山三岛、佘山岛、鸡骨礁等无居民海岛 23 个。

2. 有记录的野生动植物资源

上海市物种多样性资源特色鲜明。长江口及邻近水域作为长江水生生物的重要洄游通道、产卵场和索饵场，是全国渔业资源的重要区域和全球迁徙水鸟的重要越冬地和停歇补给地。因此，上海的鱼类和水鸟物种丰富度高，其中，鱼类 330 种，物种数约占全国的 1/10；鸟类 519 种，约占全国的 1/3。长江口、杭州湾及邻近水域还记录有浮游动物 731 种、浮游植物 228 种、大型底栖动物 83 种。然而，作为我国城市化水平最高的地区之一，陆生生物物种丰富度较低，记录有两栖动物 15 种、爬行动物 36 种、兽类 44 种、野生维管植物 1238 种，野生大型真菌 160 余种。珍稀濒危物种资源较为丰富，拥有国家重点保护野生植物 19 种，国家重点保护野生动物 132 种。

根据 2022 年版《上海维管植物名录》，历年记录有野生植物及栽培野生植物 1238 种（含中下等级），隶属 148 科 609 属 1177 种。其中，蕨类植物 77 种，被子植物 1161 种。按植物茎的性质来分，木本植物 183 种，草本植物 1055 种，其中藤本植物 102 种；按生境类型来分，水生植物 52 种，湿地植物 342 种，中生植物 760 种，旱生植物 79 种，寄生植物 5 种。根据《上海市陆生野生动物资源监测报告（2022 年）》，历年记录有陆生脊椎动物共 3 目 116 科 614 种。其中，两栖类 15 种，爬行类 36 种，鸟类 519 种，兽类 44 种。根据《上海昆虫名录（2022 版）》，历年记录有昆虫 2961 种，其中鞘翅目 910 种，双翅目 609 种，鳞翅目 588 种，膜翅目 366 种，半翅目 339 种，直翅目 91 种，蜻蜓目 25 种，此外，还有螳螂目、螱蠊目、革翅目、缨翅目等。根据上海市农业科学院调查成果，记录有野生大型真菌 160 多种，分属子囊菌和担子菌中的 40 科 84 属。其中，食用菌 57 种，药用真菌 29 种，有毒真菌 24 种，用途不明种类 48 种。上海市有国家一级重点保护野生植物 1 种，为濒危物种中华水韭，拥有天竺桂、舟山新木姜子、野大豆、莼菜等国家二级重点保护野生植物 18 种，有 25 种被列入《世界自然保护联盟（IUCN）濒危物种红色名录》（以下简称《IUCN 红色名录》）。此外，上海有长江江豚、中华鲟、白头鹤、黑脸琵鹭、东方白鹳、勺嘴鹬、小灵猫等国家一级重点保护野生动物 31 种，小天鹅、大滨鹬、红隼、震旦鸦雀、貉、豹猫、胭脂鱼、松江鲈等国家二级重点保护野生动物 101 种，有 75 种被列入《IUCN 红色名录》。

3. 生物种质资源

上海市拥有优质特色的农作物、畜禽、水产等地方生物遗传资源。其中，梅山猪、枫泾猪、浦东鸡等 11 个品种被列入市级畜禽遗传资源保护名录，中华绒螯蟹、淞江鲈等 31 个品种被列入市级水产遗传资源保护名录。同时，上海遗传资源储存量丰富，具有较强的种源创新能力，并在节水抗旱稻、杂交粳稻、食用菌等特色种源创新上处于国内或国际前列，拥有一批具有自主知识产权新品种。其中，获国家审定的禽类新品种和农作物品种 34 个、市级审定农作物品种 352 个、市级林木良种 56 个。

农作物种质资源方面，崇明金瓜、七宝黄金瓜、嘉定白蒜、三林崩瓜、兰花茄、上海水蜜桃、崇明白扁豆、亭林雪瓜等优异农作物资源备受关注。畜禽种质资源方面，梅山猪、浦东白猪、沙乌头猪、枫泾猪、上海白猪、浦东鸡、新浦东鸡、长江三角洲白山羊（崇明白山羊）、湖羊、申鸿七彩雉和上海水牛 11 个品种被列入上海市畜禽遗传资源保护名录。水产种质资源方面，31 个品种被列入上海市水产原种遗传资源保护名录，其中：鱼类包括刀鲚、淞江鲈、鲤、鲫、菊黄东方鲀、暗纹东方鲀、翘嘴鲌、达氏鲌、红鳍原鲌、蒙古鲌、细鳞斜颌鲴、河川沙塘鳢、长吻鮠、斑尾复虾虎鱼、翘嘴鳜、似刺鳊鮈、华鳈、似鳊、鲮、中华鳑鲏、鳊；虾类包括日本沼虾、脊尾白虾；蟹类包括中华绒螯蟹、拟穴青蟹、三疣梭子蟹；贝类包括三角帆蚌、褶纹冠蚌、背角无齿蚌；龟鳖类包括中华鳖、中华草龟。林木种质资源方面，市级品种审（认）定的林木良种 56 个，包括东方杉公益林品种 1 个、桃"暑凤"、梨"沪晶梨 67 号"、桃"沪蟠 2 号"、圆叶葡萄"南洋 1 号"等经济林品种 45 个，月季"安吉拉""绯扇""红帽子""仙境"，桃"探春""迎春""报春"等观赏植物品种 10 个。

（二）生物资源保护利用

生物多样性是人类赖以生存和发展的基础，是地球生命共同体的血脉和根基，为人类提供了丰富多样的生产生活必需品、健康安全的生态环境和独特别致的景观文化。生物多样性保护作为建设生态之城的重要基础，是提高城市生态韧性、积极应对气候变化、实现绿色可持续发展的重要支撑和保障。近年来，上海市持续推进生物多样性保护和生物资源的可持续利用，打造生物多样性友好城市，全面加强生物多样性保护和生态修复，建设人与自然和谐共生的生态之城。

为有效保护生物多样性，满足人民对优质生态产品的需求，支撑"生态之城"建设目标，上海市已初步构建形成以生态保护红线及自然保护地为核心、城市生态空间网络为框架的就地保护体系。2012 年，上海市发布了《上海市生物多样性保护战略与行动计划（2012—2030 年）》，为上海市的生物多样性保护规划提供了战略基础及目标导向。《上海市生态空间专项规划（2018—2035）》作为国土空间规划体系中的市域层面专项规划，构建了生态空间规划与建设的顶层设计蓝图，并被纳入到上海市国土空间规划的总体框架中，对涉及生态空间保护的后续规划及实施项目形成有效的传导与指引。近年来上海市生物多样性保护实施成果丰硕，成体系、成网络，无论在郊野的自然保护区、森林、湿地，还是城内的河滨、社区、环路绿带，处处皆有生境，多样生物正在与这座城市共融。

第二节　生态环境质量

生态环境质量是指生态环境的优劣程度，在特定的时空范围内，从生态系统层次上反映生态环境对人类生存及社会经济持续发展的适宜程度，一般用大气环境质量、水环境质量、城市绿化等来表征某一区域生态环境质量的好坏。《上海市城市总体规划（2017—2035 年）》提出上海建设生态之城的目标。显著改善环境质量、推动生态绿色发展成为上海生态环境保护的重要任务。2018年，上海正式启动实施《上海市 2018—2020 年环境保护和建设三年行动计划》，提出更加注重推进各领域绿色转型发展。

一、大气环境

大气环境是指生物赖以生存的空气的物理、化学和生物学特性。大气环境和人类生存密切相关，大气环境的每一个因素几乎都可影响到人类，物理特性主要包括空气的温度、湿度、风速、气压和降水。化学特性则主要为空气的化学组成，用来表征环境空气质量，大气对流层中氮、氧、氢三种气体占99.96%，二氧化碳约占 0.03%，还有一些微量杂质及含量变化较大的水汽。

（一）环境空气质量

依据《环境空气质量标准》（GB 3095—2012）及修改单、《环境空气质量评价技术规范（试行）》（HJ 663—2013）进行评价[①]，总体上，2022 年底上海环境空气质量指数（AQI）优良天数为 318 天，较 2021 年减少 17 天，AQI 优良率为 87.1%，较 2021 年下降 4.7 个百分点。其中，优 129 天，良 189 天，轻度污染 47 天，无中度及以上污染天数。全年 47 个污染日中，首要污染物为臭氧（O_3）的有 41 天，占 87.2%；首要污染物为细颗粒物（PM2.5）的有 6 天，

---

① 2021 年起，环境空气质量自动监测国控点数量调整为 19 个，因此 2022 年环境空气质量指数（AQI）以及 PM2.5、PM10、SO_2、NO_2、O_3、CO 六项主要污染指标的相关数据与 2021 年可比，与 2020年及历年已发布数据仅作总体趋势判断，不作绝对比较。另外，参与评价的六项污染物浓度均达标，即环境空气质量达标。

占 12.8%。

  2012~2021 年上海市环境空气质量优良率整体处于较高水平,多年平均高达 85%,上海市环境空气质量优良率呈增长态势,2012 年出现一个较高的拐点(见表 1-3、图 1-6)。2000~2021 年上海市环境空气质量波动强烈,2021 年全市优良天数高达 335 天,占全年优良天数的 91.78%。2012~2021 年上海市空气质量指数级别较高(见表 1-4),基本处于优良状态,且空气污染较小,对人类健康、生活生产及其相关经济活动影响较弱。整体而言,上海市中心城区各种污染物年日平均值和平均浓度趋势都呈逐年锐减态势,这得益于上海市在各项环境规制的制定和实施上有所作为,且形成了扎实的环境保护体系,使空气质量整体得以改善。

表 1-3 2000~2021 年空气质量与空气污染指数

评级指标	2000 年	2010 年	2020 年	2021 年
中心城区二氧化硫平均值(毫克/立方米)	0.045	0.029	0.006	0.006
中心城区二氧化氮平均值(毫克/立方米)	0.090	0.050	0.037	0.035
中心城区可吸入颗粒平均浓度(毫克/立方米)	——	0.079	0.041	0.043
森林覆盖率(%)	5.19	4.66	5.38	5.56
酸雨频率(%)	26.0	73.9	40.2	26.4
环境空气质量优良天数	295	336	319	335
环境空气质量优良率(%)	80.8	92.1	87.2	91.8

  注:2013 年起,环境空气质量优良率以 AQI 评价。

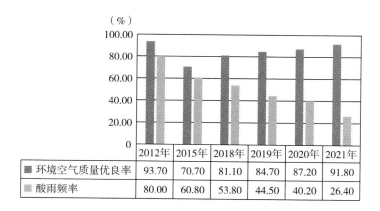

(%)	2012年	2015年	2018年	2019年	2020年	2021年
■ 环境空气质量优良率	93.70	70.70	81.10	84.70	87.20	91.80
酸雨频率	80.00	60.80	53.80	44.50	40.20	26.40

图 1-6 2012~2021 年上海市大气环境要素变化情况

表 1-4　空气质量与空气污染指数分级标准

空气质量 指数	空气污染指数级别 （状况）	对健康影响情况	建议采取的措施
0~50	一级 （优）	空气质量令人满意，基本无空气污染	各类人群均可正常活动
51~100	二级 （良）	空气质量可接受，但某些污染物可能对极少异常敏感人群的健康有较弱影响	极少数异常敏感人群应减少户外活动
101~150	三级 （轻度污染）	易感人群症状有轻度加剧，健康人群出现刺激症状	儿童、老年人及心脏病、呼吸系统疾病患者应减少长时间、高强度的户外锻炼
151~200	四级 （中度污染）	进一步加剧易感人群症状，可能对健康人群的心脏、呼吸系统有影响	儿童、老年人及心脏病、呼吸系统疾病患者避免长时间、高强度的户外锻炼，一般人群适量减少户外运动
201~300	五级 （重度污染）	心脏病和肺病患者症状显著加剧，运动耐受力降低，健康人群普遍出现症状	儿童、老年人及心脏病、肺病患者应停留在室内，停止户外运动，一般人群减少户外运动
300+	六级 （严重污染）	健康人群运动耐受力降低，有明显强烈症状，提前出现某些疾病	儿童、老年人和病人应停留在室内，避免体力消耗，一般人群避免户外活动

资料来源：上海 https：//aqicn.org/forecast/shanghai/cn/，本网站采用的污染指数和颜色与 EPA 是完全相同的。EPA 的指数可以在 AirNow 上查到。参考详见 https：//aqicn.org/forecast/shanghai/cn/。

The table below defines the Air Quality Index scale as defined by the US-EPA 2016 standard.

（二）酸雨状况

根据《2022 上海市生态环境状况公报》，2022 年上海全市降水 pH 平均值为 5.42，酸雨频率为 27.2%，较 2021 年上升 0.8 个百分点。2012~2021 年近 10 年的监测数据表明，酸雨频率逐年降低，全市酸雨污染总体呈改善趋势（见图 1-6）。

二、水环境

水环境是指自然界中水的形成、分布和转化所处空间的环境，更是其正常功能的各种自然因素和有关的社会因素的总体。水环境作为构成生态环境质量的基本要素之一，是人类社会赖以生存和发展的重要场所，也是受人类干扰和破坏最严重的领域。它主要由地表水环境和地下水环境两部分组成。

（一）地表水环境质量

地表水，亦称为陆地水，主要分布于河流、湖泊、沼泽、冰川等地表水体中。依据地表水水域环境功能和保护目标，按功能高低依次分为五类①。

全市共有河道（湖泊）46822 条（个），河道（湖泊）面积共 652.9355 平方千米，河湖水面率为 10.30%。其中，市管河道（湖泊）共 33 条（个），区管河道（湖泊）共 535 条（个），镇（乡）管河道（湖泊）共 2701 条（个），村级河道共 38477 条②。依据《地表水环境质量标准》（GB 3838—2002）对全市主要河湖断面水质进行监测，③ 截至 2022 年底，主要河流断面水质达到或好于Ⅲ类水体比例稳定在 95.6% 左右，Ⅳ类水质断面占 4.4%，无Ⅴ类和劣Ⅴ类水质断面。上海市地表水监测一级和二级保护区水质达到Ⅱ～Ⅲ类地表水标准，长江口水质达到Ⅱ类标准，黄浦江上游准水源保护区、崇明岛和横沙岛达到Ⅲ类标准，浦东北部地区、青松地区、温藻浜以北的嘉宝地区、南汇新城地区、长兴岛、浦西中心城区和杭州湾沿岸地区达到Ⅳ类标准（见表 1-5）。

表 1-5 上海市地表水水质类别

水质类别	水质功能类型
Ⅰ类水质	源头水、国家自然保护区
Ⅱ类水质	饮用水源地一级保护区、珍稀水生生物栖息地、鱼虾类产卵场、仔稚幼鱼的索饵场等
Ⅲ类水质	饮用水源地二级保护区、鱼虾类越冬场、洄游通道、水产养殖区、游泳区
Ⅳ类水质	一般工业用水和人体非直接接触的娱乐用水
Ⅴ类水质	农业用水及一般景观用水
劣Ⅴ类水质	除调节气候外，使用功能较差

（二）地下水环境质量

上海依据全市地表水水质达到水（环境）功能区要求，进一步提升水生态系统功能，提出要保持地下水环境质量稳定并持续改善，并逐步提升主城区水环境质量，使其达到Ⅳ类标准。2022 年，全市地下水水质为Ⅲ类、Ⅳ类、Ⅴ类的监测点数量分别为 5 个、24 个和 14 个，分别占 11.6%、55.8% 和 32.6%。

（三）用水区域水环境质量

2022 年《上海市市级集中式生活饮用水水源水质状况报告》显示，上海市

---

① 地表水环境质量标准基础控制项目 24 项，主要有一般化学指标、有机综合指标、富营养化指标、金属指标和微生物指标；集中式生活饮用水地表水源地补充控制项目 5 项，包括 2 项金属指标和 3 项一般化学指标；集中式生活饮用水地表水源地特定项目 80 项，包括有机化合物、金属、无机非金属和消毒剂项目。

② 根据《2022 上海市河道（湖泊）报告》。

③ 2021 年起，全市主要河湖监测断面总数调整为 273 个，因此 2022 年全市氨氮、总磷、高锰酸盐指数等主要指标的相关数据与 2021 年可比，对于 2020 年及历年已发布数据仅作总体趋势判断，不作绝对比较。

集中式生活饮用水水源水质状况：上海共有四个在用集中式饮用水源，分别是长江青草沙、东风西沙、陈和黄浦江上游金泽。截至 2022 年，四个在用集中式饮用水水源水质全部达标（达到或优于Ⅲ类标准）。另外，如农业、工业、生态环境等其他用水水源水质基本处于Ⅴ类及以上，有部分劣Ⅴ类水质。预计到 2035 年集中式饮用水水源地水质达标率为 99%。

三、城市绿化

城市绿地空间是社会—经济—自然这一复合城市生态系统的重要组成部分，是由城市中不同类型、性质和规模的各种绿地共同构成的一个稳定持久的城市绿色环境体系，具有系统性、整体性、连续性、动态稳定性、多功能性、地域性等特征，是城市中有生命的绿色基础设施，也是现代城市的象征和文明的标志，兼具生态和景观的双重作用（陶松龄和陈蔚镇，2001）。一方面，具有改善城市生态环境、维持城市生态平衡的重要作用；另一方面，为城市居民提供游憩活动的场所，营造了城市景观风貌、丰富了城市景观文化。

（一）全市城市绿化分布

与国外大城市比，上海城市绿化地发展得相对较晚，1949 年后上海城市绿化地才得以快速发展，直线上升。2021 年，上海新建绿地 1321.02 公顷，新建行道树实有数 145 万株，城市公园总数由 2021 年的 434 个新增到 2022 年的 473 个，至 2022 年人均公园面积达到 9.28 平方米，全市森林覆盖率达到 14.04%。由图 1-7 可知，2018~2022 年城市绿地面积、公园绿地面积及公园面积都出现了不同程度的涨幅，增长态势明显。尤其是建成区绿化覆盖率从 2018 年的 36.20% 增长到 2022 年的 38.10%，总体而言，不同年份城市各绿化面积都呈现出不同程度的增长，这从侧面也反映出上海市生态环境质量整体得到了改善和提升。

（二）分区城市绿化变化

新阶段的上海绿化将朝着经济效益、生态效益及社会效益等多维方向发展，加之城市绿化的综合效益（三大效益）也符合城市生态系统自身特点，因为从根本上来说城市生态系统是自然生态和经济的复合系统。同时，为了更进一步推动上海国土绿化高质量发展，全面推进生态之城建设，优化城市空间生态格局，提高绿化管理实施的精细化，上海市政府办公厅印发的《上海市人民政府办公厅关于科学绿化的实施意见》（以下简称《意见》）指出，要多途径增加城市绿地总量，试试多形式立体绿化工作。依据《意见》，根据表 1-6 可以看出，崇明区绿地面积高居榜首，面积高达 40997.41 公顷，约占全市绿地面积总数的 23.94%，但公园绿地面积占崇明区绿地面积比较小，这与崇明岛丰富多样

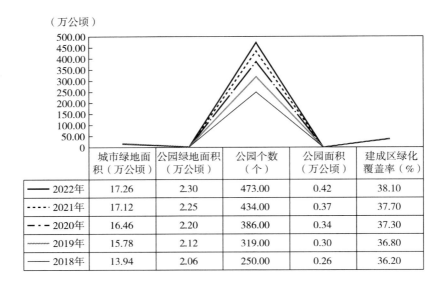

（万公顷）

	城市绿地面积（万公顷）	公园绿地面积（万公顷）	公园个数（个）	公园面积（万公顷）	建成区绿化覆盖率（%）
—— 2022年	17.26	2.30	473.00	0.42	38.10
---- 2021年	17.12	2.25	434.00	0.37	37.70
- - 2020年	16.46	2.20	386.00	0.34	37.30
—— 2019年	15.78	2.12	319.00	0.30	36.80
—— 2018年	13.94	2.06	250.00	0.26	36.20

图 1-7　不同年份城市各绿化区面积

注：指报告期末用作园林和绿化的各种绿地面积。包括公园绿地、防护绿地、附属绿地和其他绿地面积。其中，公园绿地指向公众开放的、以游憩为主要功能，有一定的游憩设施和服务设施，同时兼有健全生态、美化景观、防灾减灾等综合作用的绿化用地。它是城市建设用地、城市绿地系统和城市市政公用设施的重要组成部分。

化的生态系统及野生动植物资源息息相关。浦东新区位居第二，绿地面积是34055公顷，其中包含公园绿地面积7568.66公顷，占比为22.22%，其公园绿地面积占上海市公园绿地面积的比例高达33.7%，反映出浦东新区自然资源禀赋较崇明区相对匮乏。值得注意的是中心城区黄浦区、虹口区及静安区绿地面积处于所有区域的末端，面积分别为293.79公顷、439.88公顷、821.26公顷，这与中心城区受限于土地面积、人口密度及规划等密切相关。另外，浦东新区公园数61个、公园面积946.76公顷，分别占上海公园总数的14.05%、公园总面积的25.93%，两者均高于其他分区。

表 1-6　2021年上海市各区绿化面积

地区	绿地面积（公顷）	其中公园绿地面积（公顷）	公园数（个）	公园面积（公顷）
总计	171215.20	22463.49	434	3650.61
浦东新区	34055.00	7568.66	61	946.76
黄浦区	293.79	182.78	23	71.95
徐汇区	1434.39	607.74	17	152.97

续表

地区	绿地面积（公顷）	其中公园绿地面积（公顷）	公园数（个）	公园面积（公顷）
长宁区	1132.93	524.89	18	91.98
静安区	821.26	324.74	21	132.96
普陀区	1468.49	709.89	30	108.93
虹口区	439.88	159.78	21	68.43
杨浦区	1502.03	501.57	22	247.14
闵行区	10233.37	2836.63	58	424.94
宝山区	8059.63	2561.65	35	509.04
嘉定区	11819.70	1537.18	38	209.13
金山区	12728.28	757.62	15	36.22
松江区	15583.53	1315.56	30	154.06
青浦区	14964.37	1258.45	8	172.15
奉贤区	15681.14	992.44	29	286.30
崇明区	40997.41	623.91	8	37.65

第三节 人文社会特征

经济社会的发展不仅取决于自然资源丰瘠或资本的多寡或健康的生态大环境，在诸多影响经济发展的因素中，人文社会因素最为关键，是其发展的根本所在，尤其是人口的变化、多元文化的冲击、社会的发展等多要素交织构成了一个复杂多样的人文社会网络系统。

一、人口特征

人口总量与人口结构是人口问题的一体两面。其中，人口总量的变化是出生、死亡、迁移诸要素共同作用的结果，而这些要素的变化又必然连带着人口结构的变动，人口结构优化过程中人的受教育程度则成为表征人口资本和研究人口特征的核心议题。

（一）人口总量变化

2022年，上海市常住人口总数为2475.89万人，其中户籍常住人口1480.17万人，外来常住人口1007.28万人。2021年常住人口出生10.8万人，出生率为4.35‰；死亡14.8万人，死亡率为5.96‰，自然增长率为-1.61‰；常住人口出生性别比为 107.81。2000～2010 年，上海市的平均人口密度由每平方千米 2588 人增加到 3632 人，2021 年人口密度增至 3926 人/平方千米，其人口密度在全国（不含港澳台）居于首位。以区为单位，虹口区为目前上海市人口密度最大的区，2021 年每平方千米为 30443 人。

改革开放以来，上海的常住人口发展以 2010 年为界可分为两个阶段。1978～2010 年为快速增长阶段，1982 年第三次人口普查时上海的常住人口为 1185.97 万人；1990 年普查数为 1334.19 万人；1990 年后是一波持续的快速上扬过程，2000 年增长至 1673.77 万人，2005 年为 1890.26 万人，2010 年为 2301.91 万人，1990～2010 年的常住人口增长了 0.7 倍，年均增长率为 27.7‰。2010～2021 年年均增长率降至 7.1‰，仅约相当于上一阶段增长率的 1/4。常住人口的增长趋势转变主要是由外来人口流入造成的。1990～2010 年上海外来常住人口平均增长率高达 154.6‰，2010～2021 年年均增长率已降至 10‰以下，2014 年以来外来常住人口已出现轻度负增长；相应的户籍人口年均增长率基本保持在 3‰～4‰的稳定向上态势（见图 1-8）。流动人口增长趋势的下降可能会影响到人口年龄结构的变动趋势，特别是流入年轻劳动力稀释老龄化的过程将显著减弱，同时流动人口的一些社会经济特征对总人口的影响也会不断淡化。

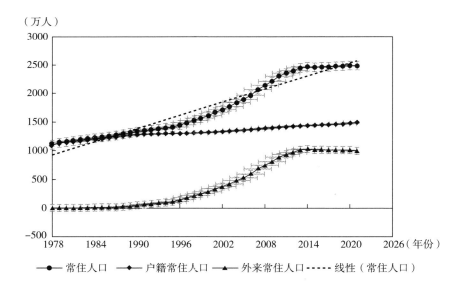

图 1-8　1978 年以来上海市常住人口、户籍常住人口和外来常住人口变动状况
资料来源：《上海统计年鉴 2022》。

（二）人口年龄结构

2020 年常住人口年龄结构呈"雪松"形，少子化与老龄化并存，劳动力比重偏大，人口红利窗口开张，充分的红利窗口为经济发展和社会保障创造了良好的环境。0~14 岁少年儿童占比 9.8%，15~64 岁劳动力年龄人口占比高达 73.9%，65 岁及以上老年人口占比 16.3%（见图 1-9）。

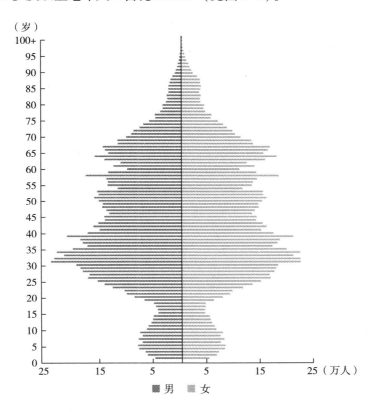

图 1-9　2020 年上海市常住人口年龄结构

资料来源：2020 年上海市人口普查数据。

2021 年，上海市户籍人口中 0~17 岁少年儿童数为 188.16 万人，占比 12.6%；18~59 岁劳动力年龄人口数为 763.2 万人，占比 51.1%；60 岁及以上老年人口为 541.57 万人，占比 36.3%，其中 80 岁及以上高龄人口为 83.88 万人，占总人口的 5.6%（见表 1-7）。

表 1-7　2021 年上海市户籍人口分年龄人口数及占比

年龄	人口数（万人）	占比（%）
总人口	1492.92	100.0
少年儿童（0~17 岁）	188.16	12.6

续表

年龄	人口数（万人）	占比（%）
劳动力年龄（18~59岁）	763.2	51.1
老年人口（60岁及以上）	541.57	36.3
高龄老年人口（80岁及以上）	83.88	5.6

资料来源：《上海统计年鉴2022》。

1. 户籍人口少儿比重仅略高于10%，处于罕见的极端少子化状态

上海户籍人口中0~17岁少年儿童比重仅为12.6%，0~14岁少年儿童比重应该更低。根据人口学统计标准，一个社会0~14岁人口占比小于15%时就进入了"超少子化"阶段，现阶段进入了罕见的极端少子化阶段。分区来看，崇明区的少子化程度最为严重，0~17岁的比重仅为7.1%，0~14岁的比重应该低于7%，原因是崇明区出生率明显偏低，同时还可能因为部分家庭将少年儿童户口落到了市区。按常住口径，2020年上海0~14岁少儿比重仅为9.8%，较户籍人口少子化更为严重。

2. 户籍老年人口比重居国内省市之首

老龄化、高龄化程度持续上升，长寿城市特征进一步凸显。上海户籍人口平均期望寿命达到83.18岁，其中男性为80.84岁，女性为85.66岁。户籍人口中60岁及以上老年人口数从2010年的331.02万人增加到2021年的541.57万人，每年增加近20万人，相应的占比从23.4%增加到36.3%，目前已进入深度老龄化阶段。65岁及以上老年人口数为402.37万人，占比28.5%。上海户籍人口的老龄化程度在世界范围也是超高的，根据联合国《世界人口展望2022》提供的2021年全球各个国家65岁及以上人口数据，占比最高的国家为日本（29.8%），表明上海市户籍人口老龄化程度较高，已逼近世界最高水平。

老年抚养比逐年增加，抚养负担加重。2021年户籍人口中60岁及以上老年人口抚养比为71.0%，较2010年翻了一番；65岁及以上老年抚养比增长幅度相对小一些，2010年以来增加了12.5个百分点。不同年龄段老年人口的养老需求不同，相配套的老年公共服务资源应提前做好准备。

流动人口的加入显著缓冲了老龄化进程，2021年常住人口中65岁及以上人口占比17.4%。从宏观社会层面看老龄化程度有所改善，但从家庭层面看户籍人口的养老负担依旧很高。

3. 常住人口红利窗口进入收缩期，但仍处于劳动力资源丰富期

2000~2010年上海15~64岁常住劳动年龄人口从1251.64万人增加到1870.05万人，劳动年龄人口比重从76.3%增加到81.3%，红利窗口高度开张；2011年劳动年龄人口比重更是上升到83.8%的极值；2011年后人口红利下降，

2021 年劳动力比重为 72.7%，但仍处于劳动力资源丰富期（见图 1-10）。红利窗口的扩张得益于大规模的年轻劳动力迁入，据 2010 年和 2020 年人口普查，外来人口比重从 25.4% 增至 42.1%，其中绝大多数是中青年劳动力。红利窗口具有很强的时效性，随着时间的推移，劳动力人口不断退出，就业状态转变为需要赡养的老年人口，红利将会转化为亏空，对这一必然的变化过程需要预先做好准备。

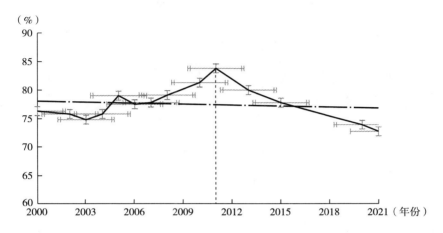

图 1-10 2000~2021 年上海市常住劳动力年龄人口分布

资料来源：历年《中国统计年鉴》。

（三）受教育程度

常住人口受教育程度逐年提升。人力资本理论认为，在影响经济发展诸因素中，人的因素是最关键的，经济发展主要取决于人的质量的提高，而不是自然资源的丰瘠或资本的多寡。受教育程度是人力资本的重要表征，反映一个地区、一定时点人力资源的存量和质量，因而也是人口结构优化必须关注的核心议题。2020 年上海市常住人口中，拥有大学（指大专及以上）文化程度的人口为 8424214 人；拥有高中（含中专）文化程度的人口为 4730359 人；拥有初中文化程度的人口为 7196422 人；拥有小学文化程度的人口为 2966844 人（以上各种受教育程度的人包括各类学校的毕业生、肄业生和在校生）。

根据第七次人口普查，上海每 10 万人中拥有大学文化程度的由 21893 人上升为 33872 人；拥有高中文化程度的由 20953 人下降为 19020 人；拥有初中文化程度的由 36519 人下降为 28935 人；拥有小学文化程度的由 13562 人下降为 11929 人（见图 1-11）。大学文化程度的比重增加，高中及以下受教育程度比重迅速下滑，更映衬了上海人口受教育程度的提高。人均受教育年限的变化也能反映上海人口教育结构的改善，与 2010 年第六次全国人口普查相比，全市常住人口中，15 岁及以上人口的平均受教育年限由 10.7 年升至 11.8 年。

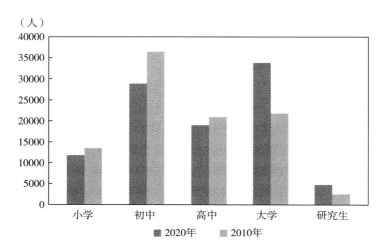

图 1-11　2020 年上海每 10 万人中各种文化程度人数

二、海派文化

上海城市形态作为地域文化的一种文化信息载体，生动地诠释着城市文化的内涵，上海城市形态演化的缘由也受吴越文化的浸染，城市空间形态除了作为场所存在，更为重要的意义是它的场所精神，即灵魂，折射出的正是城市文化、历史内涵、市民精神、社会审美心理与意识形态等。上海由一个传统水乡都会发展成一个兼容东西方文化的都会，反映城市文化作用下城市形态演化的进程（陶松龄和陈蔚镇，2001）。

（一）海派文化的发展

海派文化是一种发端于上海，但并不局限于上海区域的现代性城市文化类型，是中国近现代社会城市化、工业化、现代化转型的产物。海派文化以近代上海开埠以后的城市发展为时代背景，在江南文化深厚积淀的基础上，积极吸收和融合各种新的文化滋养而形成。关于海派文化的内涵和价值，在不同时代、不同领域、不同语境下，会让人有不同的理解。

早期"海派"一词多用于艺术表现领域，是某种艺术流派的代称，且常作为"京派"的对立面出现。首先是戏剧。1917 年，"海派"一词首次出现于大众视野。《清稗类钞》中有云："京伶呼外省之剧曰海派。"但又补充说："海者，泛滥无范围之谓，非专指上海也。" 20 世纪 20 年代的报纸、杂志文章中，

"海派"一词的论述几乎都与戏剧相关。其次是书画。潘天寿先生早在1926年出版的《中国绘画史》中就率先提出了"前后海派"之说。1937年，俞剑华在谈论晚清山水画时首次提到绘画中的"海派"，将寓居沪上的画家视为一派，称其"以生计所迫，不得不稍投时好，以博润资，画品遂不免流于俗浊，或柔媚华丽，或剑拔弩张，渐有'海派'之目"。20世纪30年代，文坛也出现了"京派"与"海派"的对立。沈从文在《论"海派"》一文中这样总结海派文学："'名仕才情'与'商业竞卖'相结合，便成立了吾人今日对于海派这个名词的概念。"1949年以后，针对"海派"的讨论暂告一段落。80年代，"海派"重新回归学者的视野，如何看待"海派"也成为讨论的焦点。为此，各界学者召开了很多场围绕海派文化的大型研讨会。1985年，"'海派'文化特征学术讨论会"首次使用了"海派文化"这一名称。陈旭麓在《说"海派"》中将海派文学的特征总结为："一是开新，开风气之先，它敢于接纳新事物来变革传统文化。二是灵活、多样。"这一时期，学者已不再以优劣来评判"海派"与"京派"，而是积极发掘其优点，正面评价海派文化中的市场化、通俗化等特点。

20世纪90年代，随着国际大都市地位的凸显，海派文化研究重心转向城市史与都市文化的交叉研究。21世纪以来，海派文化的研究更加深入与系统化。借着2010年上海世博会的东风，海派文化的研究渐受关注，取得较丰富的研究成果（见图1-12）。

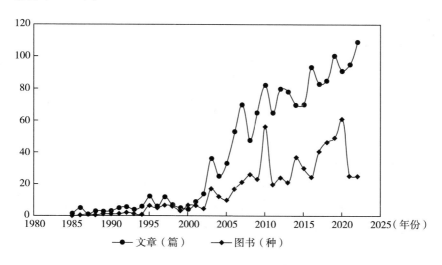

图1-12　"海派文化"研究热度态势

注：据笔者不完全统计，从20世纪80年代中期至2022年底，与"海派文化"直接相关的图书有640种，理论文章1537篇。从时间趋势上来看，研究规模呈现逐阶段上升的态势，尤其是2000年后，海派文化研究成果数量呈爆发式增长。

（二）海派文化的特性

海派文化，是植根于中华传统文化基础上，融汇吴越文化等中国其他地域文化的精华，吸纳消化一些外国的主要是西方的文化因素，创立了新的富有自己独特个性的海派文化，其特点是吸纳百川、兼容并蓄、善于扬弃、追求卓越、勇于创新。海派文化的基本特征是具有开放性、创造性、扬弃性和多元性。

1. 开放性

海派文化姓海，表现在海纳百川，熔铸中西，为我所用，化腐朽为神奇，创风气之先；还表现在不闭关自守，不故步自封，不拒绝先进，不排斥时尚。

2. 创造性

吸纳不等于照搬照抄，也不是重复和模仿别人，而是富有创新精神，洋溢着创造的活力。当年的海派京剧开创了连台本戏，机关布景是创新，《曹操与杨修》也是创新。

3. 扬弃性

百川归海，难免泥沙俱下，鱼龙混杂，这时特别需要清醒地辨别，有选择地有区别地对待，避免盲目和盲从。

4. 多元性

海派文化和其他事物一样，是复杂的共同体，不应该要求它纯之又纯，单一就不成其海派文化了。海派文化是自下而上、无自觉无领袖的状态下自然生发的，通过技术引进、日常生活、器物层面、生活方式自然而然地广为传播的，进而逐渐进入上层建筑成为戏曲、绘画、文学等流派，乃至演变成一种文化现象和文化思潮，并固化和被"追认"为一种文化风格和类型，成为一种正向追求的现代性文化精神（徐锦江和郑崇选，2021；徐涛和刘雅媛，2023）。

三、社会发展

区域社会发展需要各种要素前进的、上升的变迁过程来助力和推动，这是相对于自然环境和社会的某些构成来看的，而这些要素涵盖了社会保障、人口就业、教育、卫生、文化、体育等各个方面。

（一）人口就业

上海人口就业方向和渠道覆盖面广。上海以国际化的氛围以及多元文化环境吸引了大量境外人员来沪工作和生活，已成为外籍人才眼中最具吸引力的城市。自2017年全面实施外国人来华工作许可制度以来，截至2022年，累计核发《外国人工作许可证》约38万份，其中外国高端人才（A类）约7万份，约占

19%。共为1420位外国人才办理了《外国高端人才确认函》。上海引进外国人才的数量和质量均居全国第一。上海就业形势保持稳定。2022年城镇新增就业岗位56.35万个，全年帮助就业困难人员实现就业66425人，新消除零就业家庭57户。至2022年末，全市户籍城乡登记失业人数14.56万人。

上海不断完善创业扶持、技能培训、就业援助等就业措施。2022年帮扶引领成功创业12963人，帮助10167名长期失业青年实现就业创业；共完成补贴性职业技能培训162.13万人次，共支持企业开展新型学徒制培训14769人，新增取得高级工以上职业资格证书和技能等级证书31190人。上海各级工会组织切实做好维权服务工作，更好地满足了职工美好生活的需要，成为全市职工权益保障的坚实后盾。

（二）文化旅游

为文化旅游服务设施"添砖加瓦"。2022年，上海市共有市、区级公共图书馆20座，总流通人次580万人次；文化馆19座；备案博物馆159座。2022年实现旅游产业增加值874.02亿元，比上年下降42.3%。2022年上海市共有星级宾馆165家，旅行社1885家，A级旅游景区134个，红色旅游基地34个。

2022年接待来沪入境旅游者63.18万人次，比上年减少38.8%。其中，入境外国人38.69万人次，减少31.7%；港澳台同胞24.49万人次，减少47.5%。在入境旅游者中，入境过夜旅游者62.58万人次，减少39.1%。2022年接待国内旅游者18816.17万人次，减少36.0%，其中外省份来沪旅游者7569.00万人次，减少46.8%；入境旅游外汇收入17.22亿美元，减少52.0%；国内旅游收入2080.14亿元，减少41.2%。

（三）教育升级

教育资源多栖多元"升级换代"。2022年，上海市共有研究生培养单位49家，在校研究生24.49万人；普通高等学校64所，普通本专科在校生55.48万人；普通中学888所，普通高中在校生19.29万人，普通初中在校生52.44万人；普通中等职业学校75所，中职在校生11.26万人；普通小学671所，普通小学在校生91.70万人；特殊教育学校31所，特殊教育在校生0.54万人。上海市共有独立设置成人高校12所，成人本专科在校生13.51万人。共有网络（开放）本科、专科在校生14.47万人。成人职业技术培训机构426所，结业生62.54万人次。老年教育机构289所。上海市共有民办普通高校19所，在校学生13.48万人；民办普通中学131所，在校学生9.49万人；民办小学57所，在校学生9.77万人。总体来看，2012~2021年上海各阶段教育在校学生人数均保持增长趋势（见图1-13）。

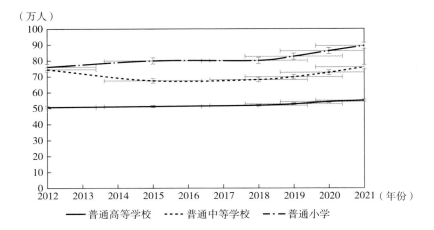

图1-13 2012~2021年上海市各级各类学校在校学生数变化

资料来源：《上海统计年鉴2022》。

（四）卫生医疗

卫生医疗服务能级进一步提升。2022年，上海市共有卫生机构6421所，卫生技术人员24.62万人；医疗机构共完成诊疗人次数2.32亿人次。上海市危重孕产妇、危重新生儿抢救成功率分别为99.1%和93.0%。上海市社区卫生服务中心新增输液位1905个、吸氧位1416个、心电监护217台。上海市家庭医生签约居民累计超过920万人，市级"互联网+家庭医生"签约服务信息平台功能逐步完善。2021年，上海每万人口医生数为35人，比2010年多了12人；每万人口医院床位数为61张，比2010年多了23张（见图1-14）。

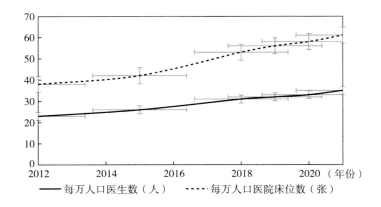

图1-14 2012~2020年上海市每万人口医生数与医院床位数变化

（五）体育健康

体育服务设施加持助力健康发展。2022年，上海成功举办上海马拉松、上海赛艇公开赛、"上海杯"象棋大师公开赛、第四届MAGIC3上海市青少年三对三超级篮球赛和上海明日之星冠军杯足球赛等自主品牌赛事。申办获得2024年四大洲花样滑冰锦标赛、2025年世界赛艇锦标赛、2026年国际自盟场地自行车世界锦标赛等世界顶级赛事举办权。上海城市业余联赛线上线下共举办赛事活动6320场，830万人次参与。3名运动员入选北京冬奥会，12人次获世界三大赛冠军，在全国最高级比赛中夺得28枚金牌。2022年，上海市新增体育场地面积149.3万平方米，人均体育场地面积达到2.5平方米。新建和改建市民健身步道92条、市民益智健身苑点612个、市民多功能运动场77片、市民健身驿站92个。都市运动中心新型体育服务综合体达到17个。

参考文献

［1］狄乾斌．海洋经济可持续发展的理论：方法与实证研究——以辽宁省为例［D］．大连：辽宁师范大学，2007.

［2］李金光，张毅．以高质量土地储备管理保障城市土地要素供给——以郑州市为例［J］．中国土地，2021（9）：58-59.

［3］刘彦随．中国土地资源研究进展与发展趋势［J］．中国生态农业学报，2013（1）：127-133.

［4］上海市统计局．上海统计年鉴（2022）［M］．北京：中国统计出版社，2022.

［5］陶松龄，陈蔚镇．上海城市形态的演化与文化魅力的探究［J］．城市规划，2001（1）：74-76.

［6］王丹妮．上海市土地利用变化对生态系统服务价值的影响研究［J］．上海国土资源，2023，44（3）：79-84+111.

［7］王玲慧．基于国土空间规划管理视角的上海高质量土地储备的思考［J］．城市规划，2020（1）：77-81.

［8］徐锦江，郑崇选．海派文化新论［M］．上海：上海远东出版社，2021.

［9］徐涛，刘雅媛．海派文化的生成路径与话语危机［J］．河北师范大学学报（哲学社会科学版），2023，46（5）：43-52.

［10］自然资源部海洋发展战略研究所课题组．中国海洋发展报告（2023）［M］．北京：海洋出版社，2023.

第二章　上海行政区划及其变迁

城市行政区划规定了城市的辖区边界与范围、行政等级与地位、政区空间结构与格局，是城市经济地理的基本轮廓。上海是直辖市，辖区面积6340.5平方千米，截至2022年12月31日，上海市由16个市辖区构成，16个区共下辖107个街道、106个镇和2个乡，全市常住人口为2475.89万人。然而，早在约6000年前，上海西部即已成陆。春秋战国时，上海是春申君的封邑，故别称"申"。晋朝时，因渔民创造捕鱼工具"扈"，江流入海处称"渎"，因此松江下游一带称为"扈渎"，后又改"沪"，故上海简称"沪"。

今上海地区春秋战国时期属吴越之地，后历有变化。唐后至今，上海地区大致分属三个行政区。一为吴淞江以南地区。唐天宝十载（751年）置华亭县，出现上海地区第一个独立县级行政建置。元至元十四年（1277年）升为华亭府，次年改为松江府，至清代辖有华亭、上海、青浦、娄、奉贤、金山、南汇7县和川沙厅。二为吴淞江以北地区。南宋嘉定十年（1217年）十二月初九设嘉定县，后又析出宝山县。三为长江口岛屿地区。唐武德年间长江口出露沙洲，元至元十四年置崇明州，明洪武二年（1369年）改为崇明县。

上海县是上海历史行政区划名，南宋景定末年至咸淳初为上海镇，元至元二十九年（1292年），把上海镇从华亭县划出，设立上海县，标志着上海建城之始。从上海立县至今已有超过700年的历史，大致可划分为朝代历史时期的上海县、近现代时期的租界城市和上海特别市、中华人民共和国成立以来的上海直辖市三个发展阶段，上海行政区划也随着上海的历史发展而不断演进与变迁，与上海城市发展、经济地理相因相循、互为因果。

第一节　朝代历史时期的上海县

根据上海行政建制的演变，可将朝代历史时期的上海划分为三个阶段。一是从春秋至唐初，上海地区总体上属吴越之地，这一时期上海未有行政建制，地域归属变动频繁；二是唐宋港口镇兴起时期，唐天宝十年（751年）华亭建县，宋太宗淳化二年（991年）青龙建镇，南宋咸淳年间上海正式设镇，华亭建县、青龙、上海的先后建镇，标志着今上海地区开始有独立的行政建制和地方历史；三是元至元二十九年（1292年）上海立县至晚清，上海立县标志着上海建城之始，作为县级行政建制长期隶属于松江府，但随着苏松太道移驻上海县并监理江海关，上海开始居于苏州、松江、太仓等地的行政中心。

一、春秋至初唐时期中的上海地域归属

春秋战国时期，今上海地区成为吴、越、楚等国争战之地。上海春秋时期属吴国东境。战国时期，周元王三年（公元前473年），越国灭吴，上海地区属越。战国中期，楚灭越，又归属楚。楚考烈王十五年（公元前248年），战国四公子之一春申君黄歇受封于吴，上海属于其封地，贯穿现代上海的黄浦江也称春申江，故上海别称为"申"。这个时期的上海地区，其南部海域是一片陆地，只有钱塘江相隔，吴越两国很容易跨越钱塘江，从水陆两条战线同时开战。与中原相比，当时的上海地区是地广人稀的蛮荒之地。公元前333年，楚国征服吴、越，上海归属于楚国。黄歇对上海进行开发，促进了楚文化与吴越文化的融合，他成为上海有史以来第一个政治、经济、文化名人。

秦统一后，置会稽郡于吴县（今江苏省苏州市）。今嘉定区西部属于娄县（治今江苏省昆山市东北），今松江县、青浦县及闵行区冈身以西地区在由拳县（治今浙江省嘉兴市南）境内，今金山县及奉贤县冈身以西地区属海盐县（治今金山县张堰镇南）。

西汉初期，上海地区曾分属于楚王韩信、荆王刘贾、吴王刘濞领地。两汉时期归属娄、由拳、海盐3县。三国两晋时期，上海地区分属吴郡娄、嘉兴、海盐3县。东汉建安二十四年（219年），东吴名将陆逊曾被封为华亭侯，这是正史第一次出现"华亭"地名，也往往被视为上海地方史的开端。南北朝时期建制变动频繁，上海地区均隶属于扬州；隋朝灭南朝陈，上海地区分属苏州和杭州，今嘉定区、青浦县大部、松江县西北部属昆山县，今松江县大部、金山县西北部、青浦西南等地属吴县，今金山县大部、奉贤县部分地区则属盐官县。

二、唐宋港口镇兴起时期的上海地区

港口镇的兴起发生在唐宋时期，伴随长江沿线，特别是中下游人类生产活动、兵燹战乱日益密集频繁，原来水土保持良好的植被遭受严重破坏，江岸泥沙入海量骤然增加。在潮汐等作用下，长江口陆地加快向东扩张，竹冈以东，严桥、航头一线以西的一大片土地迅速长成，在唐代基本成陆。有文献明确记

载，唐代已有人工筑成的捍海塘，《新唐书·地理志》在杭州郡盐官（县）条下就有记叙："……有捍海塘堤，长百二十四里，开元元年重筑。"在唐天宝十年（751年）华亭县成立之前，上海部分属海盐辖领，盐官筑海塘，因其与海盐同样面海，修筑的海塘势必连接。《云间志》《舆地纪胜》对此也作了明确记载："旧瀚海塘，西南抵海盐界，东北抵松江（吴淞江），长一百五十里。"考古发现，宝山的盛桥、月浦、江湾，浦东的北蔡、周浦、下沙、航头一线的地下有一条断续存在的沙带，位置恰恰是在古捍海塘上，这说明捍海塘就是沿着天然的海岸线修筑起来的。

2013年，上海博物馆考古队在青浦青龙镇的考古发掘2000多件唐代银、铜、铁、木、瓷器文物，证明了唐宋时期的青龙镇是一处繁荣兴盛、外贸发达的港口城市。在青龙村水井出土的长沙窑釉下褐彩模印贴片执壶，是唐代湖南长沙地区烧制的一种特有产品，经长途东运至上海，直至波斯。这反映了当年青龙港的中外商人往来频繁，经济发达，文化繁荣。文献上虽然少有直接描述唐代青龙镇的文字，但《隆平寺经藏记》中记载北宋元丰五年的青龙镇早已呈现"岛夷闽粤交广之途所自出，风樯浪舶，潮汐上下，富商巨贾豪宗右姓之所会"的景象。随着航运业在社会发展中的作用越来越大，唐宋时期青龙镇不但成为江南重镇苏州和秀州（今浙江嘉兴）的河口港，而且成为我国内河转口贸易的集散地和海上丝绸之路的重要港口之一。

宋代初期，华亭县改属两浙路秀州（今嘉兴）。当时东南海上贸易日益发达，华亭以东的海滩已成为重要盐场。当时青龙镇成为对外通商的大镇，遂于宋太宗淳化二年（991年）正式建镇。大观三年（1109年），青龙镇设置了监镇理财官，兼领市舶，以管理往来的市舶，并有"小杭州"之称。北宋时期，青龙镇已成为上海地区的内、外贸易中心。北宋中期，因老吴淞江的开凿，青龙江日益淤积，较大船只能改由上海浦进至上海旧城新开河至十六铺一带停泊。因而在北宋熙宁年间（1068~1077年），今上海所在地区的早期聚落便开始形成，并在这个时期设置了征收酒税的机构——酒务。

根据《弘治上海县志》推断，上海在南宋咸淳年间正式设镇。"上海"一词最早见于《水利书》中的"上海浦"，以及《宋会要》中的"上海务"，因而可以推断"上海"的名称很可能在北宋初年就已出现。此间，东南沿海一带的商船以及长江下游货物汇集于此。南宋末年设市舶司来管理往来商货，上海浦成为相当繁荣的市镇。当时市舶司的地点即后来的县治所在地，大致位于现在的肇嘉浜路以北、邑庙以南，其南邻肇嘉浜，东通黄浦，西接蒲汇塘通至华亭县。

三、上海立县至晚清时期的行政隶属关系与变迁

经过唐宋港口镇的发展，上海镇发展成为一个具备官署、儒塾、佛宫、仙

馆等以至街市房屋毗连不断的市镇。在唐时措的《县治记》写道："上海襟江带海,舟车辏集,故昔有市舶、有榷场(专卖场)、有酒库,有军隘、官署、儒塾、佛宫、仙馆、虹塞、贾肆,鳞次栉比,实华亭东北一巨镇也。"可见当时的上海市镇已具有一定的规模。元代,上海除盐业以外,棉织业逐渐兴起。当时乌泥泾(今华泾镇)人黄道婆从海南带回纺织技术与纺织工具,后来华亭(今松江)至上海一带成为当时手工棉纺织业的中心。华亭镇地位日益重要,元至元十四年(1277年)华亭镇升级为华亭府,次年改为松江府,领华亭县。原北境的松江也改称为吴淞江,上海设县侯,并属松江府。

　　至元二十八年(1291年),以华亭县户口繁多,上海及周围5乡的户口数已逾6.4万,已超过南方大县的3万户的户口标准,元廷于七月己未(8月19日)批准置上海县。至元二十九年(1292年)县立。县治在今黄浦区中华路、人民路环线以内,县域约当今闵行区、南汇县、浦东新区南部、青浦县北部、市区大部。元代后期,上海地区行政建置有松江府(辖有华亭县、上海县)与嘉定州、崇明州。

　　元代吴淞江下游段由于潮汐拥堵,已形成平陆,明初永乐年间得以治理,明代中叶,吴淞江成为黄浦江支流。这时的黄浦江交通便利,吸引北方商人、广东商人到上海收买布匹。《弘治上海县志》记:"百余年来,人物之盛,财赋之夥,盖可当江北数郡,蔚然为东南名邑。"明代上海境域以西及西南与华亭接界,北隔吴淞旧江和嘉定接界,向东至海,东西160里[①],南北90里,面积约2000平方千米。至明末,上海地区行政建置有松江府及所属华亭、上海、青浦3县,苏州府属下的嘉定、崇明2县。

　　清顺治二年(1645年),南京改为江南省,松江府、苏州府属江南省。顺治年间,设苏松兵备道,道署驻太仓州,苏州、松江2府隶之。康熙二年(1663年),苏松兵备道改置为苏松常道,道署移驻苏州。康熙六年,罢江南省,其地分置为江苏、安徽两省。江苏布政使司驻苏州府。松江府、苏州府属江苏省。是年,裁苏松常道。康熙九年九月,复置苏松常道,苏州府、松江府隶之。康熙二十一年(1682年),常州府往属江镇道,苏松常道改名苏松道。雍、乾、嘉年间,因江南大县财赋繁重,难以治理,析置县、新置县分治、裁撤、迁治诸多变动,嘉庆以后,上海县的四邻分别是东界川沙、南汇,南接奉贤,西接华亭、青浦,北界宝山,东西33千米,南北42千米。至清末,上海地区有松江府属华亭、娄、上海、青浦、金山、奉贤、南汇7县和川沙厅,太仓州属嘉定、宝山、崇明3县。

---

①　注:1里=500米。

值得指出的是，清雍正十三年（1735 年），苏松太兵备道从苏州移驻上海县城，故又称上海道，其时上海虽仍是松江府属县，但作为监察苏州府、松江府、太仓州的苏松太道驻地在上海，同时兼管江南海关，管辖松、苏、常、镇、淮、扬 6 府 24 个分海口以及太、通两州数百里海岸线，因此上海县的地位与一般府州属县疏为不同，开始居于苏州、松江、太仓等地的行政中心。19 世纪 40 年代，上海地区的政治、经济中心也已完全从松江府城移至上海县城。

第二节　近现代的租界城市和上海特别市

自上海开埠至中华人民共和国成立，我国的近代化历程和上海独特的空间区位，使这一时期上海的行政区划和管治结构异常复杂和多变。其中，最重要的变动有两个：一是上海开埠和设立租界，上海作为我国最大的租界城市的发展历史不单影响了上海的近现代化历程，某种意义上其对上海城市空间结构和经济地理格局的影响一直延续至今；二是 1927 年上海设立特别市，首次确立了上海作为中央直辖市的行政地位和城市身份。

一、上海开埠与上海租界城市的管治特征

1842 年，鸦片战争之后，《南京条约》签订，广州、福州、厦门、宁波、上海五处成为通商口岸，史称"五口通商"。1860 年以后，中国又增设许多通商口岸，也增加了一批租界。最多的时候，全国一共有 26 个租界，其中，上海占三个，分别是英租界、美租界（英租界、美租界后合并为上海公共租界）和法租界。公共租界多次扩张，面积达 33506 亩，法租界经多次扩张，面积达 15750 亩。19 世纪 60 年代初，两租界当局在租界外筑路，形成越界筑路，20 世纪 30 年代，工部局越界筑路数十条，长度达上百千米，其控制的越界筑路地区达 4.7 万亩，同时，公董局也修筑了大量的越界筑路。这使上海三个租界的面积是全国其他 23 个租界面积总和的 1.5 倍，上海成为典型的租界城市。

上海公共租界在中国租界史上是开辟最早、存在时间最长、面积最大、经济最繁荣、法律最完善、管理机构最庞大、发展最充分的一个租界。今北黄浦、静安以及虹口、杨浦两区南部沿江地带是上海公共租界（英美租界）最主要的组成部分，分别对应公共租界的中区、西区、北区与东区。英国首任驻上海领事巴富尔于 1843 年到达上海，1845 年与上海道台宫慕久商定《上海土地章程》，规定黄浦江以东、洋泾浜以北、李家厂以南为英商居留地，在近代中国设立了第一块租界；1848 年首任法国驻上海领事敏体尼到达上海，于 1849 年与上海道

台麟桂商定辟设法租界；1848 年上海道台同意美国传教士文惠廉提出的在虹口建立美租界的要求；19 世纪 50 年代中期，英、法、美三国领事联合通告，擅自公布《上海英美法租界土地章程》，并建立统一管理英、法、美三租界的管理机构工部局，后法国方面为维护自身利益，坚持对法租界的独立管理权；1863 年英、美租界正式合并，成为公共租界。

上海法租界是近代中国四个法租界（上海法租界、天津法租界、汉口法租界和广州法租界）中开辟最早、面积最大、最繁荣的一个。租界南至护城河，北至洋泾浜，西至关帝庙诸家桥，东至广东潮州会馆沿河至洋泾浜东角，面积约 986 亩。1861 年，法国又以开辟沪法之间航线需租地造屋为由，租得小东门外 37 亩土地；1899 年 6 月，法租界再次扩张，新租界区域北至北长浜（今延安东路西段），西至顾家宅、关帝庙（今重庆南路），南至打铁浜、晏公庙、丁公桥（今西门路、自忠路），东至城河浜（今人民路西段），总面积增加到 2135 亩。19 世纪 60 年代法租界开始越界筑路，最初是从上海县城西门筑至徐家汇的军路，1913 年，中国政府答应了法租界的扩张要求并与法国签订了《关于法租界界外马路协定十一条》，给予法租界当局在越界筑路区域行使警政和征税权，法租界当局控制区面积从而达到 15150 亩，是法租界初辟时面积的 15 倍。1913 年，北洋政府承认法租界扩展至徐家汇一线。经过历次扩展，法租界成为西方列强在华地域面积最大的专管租界。

从 1843 年上海开埠至 1945 年国民政府宣布接收上海公共租界、法租界，历时百年的上海租界结束，全县被割裂为"公共租界"、"法租界"、"华界"（上海县城区和与租界相邻的地区）和乡村四个部分。上海县的辖区范围内，实际形成了三权鼎立的局面，上海县之管辖权仅限于"华界"和乡村地区，政令不能通行于租界。按照被视为租界根本法规的《上海土地章程》，租界是中国政府划定，租赁给外国人居住的居留地，其领土主权、行政权、司法权仍属中国所有。但在实际经营过程中，外国殖民主义者把租界经营成中国政府权力难以达到的地方。同时，设置类似于西方议会的纳税人会议，有相对独立的行政权、立法权、司法权，有巡捕、军队、监狱。中国军队不得随意进出，华人犯法中国政府也不能独立处罚。租界的设立使上海一市分为华界、公共租界、法租界三家分治（一市三治），行政和司法、经济活动自成一体、割裂而治，对上海城市的结构、功能以及上海政治、经济、社会、文化产生极其广泛而深远的影响。

二、上海特别市的设立与上海近代城市行政区划

中华民国成立后，江苏省于 1914 年划分为沪海等 5 道，其中沪海道驻上海县，辖今属上海市的上海、松江、南汇、青浦、奉贤、金山、川沙、嘉定、宝

山、崇明等县以及今属江苏省江苏省太仓、海门、启东3县及浙江省嵊泗列岛境，直至1927年都没有变化。

1927年7月7日，上海特别市成立，上海始有直辖市一级建置。1928年春，上海特别市宣布租界为特别区；同年7月，接收上海县属上海（沪南）、闸北、蒲淞、洋泾、引翔港、法华、漕河泾、高行、陆行、塘桥、杨思和宝山县吴淞、殷行、江湾、彭浦、真如、高桥等17市乡为上海特别市的实际境域，面积为494.69平方千米（不含租界），并改17市乡为17区，上海始有区一级建置，中国最大城市的地域框架基本形成。上海地区的上海、嘉定、宝山、松江、川沙、青浦、南汇、奉贤、金山、崇明10县仍隶属江苏省。1928年上海市、县分治后，作为上海市母体的上海县境有原上海县西南部8乡，面积为152.86平方千米。

1929年，制定上海第一个城市规划"大上海计划"。计划避开由外国人管理的公共租界、法租界，在今江湾、五角场一带实施建设上海新区。建成市政府新厦、体育场、图书馆、博物馆、市医院等，在龙华辟设上海市植物园，在市区外围开辟中山北路、其美路、黄兴路、三民路和浦东路等道路。这些努力体现了中央政府对上海的重视，反映华界建设想赶上租界的雄心，也反映了上海城市发展格局发生变化。同时，租界市政建设突飞猛进，与华界一起基本奠定上海城市格局。

1930年7月，上海特别市改称上海市。1938年12月，江苏省川沙、南汇、奉贤、崇明、宝山、嘉定等县和上海县浦西地区划归汪伪上海市政府管辖。1945年8月，上海市仍为战前17个区和特别区。1945年11月底，市政府为调查户口、编制保甲，决定以警察分局区界为原则，每区平均人口单位为15万人左右，全市拟划分为33区。同年12月25日，按先行接收的警察分局范围划分为31区。1947年10月正式接收大场区，并划大场、新泾区部分地区置真如区。1948年底，全市有黄浦、老闸、邑庙、蓬莱、嵩山、卢湾、常熟、徐汇、法曹、静安、新成、江宁、普陀、闸北、北站、虹口、北四川路、提篮桥、榆林、杨浦、新市、江湾、吴淞、大场、新泾、龙华、斯盛、洋泾、高桥、真如30个区。

1946年起，上海市政府与内政部、江苏省政府多次商谈上海市与江苏省的划界问题。1947年3月，三方谈定划界办法。9月初，行政院规定：沪南地区，上海县保留辖北桥、颛桥、马桥、闵行、陈行、曹行、三林、塘湾8区及莘庄区东部、周浦区西部；省市界线以原有区界为界；莘庄区东部由松江县划入上海县，周浦区西部由南汇县划入上海县，七宝区东部划入上海市；沪北地区，大场全区划归上海市，杨行全区仍属宝山县，省市界线以原有区界为界；沪西地区，以蟠龙港、小涞港、竹港河流中心为省市界线，东属上海市，西属江苏省；诸翟镇归嘉定县管辖。经此划界后，后又经两次细微调整，最终划定上海市幅员东西 43 千米，南北 48 千米，面积为 617.95 平方千米。

第三节 1949 年以来上海行政区划发展与变迁

1949 年后，上海行政区划的发展与变革总体上与国家对上海的战略定位和上海城市发展需求相调适。中华人民共和国成立初期由于国民经济恢复和稳定、改造上海的需要，上海行政区划体现出显著的历史继承和平稳过渡特征，基本沿袭国民政府时期的政区空间格局；1958 年的行政区划调整奠定了今天上海行政辖区范围，从 1958 年至改革开放，上海行政区划调整与变革总体是与这一时期上海建设国家工业基地相适应和匹配；从改革开放至世纪之交，上海开始从国家工业基地、全国经济和贸易中心向服务全国、面向世界的国际化大城市转变，这一时期上海设立了浦东新区、率先推进郊区撤县建区；2002 年至今，上海中心城区、外围郊区先后进行了一些行政区划调整与优化，为上海建设社会主义现代化国际大都市服务。

一、1949~1957 年：中华人民共和国成立初期的历史承继与政区规模优化

1949 年中华人民共和国成立后，上海为中央直辖市，设立 20 个市区和 10 个郊区，共 30 个区。1949~1958 年，上海行政区划也经历多次变动和调整，其中 1949~1955 年基本未有大变动，体现出中华人民共和国成立初期上海政区的历史继承性和平衡过渡特征。1956 年上海撤并 6 个市辖区，并将 9 个郊区撤并为东郊、西郊、北郊 3 个郊区，同时撤销水上区，撤并后全市由 31 区变为 18 区，大幅精简了行政建制、优化了辖区规模。

（一）中华人民共和国成立初期上海行政区划设置的历史继承

1949 年 5 月 27 日，上海解放。5 月 28 日，上海市人民政府成立。上海市为中央直辖市，设黄浦、老闸、邑庙、蓬莱、嵩山、卢湾、常熟、徐汇、长宁、普陀、闸北、静安、新成、江宁、北站、虹口、北四川路、提篮桥、榆林、杨浦 20 个市区，以及新市、江湾、吴淞、大场、新泾、龙华、洋泾、高桥、真如等 10 个郊区，共 30 个区。1949~1955 年，为完成国民经济恢复时期的历史任务，实现旧上海向新上海的转变，政府采取了一系列治理措施稳定、改造上海，这一时期除 1952 年析洋泾区分为东昌、洋泾二区，新市区并入江湾区和 1953 年

新设水上区以外，上海基本沿袭原有区划未变，体现出中华人民共和国成立初期上海行政区划显著的历史继承和平稳过渡特征。

（二）聚焦生产性城市转型的市区空间整合与城郊分治

直至1956年2月，上海市撤销老闸、嵩山、常熟、静安、北站、北四川路6区：老闸区并入黄浦区，北四川路区并入虹口区，北站区并入闸北区，常熟区并入徐汇区，静安区并入新成区，长宁区、嵩山区分别并入邑庙区、卢湾区；撤销高桥、洋泾、杨思区，设立东郊区；撤销吴淞、江湾、大场区，设立北郊区；撤销真如、新泾、龙华区，设立西郊区。同年6月，撤销水上区。全市辖黄浦、邑庙、蓬莱、卢湾、徐汇、长宁、普陀、闸北、新成、江宁、虹口、提篮桥、榆林、杨浦、东昌15个市区和东郊、北郊、西郊3个郊区，共计18个区。这一次行政区划调整主要集中在两个方面：一是通过市辖区撤并优化市区空间结构和行政管理幅度；二是坚持城郊分治，将城市外围9个空间范围大、城市化水平不高、乡村地域特征明显的郊区按照空间方位、地域特征整合为东郊、西郊、北郊3个郊区，实行市区和郊区的差异化治理。

二、1958～1979年：与国家工业基地建设相匹配的政区扩展与建制变更

1958年11月，江苏省苏州专区所辖松江、川沙、南汇、奉贤、金山、青浦6县，12月南通专区所辖崇明县划入上海市，上海市辖区规模大幅扩展，奠定了上海今天的行政区域范围。1960年1月，撤销蓬莱、邑庙2区，以原蓬莱区全境和邑庙区部分地区设立南市区；邑庙区的其余地区分别划归黄浦、卢湾2区。撤销江宁、新成2区，以原江宁区全境和新成区部分地区设立静安区；新成区的其余地区并入黄浦区；撤销提篮桥区，并入虹口区；撤销榆林区，并入杨浦区。析上海县闵行、吴泾地区置闵行区，析宝山县吴淞地区置吴淞区。1961年1月，上海撤销浦东县，其城市地区并入黄浦、南市、杨浦3区，农村地区并入川沙县。总体而言，1958～1979年上海的行政区划变迁，无论是划入江苏7县、中心城区撤并，还是近郊地区析出城市化地区设区，其后都有相同的逻辑，与国家工业基地建设相适应和匹配。

（一）政区空间大幅扩展奠定上海国家工业基地的空间基础

1949年后经过三年经济恢复，上海城市功能由"消费型城市"向"生产型城市"转化，全市工业生产恢复到民国时期的最高水平：1952年全市工业总产值增至68.06亿元，工厂增至25878家（其中私营25613家），棉纱产量从1949年的13.3万吨增至25.07万吨，钢产量增至7.14万吨，金属切削机床增至3789台。

1956年，党中央提出积极合理发展沿海的工业基地，支持上海市以工业和

科学技术两大基地为目标来引领国家工业化发展。为解决上海市辖区面积狭小、人口众多、副食品供应短缺等发展瓶颈与民生问题，合理布局新的工业区、建立工业卫星城镇，1958 年，国务院批准将历史上与上海关系密切的江苏省的嘉定、宝山、上海、川沙、青浦、南汇、松江、奉贤、金山、崇明 10 个县，相继划入上海。这是上海建市以来规模最大的一次行政区划调整，奠定了今天上海市行政区域范围的基础。同年 10 月，撤销 3 个郊区，将其城市化地区划入市区，农业地区划入毗邻的县，同时置浦东县。至此，上海市辖黄浦、邑庙、蓬莱、卢湾、徐汇、长宁、普陀、闸北、新成、江宁、虹口、提篮桥、榆林、杨浦 14 个区，浦东、松江、上海、川沙、南汇、奉贤、金山、青浦、嘉定、宝山、崇明 11 个县，面积为 6340.50 平方千米，今上海市境域形成。后除 1960 年 3 月浙江省舟山县嵊泗人民公社划属上海市，1961 年重划归浙江省外，上海市境域基本不变。

（二）适应卫星工业城镇建设的飞地型市辖区设置与裁撤

上海工业发展初期主要是沿江沿河分布，由于各种历史原因，工业企业主要集中在早期租界内和黄浦江、苏州河沿岸，分布形式以工业点与工业街坊为主，且与居住区混杂，1949 年后规划建设工业区则有意识地分散转移市区内部工业。在国家第二个五年计划期间，上海继续调整全市工业布局，大批企业新建和改造项目向市郊发展。为贯彻"充分利用、合理发展"的上海工业发展方针，适应工业布局和结构调整的需要，一方面，1956 年上海市城市规划建筑管理局（以下简称市规划局）提出建设工业卫星城镇的设想。1959 年编制的《上海市城市总体规划》将上海城市建设方针确定为逐步改造旧市区，严格控制近郊工业区，有计划地发展卫星城镇。至 1959 年底，先后规划建设闵行、吴泾、安亭、松江、嘉定 5 个卫星城，使上海成为群体组合城市，这是上海城市布局的重大变化。另一方面，1957 年上海市政府提出建立 8 个近郊工业区，目的是经过科学规划，建设具有产业特色的新型工业集聚区。鉴于当时的财力限制，尽可能充分利用城市基础设施和公共设施的边际效益，工业集聚区都布局在城市连续建成区的边缘，以便节省道路、水电气等基础设施的投资成本。1958 年利用便利的交通条件和原有的工业基础，在蕰藻浜两岸规划吴淞—蕰藻浜工业区。上海市工业卫星城镇和近郊工业区几经发展演变，到 20 世纪 70 年代末形成了闵行、吴泾、嘉定、安亭、松江、吴淞、桃浦、彭浦、高桥、漕河泾、长桥、周家渡、庆宁寺等多个卫星工业城镇和工业新区。

与上海工业卫星城镇和近郊工业区规划建设相适应，上海行政区划也进行了相应调整，其中最典型的是，1960 年在远离上海市区的近郊地区析上海县闵行、吴泾地区设置闵行区以建设机电工业为主的闵行卫星城和以化学工业为主的吴泾卫星城，析宝山县吴淞地区设置吴淞区以钢铁工业为主的吴淞、蕰藻浜工业区和浦东的周家嘴地区。1961 年 1 月，又撤销浦东县，将邻近黄浦江岸的城市化地区和工业区拆分并入浦西的黄浦、南市、杨浦 3 区，农村地区并入川沙县。

后为加强集中领导，适应工业交通系统建立政治工作机关的需要，1964 年，上海市撤销吴淞区、闵行区，其行政区域分别并入杨浦区和徐汇区。至此，全市辖黄浦、南市、卢湾、徐汇、长宁、闸北、静安、虹口、杨浦、普陀 10 区和上海、嘉定、宝山、川沙、南汇、奉贤、松江、金山、青浦、崇明 10 县。这种状况一直持续到改革开放初期。

三、1980~2001 年：聚焦服务全国、面向世界的国际化大城市的政区改革

从改革开放至世纪之交，上海行政区划变革最重要的三点如下：一是 1993 年组建浦东新区，这既是我国扩大对外开放的重大战略部署，也是上海城市空间发展战略和经济地理格局的重塑；二是近郊区县撤并设区，先后于 1988 年撤销吴淞区和宝山县，合并设立宝山区，1992 年撤销上海县和闵行区，合并建立新的闵行区，同年撤销嘉定县，建嘉定区，通过一系列近郊区县的撤并，大幅扩大了上海的市区范围；三是率先全域推进远郊地区撤县设区，到 2001 年底除崇明外，郊区地域已全面撤县设区，有效促进了郊区地域的城镇化。

（一）组建浦东新区，确保对外开放国家重大战略部署

对外开放初期，中央政府将开放的重点置于广东、福建等东南沿海地区，上海在全国的经济地位不断下降。20 世纪 80 年代，上海国民生产总值年均增长速度仅为 7.4%，低于全国 9%的平均水平。其中，1985~1987 年，上海连续 3 年地方财政收入不断"滑坡"。90 年代初，上海国内生产总值由全国第 1 位降到第 6 位，落后于广东、山东、江苏、辽宁、浙江等沿海开放地区。因此，扩大对外开放，实施国际化发展战略是上海当时的必然选择。

事实上早在 20 世纪 80 年代初，上海就提出了开发浦东的设想。当时出发点是为了疏解浦西交通拥挤、住房紧张、发展空间不足等问题，但人们很快认识到，浦东开发开放更要瞄准国际前沿，体现开放发展的趋势。在随后的几年里，上海围绕浦东开发组织各类专家论证会、国际研讨会进行可行性研究和规划，逐渐形成了顺应经济全球化趋势、服务全国、面向世界、积极发展外向型经济的基本认识。1988 年，上海市提出了"开发浦东，建设国际化、枢纽化、现代化的世界一流新市区"的发展设想。

20 世纪 80 年代末，邓小平同志从国际大环境出发，提出"要把进一步开放

的旗帜打出去",并指出"上海是我们的王牌,把上海搞起来是一条捷径"。在这样的背景下,浦东开发开放向世界表明,中国将继续高举改革开放的旗帜。之后,这面旗帜从初期的上海地方发展战略和构想,上升为国家层面的发展战略。1990年4月18日,李鹏同志在上海大众汽车有限公司成立五周年庆祝大会上宣布,党中央、国务院同意上海加快浦东地区的开发,在浦东实行经济技术开发区和某些经济特区的政策,标志着中国的经济改革和对外开放,从区域性试验转入了全面展开和深化的阶段,标志着上海市从中国开放的边缘区变为核心区。这也开启了上海国际经济、金融、贸易三个中心建设的浪潮。

浦东开发的使命所在,是要谋求一个它在世界经济全球对话格局中的重要位置,也就是浦东要承担上海对外开放、搞活经济的一个重要角色。但当时,浦东新区的规划范围,从行政区划上看是由川沙县、上海县三林乡以及黄浦、南市、杨浦三个区的浦东部分构成,"三区两县"的行政区划结构不利于浦东新区的整体开发与合理布局,亟须进行行政区划的整合与创新,最终由上海市向中央提出申请,国务院于1992年10月批复撤销川沙县建制,将其与黄浦、南市、杨浦3个区的浦东部分和原上海县三林乡合并,设立浦东新区。1993年1月1日,浦东新区管理委员会揭牌成立。当时的浦东新区土地面积约532.75平方千米。

(二)近郊区县撤并设区,构建国际化大城市的空间基础

改革开放后,上海城市社会经济和城市建设的指导方针发生了较大转变,1986年《上海市城市总体规划方案》将上海置于国际发展的大环境中加以定位,确定上海市的城市性质为:"我国的经济中心之一,是重要的国际港口城市。"1986年,国务院批复为"上海是我国最重要的工业基地之一,也是我国最大的港口和重要的经济、科技、贸易、信息和文化中心,同时还应当把上海建设成为太平洋西岸最大的经济和贸易中心之一"。在此背景下,国际化大都市建设成为新时期上海城市发展和经济建设的总体方向。为了与这一城市总体发展目标相适应,1980~1993年,上海行政区划改革的总体走向是推进近郊区县合并设区,构建上海国际化大都市的行政空间基础。

改革开放后,我国城市工作重心转移到经济建设。为理顺城乡管理体制,加快区域经济发展,于1980年和1981年先后恢复设立吴淞区和闵行区。1980年,因宝钢建设和吴淞钢铁工业基地发展需要,在上海市人民政府宝钢地区办事处基础上重新成立吴淞区。1981年2月22日,原闵行区第二次成立,恢复原闵行区建制。当时从徐汇区划出闵行、吴泾街道,从上海县划出15个生产大队归原闵行区辖。划入区境的农村地区由原闵行区与上海县双方协同管理,户口、治安归原闵行区,党政及农、副、工三业生产由上海县管理。

1988 年，上海撤销宝山县和吴淞区，组建成一个城乡接合的新区宝山区；闵行区和上海县则于 1992 年合并为新的闵行区；近郊地区的嘉定县也于 1992 年撤县建区。究其根源，一方面是为理顺城乡管理体制，加快区域经济发展，逐步形成城市中心区、郊区和县三个管理层次；另一方面近郊地区要迈上城市化和工业化的新台阶，无论是公共服务或是城市规划建设等方面都需要城市中心区的扶持与配套，而上海要向国际经济中心、国际贸易中心发展也必须要推进城市中心区与郊区的联动和一体化发展。

（三）聚焦郊区城镇化发展，率先全域推进撤县设区

自从 1986 年上海市委市政府首次提出城乡一体化发展目标以来，聚焦郊区城镇化、推进城乡一体化就成为上海城市发展的重要内容。20 世纪 90 年代以来，上海郊区经济快速发展，是现代农业、制造业的主要基地，也是上海最有经济活力的地区，在上海城市发展战略中的地位开始发生重大变化，它不再被视为上海城市中心区扩张的预留地，也不再与上海市区二元对立，而是正式成为上海国际化大都市建设的重要战场。

上海市"九五"计划提出"大力推进城乡一体化和农村城市化，提高郊区城市化和工业化水平，提高城市功能效益和布局效益"。计划强调要按照建设中等规模城市的要求，高起点规划建设郊区城镇，发展完善上海城镇体系，提高郊区城市化水平。要坚持"二、三、一"的产业发展方针，积极发展大工业、大农业和大旅游业，提高郊区经济规模化和集约化水平；以开发建设市级工业区为重点，形成六大制造业中心；大力发展高产、优质、高效农业，重点建设六大农业生产基地。根据郊区总体发展战略，进一步明确六县功能定位和发展方向。

按照市区"体现繁荣繁华、郊区体现实力水平"的要求，上海明确在"十五"期间"重点推进郊区新城、中心镇建设""加快构筑郊区实力型产业发展格局"。计划提出要完善发展政策，依托产业基础，发展特色经济，明确城镇功能，形成特色风貌，吸引人口集聚，加快"一城九镇"的发展。

与上海郊区城镇化和城乡一体化相适应，上海市不断调整和完善郊区管理体制和行政区划改革，在全国率先全域推进远郊地区撤县建区。1997 年 4 月，撤销金山县，设立金山区。1998 年 2 月，撤销松江县，设立松江区。1999 年 9 月，撤销青浦县，设立青浦区。2001 年 1 月，撤销南汇县，设立南汇区；撤销奉贤县，设立奉贤区。到 2001 年底，上海除海岛崇明县，其余郊县全部实行了撤县建区，上海行政区划结构从 1996 年的 14 个区 6 个县转变为 19 个区 1 个县，近乎全域"无县"城市。这一轮区县的全面重组，背后实质是上海城市战略和城乡关系的深刻变化。2000 年全市城镇人口为 1449.0 万人，占总人口的

88.3%，与1990年第四次人口普查相比，上升了22.1%（见表2-1）。

表2-1 1990年和2000年上海市农业和非农业人口变化 单位：万人、%

人口		年份	1990		2000	
			数量	构成	数量	构成
常住人口		合计	1321.47	100	1626.04	100
		农业人口	454.33	34.37	600.5	36.93
		非农业人口	867.34	65.63	1026.04	63.1
年末户籍人口		合计	1283.35	100	1321.65	100
		农业人口	418.89	32.64	335.47	25.38
		非农业人口	864.46	67.36	986.16	74.62

　　资料来源：常住人口农业和非农业人口根据上海市第四、第五次人口普查数据整理。年末户籍人口及其分类根据《上海统计年鉴》整理。

　　这一轮郊区区县重组也为上海后续的国际化大都市和新城建设奠定了基础，2001年国务院批准的《上海市城市总体规划（1999—2020年）》确立了"多轴、多层、多核"的城市基本格局，其中"多层"指中心城、新城、中心镇、一般镇所构成的市域城镇体系及中心村5个层次，还针对郊区提出了新城—新市镇—居民新村的三级体系，"多核"主要由中心城和新城组成。

四、2002年至今：迈向社会主义现代化国际大都市的行政区划优化

　　2002年以来，上海的城市发展步上新台阶，国家也对上海提出了更高的要求，上海城市发展定位从国际大城市到卓越的全球城市，再向社会主义现代化国际大都市转变，与之相适应，上海的行政区划也逐步调整和优化：一是浦东新区与南汇区合并组建新的浦东新区，以服务国家战略功能区的转型升级和上海"四个中心"建设；二是有序推进中心城区撤并，促进大都市核心区的空间功能重塑和旧城改造更新。

（一）聚焦国家战略功能区转型升级，实施浦南合并再造新浦东

　　2009年5月，原浦东新区与原南汇区合并组建新的浦东新区，合并之后浦东新区的辖区面积从580多平方千米扩展到1210平方千米。这是2008年国际金融危机之后，上海发展转型的一个关键阶段的重大决策。当时上海市委、市政府在经济转型升级大背景下提出要创新驱动发展、经济转型升级，同时上海正在建设"四个中心"（国际经济中心、国际金融中心、国际贸易中心、国际航运中心），但"四个中心"的诸多核心功能和空间布局则纵跨南北两大区域。原浦

东新区有陆家嘴金融功能、外高桥商贸功能、张江高科技园区、金桥出口加工区、浦东国际机场，但原南汇区也有独特优势，有洋山深水港、临港新城、广阔的发展空间以及诸多要素资源，两区合并能够有效整合资源、集聚核心功能，这对浦东新区作为国家重要战略功能区的转型升级和上海"四个中心"建设具有重要作用。一方面，浦南合并后有助于金融中心与航运中心的融合与集聚发展。金融中心的作用辐射到南部区域对航运中心形成强力支撑，航运只有与金融融合和集聚才能真正与国外重要航运中心相媲美，如伦敦、鹿特丹、新加坡。另一方面，南北区域有效整合后对一批具有重大影响力的大型项目的建设和发展形成带动。如"大飞机"项目，是典型的高端制造业，一部分在川沙地区，另一部分在祝桥地区，研发中心在浦东张江。两区合并，能够更高效地推进整个航空集聚区的功能和产业链、价值链的发展，支撑这个国家重大项目顺利开工投产。又如迪士尼项目，上海要形成以服务业为主导的新型经济结构，迪士尼项目是当时浦东乃至全上海最大的一个服务业项目，能有效发挥辐射带动作用。但当时迪士尼一部分在浦东川沙，另一部分在原南汇的六灶，还有一部分在浦东张江，迪士尼项目分散在原先的两区多地，两区合并使该项目的动迁标准统一、动迁时间进度协同，对项目的建设和运营形成有力支撑。

（二）聚焦大都市核心区空间功能重塑，推进中心城区空间整合

原黄浦、南市、卢湾、静安等城市核心区，由于其独特的地理区位和开发建设历史，总体而言具有坚实的经济基础、先进的管理经验、完善的基础设施、较高的国际化水平，一些重点领域和标志性区域的发展水平已与国际接轨，服务经济集聚度达到国际同类区域水平，大量金融机构、总部机构、外资企业集聚，拥有具有一定影响力的知名商业街区和具有一定国际认同感的重点功能区域，文化创意产业发展效应初显。上海的国际品牌效应逐渐凸显，城区具备了一定的国际服务功能和国际影响力，初步显现出国际大都市中心城区的特征。但是，与其他全球城市相比，上海市中心区也存在一些问题：①上海中心城区的服务经济以传统服务业为主，商贸流通业占比偏大，金融、专业服务等高端服务业规模较小，中心城区服务经济的发展效率与国际大都市相比差距较大。②从总部类型来看，上海市中心的总部以投资和商贸型为主，管理型总部比重较低。此外，大多数总部为区域性总部，如跨国公司的中国华东总部、中国总部、亚太总部、新兴市场总部等。③上海中心城区在国际顶级品牌集聚、文化演艺集聚、国际性文体赛事活动、免税购物功能等方面与国际大都市也存在差距，尚未形成具有较高辨识度的文化个性和浓郁的文化氛围，一些时尚节庆活动尚未产生国际影响力，带动效应不大，品牌效应有待进一步提升。④旧区改造问题是上海中心城区发展过程中面临的最大瓶颈之一，高楼大厦和危棚简屋的交错布局影响上海中心城区的空间利用效率和整个城区空间格局功能的发挥。

在此背景下，推进中心城区的政区空间整合与优化，不但有利于优化城市功能布局，集中资源推动旧城改造更新，塑造城市核心区空间功能，而且有利于中心城区政府管辖规模合理化，节省行政资源，有效提升城市政府行政管理效率。2000 年上海撤黄浦区和南市区设立新的黄浦区；2011 年又撤销黄浦区、卢湾区建制，设立新的黄浦区，通过两次行政区划合并，实现了旧南市区、卢湾区与黄浦区的三区合一；2015 年上海撤销静安区和闸北区组建新的静安区，静安与闸北"撤二建一"，打破了长期以来苏州河南北的分隔格局，但总体上也是基于前述同样的动力与逻辑。

参考文献

［1］褚绍唐. 上海历史地理［M］. 上海：华东师范大学出版社，1996.

［2］罗婧. 上海开埠初期英租界洋行分布及景观复原初探［J］. 历史地理，2013（1）：239-260.

［3］钱宗灏，贺殖. 上海老城 150 年［M］. 上海：上海人民美术出版社，2009.

［4］上海市城市规划设计研究院. 循迹·启新：上海城市规划演进［M］. 上海：同济大学出版社，2007.

［5］上海市统计局. 上海统计年鉴（2013、2014）［M］. 北京：中国统计出版社，2013，2014.

［6］上海市统计局. 上海统计年鉴（2015）［M］. 北京：中国统计出版社，2015.

［7］许世远. 上海城市自然地理图集［M］. 上海：中华地图学社，2004.

第三章　基础设施发展的现状与特征

基础设施是为直接生产部门和人民生活提供条件与服务的设施，纵观国际大都市，大多具有庞大的公共交道体系、完善多元的对外交通体系、便捷的生活服务基础设施、安全高效的市政基础设施、先进发达的新型基础设施等。改革开放以来，上海不断强化中心城市的"多功能"规划与设计，其重心也从国际经济和贸易中心发展为国际金融与航运中心，直至科技创新中心。在这一过程中，以交通基础设施、市政基础设施、商业基础设施以及新型基础设施为代表的硬件环境是上海城市功能体系演变和职能模式升级的关键使能器，在满足上海复杂的城市功能要求的同时，实现了上海与长三角地区、长江经济带、全国乃至全球的高效连接，为人、货、信息、知识和创新的流转提供了强大支撑，为上海建设卓越的全球城市，建设和创新之城、人文之城、生态之城提供了重要基础。

第一节　城市交通设施

综合交通是支撑城市发展的重要骨架，不但决定了城市的空间规模、可达范围和运转效率，也直接影响着城市对各类要素的集聚与扩散能力。综合交通体系作为上海国际航运中心建设的直接载体，国际、金融和贸易中心的连接桥梁，科创中心的重要支撑，带来大量的资金流、物流、信息流和人流，进而成为上海全球卓越城市打造的关键一环。按照上海建设国际航运中心的总体要求，上海已基本形成了"衔接国内外、辐射长三角"的交通运输网络。一方面，上海与国内和海外两个市场之间形成连通，提升上海在全球生产链和创新链中的竞争优势；另一方面，上海交通设施的集聚优势，使其龙头城市的地位得以凸显，在加速对接周边城市的生产、创新要素的同时，带动长三角城市群的整体国际化。目前，上海是全球交通最繁忙的都市之一，基本形成了包含航空、航运、铁路运输、公路运输等多种交通运输形式以及包含机场、港口、铁路、公路、城市轨道交通等多种基础设施的多模式、智能化、高效化城市综合交通基础设施体系。

一、航运基础设施

上海因港口而兴起，港口在上海城市交通基础设施体系中占据至关重要的地位。从上海港产生至今，上海经历了"河流单港区阶段→河流双向延伸阶段→工业化岸线拓展阶段→集装箱化离岸外迁阶段"的演变模式；从河流等级来看，上海港口港区的空间演变遵循了"二级支流港→支流港→干流港→门户港"的演变路径；从港口区位来看，上海遵循了"内河港→海河港→河口港→深海港"的外拓模式（张梦天等，2016）。1949年以来，上海港口基础设施发展主要包括四个阶段。

（一）恢复发展时期（1949～1977年）

上海港位因其"襟海带江"的地理优势，兼具海洋与内河港口的特征。1949年前，上海已是中国最大的进出口贸易口岸。1949年5月后，受战争环境和西方资本主义国家的经济封锁，上海港的发展空间受到严重挤压。面对这两个方面的制约因素，上海在港口发展的定位上把为国内生产服务作为上海港发展的主要目标；同时，在港口发展的举措上，充分利用现有设施，不断提升港口运输现代化水平。1958～1960年，上海港基本建设形成第一次高潮，投资额达7020万元，新建一批泊位和水陆联运码头。此外，上海还建立了统一机构作为组织保障，1949年10月成立华东区航务管理局，1950年10月改为中央直属上海区港务管理局。

（二）港区拓展时期（1978～1999年）

20世纪80年代中期以后，上海先后制定了《上海经济发展战略汇报提纲》《上海市城市总体规划方案》，上海港掀起了以建设集装箱码头和老港区改造、外移为重点的港口建设高潮，有效推动了港口空间布局从以黄浦江内老港区为主向长江口新港区为主的转型。这一时期，上海市先后在黄浦江关港地区和长江口南岸的宝山地区、外高桥地区新建了关港、宝山、罗泾、外高桥一期、外高桥二期等新港区，上海港区实现了空间进一步拓展。

（三）转型发展时期（2000～2008年）

随着国际集装箱船向大型化方向发展，长江口航道水深难以满足第五、第六代集装箱船满载进出的需要。2001年3月，国家正式批复洋山深水港区一期工程立项。2002年6月，洋山深水港区一期工程开工建设，至2006年8月竣工验收。洋山深水港二期工程从2005年6月正式开工，至2006年底建成开港、投入运营。继洋山深水港一期、二期工程投入使用后，三期工程于2008年投入运行。洋山深水港的建设，开创了远离大陆依托海岛建港和陆岛联动营运、港城同步发展的新模式，也标志着上海国际航运中心的主体上海港基本完成由河口港向海港的转变。

（四）全面发展时期（2009年至今）

2009年4月，国务院颁布了《关于推进上海加快发展现代服务业和先进制造业建设国际金融中心和国际航运中心的意见》，积极推动上海国际航运中心建设，建成具有全球航运资源配置能力的国际航运中心、国际航运枢纽港、现代化港口集疏运体系、现代航运服务体系。上海港口建设也随之实现了低端的港口装卸与中心城区分离：高层次的港口服务，如游艇港区、航运培训、交易和金融等功能仍留在市中心区；依托集装箱港区，建设物流园区或保税区，发展高附加值物流服务或产业活动。2010年后，沿海码头长度及其泊位逐年增长，2022年集装箱吞吐量突破4730万标准箱（TEU）大关，连续十三年蝉联全球第一名。

二、航空基础设施

上海作为我国第一大国际贸易港，其旅客吞吐量及货邮吞吐量位居全球前列，目前拥有浦东国际机场与虹桥国际机场两座民用机场。其中，浦东国际机场为上海最大的机场，主要承担进出上海的国际航班，但同时经营一部分国内航班；虹桥国际机场主要承担进出上海的国内航班，同时也经营部分国际包机航班。此外，上海市内还有大场机场、崇明机场两座军用机场和高东海上救助直升机机场。在浦东、虹桥两座机场的支撑下，上海旅客、货邮吞吐量逐渐增长。浦东机场和虹桥机场旅客吞吐量分别从2013年的4719万人、3560万人增长到2019年的7615万人、4564万人，浦东机场货邮吞吐量从2013年的293万吨增长至2021年的398万吨，虹桥机场货邮吞吐量总体保持平稳。受新冠疫情影响，2020年后旅客吞吐量大幅滑落，2022年货邮吞吐量有所下降（见图3-1、图3-2）。总体上，上海航空基础设施发展主要经历以下三个阶段：

（一）虹桥机场和龙华机场建设时期（1921~1989年）

1903年飞机于美国问世，1911年上海民众就已目睹飞机的风采。1912年，留学英国学习飞行的厉汝燕学成回国，曾驾单翼机来沪作试飞表演，这是中国人在上海空域驾驶飞机之始。上海第一个民用机场是始建于1921年3月的虹桥机场，位于上海市西郊。上海的第二个民用航空机场是龙华机场，成为当时中国最好的一个民用机场，远东重要空港。起初，虹桥机场为空军机场，龙华机场为上海唯一的民用机场。至20世纪60年代中期，龙华机场由于紧靠市区，已无法适应大型飞机起降，不久便改为小型飞机的试飞站和训练基地。虹桥机场在1963年11月2日，经国务院批准，扩建成为民航国际机场。这一时期，上海基本形成了连通国内外的机场基础设施。

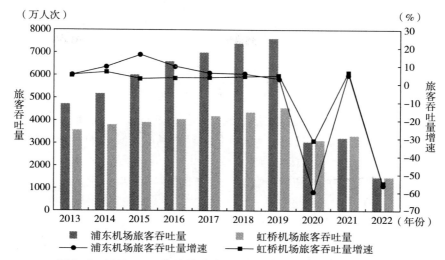

图 3-1　2013~2022 年上海浦东机场和虹桥机场旅客吞吐量情况

资料来源：2013~2022 年《全国民用运输机场生产统计公报》。

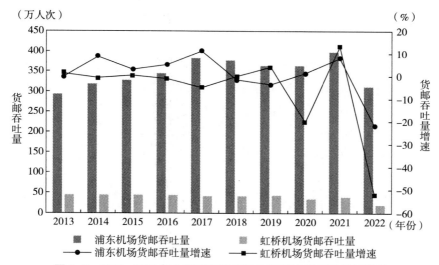

图 3-2　2013~2022 年上海浦东机场和虹桥基础货邮吞吐量情况

资料来源：2013~2022 年《全国民用运输机场生产统计公报》。

（二）浦东机场建设及虹桥机场扩建时期（1990~2018 年）

作为国家战略的组成部分，上海市启动浦东国际机场建设，并于 1994 年 2 月完成《上海浦东国际航空港场址论证报告》。1997 年 10 月，浦东国际机场一期工程全面开工，并于 1999 年 9 月建成通航，其占地面积 30 平方千米。2005 年 3 月，浦东机场第二跑道正式启用。2005 年 12 月，浦东国际机场扩建工程全面开工，主体工程包括第二航站楼、第三跑道和西货运区。2006 年，上海市启动上海虹桥综合交通枢纽建设，新建了一条跑道和一座航站楼，并于 2010 年建成启用，还将航空、高速铁路、磁悬浮、地铁等多种交通方式结合在一起，建设高速铁路、城际和城市轨道交通、公共汽车、出租车及航空港紧密衔接的现代化大型综合交通枢纽，在国际上也是前所未有的，这对虹桥交通枢纽为核心的周边地区的交通、商务、旅游、通信、物流、信息网络、房地产等城市经济和社会发展带来深刻的影响。进而，浦东国际机场的建设以及虹桥国际机场的扩建，极大地提升了上海连接国内外、辐射周边地区的能力。

（三）虹桥国际开放枢纽建设及第三机场建设（2019 年至今）

2019 年 12 月 1 日，中共中央、国务院印发了《长江三角洲区域一体化发展规划纲要》（以下简称《规划纲要》），提出高水平规划建设虹桥国际开放枢纽。2021 年 2 月，中华人民共和国国家发展和改革委员会（以下简称国家发展改革委）印发了《虹桥国际开放枢纽建设总体方案》，提出着力建设国际化中央商务区，着力构建国际贸易中心新平台，着力提高综合交通管理水平，着力提升服务长三角和连通国际的能力，以高水平协同开放引领长三角一体化发展。预计到 2035 年，虹桥国际开放枢纽全面建成，成为推动长三角一体化发展、提升我国对外开放水平、增强国际竞争合作新优势的重要载体。同时，《规划纲要》还提出，在合力打造世界级机场群部分，明确"规划建设南通新机场，成为上海国际航空枢纽的重要组成部分"。2023 年初，上海市官宣启动建设上海第三机场，场址确认为江苏省南通市通州区二甲镇，预计到 2026 年或 2027 年完工。上海第三机场既可以让盐城、泰州等苏北城市更好地享受到长三角带来的辐射，还将与浦东机场、虹桥机场构建"黄金三角"，辐射带动整个长三角世界级机场群建设。

三、铁路运输基础设施

上海是中国历史上第一个建造营运铁路的城市，长期是我国铁路运输最繁忙的城市之一，现有沪宁/沪汉蓉、京沪、沪昆等多条铁路。目前，上海已实现与长三角城市群内主要城市的可达时间为 2 小时，与京津冀、江淮城市群可达时间缩减到 4 小时左右，与长江中游城市群缩减到 6 小时左右（文嫣和韩旭，2017）。

（一）徘徊发展时期（1874~1982 年）

上海第一条营运铁路是吴淞铁路，于 1874 年 12 月开工，全长 14.5 千米，后被清政府下令拆除。1897 年 2 月 27 日，重新开始修筑铁路，改称淞沪铁路，建成初期全长 6.8 千米。在淞沪铁路的建设过程中，上海还开建沪宁铁路，并于 1908 年 4 月 1 日建成通车，上海北站于 1909 年 7 月竣工正式启用。不久后，沪杭甬铁路也宣告通车，起点站设于上海南火车站。由于两个车站分别位于城市南北两侧，有所不便，1916 年在城市西侧修建了沪杭甬铁路与沪宁铁路的连接线，上海北站成为铁路沪宁、沪杭甬两路总站，而上海南站仍是长江三角洲地区货运量最大的火车站。1949 年后，上海根据铁路运量持续迅速增长的需要，对既有铁路不断进行了技术改造以提高运输能力。1958 年 9 月，沪宁铁路第二线工程开工，1978 年 2 月完成，共 309 千米。这一时期，上海铁路建设实现了从无到有，为铁路运输发展打下了坚实基础。

（二）稳定发展时期（1983~2009 年）

1984 年 9 月 20 日，上海市在铁路上海东站原址新建铁路上海站，1987 年 12 月 28 日竣工启用，在建成初期时为全国规模最大现代化车站。此阶段，上海铁路枢纽内的铁路干线、支线已成环成网，范围包括沪宁线安亭站、沪杭线新桥站以东地区，有 2 条干线、9 条支线和 32 个客货作业站。沪宁、沪杭 2 大干线在上海汇合，成为华东沿海地区铁路运输的主要通道，线路总延长 670 千米，成为中国十大铁路枢纽之一。2000 年 11 月，铁道部、上海市启动上海南站建设，并要求把上海南站建设成为"二十一世纪上海标志性建筑"，上海铁路南站工程也被列为国家重大建设项目和上海市"十五"重大交通基础设施，并于 2006 年扩建完工。上海南站作为上海铁路枢纽规划的南大门，是上海市重要的对外交通枢纽和市内换乘枢纽，具有独特的交通运输和环境位置上的优势。

（三）综合发展时期（2010 年至今）

随着虹桥国际机场扩建工程在 2010 年 3 月 16 日通航、沪宁城际和地铁 2 号线在 5 月 1 日通车、沪杭城际在 10 月 26 日通车、地铁 10 号线在 11 月 26 日通车，虹桥综合交通枢纽在 2010 年末已经全面投入运营（赵海波等，2011）。虹桥火车站是上海虹桥综合交通枢纽的组成部分，其集高铁、机场、地铁、城市公交、长途汽车等多种运输方式于一体，构成功能齐全的亚太第一综合交通枢纽。上海虹桥站是中国高铁客运站建设的里程碑，对实现铁路客运高速化、公交化，提高铁路运输质量具有重要的意义。同时，虹桥火车站是沪宁和沪杭两个轴的交接点，也是上海东西发展轴的端点，其在上海市和长三角地区占有至关重要的地位。随着《虹桥国际开放枢纽建设总体方案》的发布，虹桥国际开放枢纽将成为上海辐射带动长三角及长江经济带的重要引擎和平台载体，为上海建成具有世界影响力的现代化国际大都市提供重要载体和强大动能。

四、公路运输基础设施

上海早期城市道路建设起始于英租界，城市道路交通在为市民出行提供方便的同时，也带动了城市商业的繁荣，以及新的城市中心的形成和城市空间的

上海经济地理

拓展。目前，上海的道路系统主要包括市区道路系统（地面主干道、城市快速道路）和高速公路及国道两个部分。

（一）城市公路系统

1949 年以后，上海编制了城市干道系统规划，强调环形放射、轴线对称和沿路建筑艺术布局，调整和扩大线网，发展市区南北线路，延伸和开辟通往各工业区和新居住区的线路。1956 年以后，上海市先后编制了 7 次干道系统或道路系统规划。1981 年，上海"三横三纵"主干道工程开始建设。针对市区道路交通量的不断增长，上海市于 1985 年开展了上海市中心城高架汽车专用道系统规划。1995 年，上海市先后完成了恒丰路的改建与延长、吴淞路—外滩—中山南路和江苏路的改建，建成了延安东路隧道、南浦大桥、杨浦大桥、内环高架路、南北高架路、沪宁高速公路等。目前，上海市区基本形成了由"三横三纵"主干道与"申"字形高架道路构成的立体交通网络（见表 3-1）。

表 3-1　2021 年上海市区道路系统

三横三纵主干道		
三横	北横	周家嘴路、海宁路、天目中路、天目西路、长寿路、长宁路等
	中横	延安路等
	南横	陆家浜路、徐家汇路、肇嘉浜路、虹桥路等
三纵	东纵	中山南路、中山东二路、中山东一路、吴淞路、四平路等
	中纵	鲁班路、重庆南路、重庆中路、成都北路、共和新路等
	西纵	漕溪北路、华山路、江苏路、江苏北路、曹杨路等
上海城市快速道路		
东西向快速道路	三横通道	北线：北翟高架路—北横通道
		中线：延安高架路—东西通道浦东段
		南线：漕宝路高架
	其他	崧泽高架路、建虹高架路、五洲大道、华夏高架路、龙东大道高架、长江路高架等
南北向快速道路	三纵通道	西线：沪太高架路
		中线：南北高架路—济阳高架路
		东线：逸仙高架路—南北通道
	其他	嘉闵高架路、虹翟高架路、虹渝高架路、虹梅高架路、罗山高架路、度假区高架路、军工路高架等
环线快速道路	内环高架路、中环路等	
放射线快速道路	沪闵高架路、沪松公路高架等	

资料来源：笔者整理。

（二）对外公路通道

上海十分重视交通发展，尤其是对外交通建设。经过多年的持续努力，上海建成了 7 条国家级高速公路和 5 条国道、14 条省（市）级高速公路对外相连。目前，上海道路网络更加注重结构优化与功能提升，"枢纽型、功能性、网络化"的综合交通体系不断完善高效。截至 2021 年底，上海公路里程达到 1.31 万千米，高速公路里程 845 千米，省界收费站全部取消；城市道路 5844 千米，城市快速路里程 233 千米。随着长三角区域一体化的推进，上海不断加强跨省高速与普通国省道的规划建设，推进既有高速公路拥挤路段扩容改造，优化高速公路出入口设置、提升服务区品质，推进近沪地区路网融合，并着手研究崇明岛、洋山港跨江跨海新通道，提升对外公路网络通达能力以及与长三角周边城市互联互通水平。

五、城市轨道交通基础设施

上海市域轨道交通是服务于上海市域、市郊新城、产业园区以及邻近其他省域城市间的通勤铁路、区域铁路和大站距地铁系统。上海地铁第一条线路于 1993 年 5 月 28 日正式运营，是继北京地铁、天津地铁建成通车后中国内地投入运营的第三个城市轨道交通系统，运营里程居世界第一。2020 年底，全市轨道交通运营里程 785 千米（含金山铁路 56.4 千米）。截至 2023 年 5 月，上海地铁已开通运营 20 条线路（在建线路 14 条）、508 座车站，日均客运量 978 万乘次，占公共交通客运量的 70%，最高日客运纪录为 1329.4 万人次（2019 年 3 月 8 日）。2001 年 3 月 1 日，上海市开工建设磁浮线，并于 2002 年 12 月 31 日通车，2006 年 4 月 27 日正式投入商业运营，这也是世界上第三条投入商业运营及目前唯一运营的高速磁悬浮列车线路，全长约 30 千米，主要解决连接浦东机场和市区的大运量高速交通需求。为持续提升城市交通承载力和时效性，上海市积极推进城市轨道交通基础设施建设，计划到 2025 年，城市轨道交通市区线和市域（郊）铁路总营运里程将突破 960 千米，中心城轨道交通站点 600 米半径范围内常住人口覆盖比例达到 55% 以上，城市轨道交通网络将不断完善。

第二节　城市市政设施

城市市政设施是城市赖以生存和发展的基础，是与人民群众生活息息相关的重要的基础设施，也是体现一个城市综合发展能力和现代化水平的重要标志。近年来，上海城市基础运营能力和保障水平得到迅速提升，自来水生产能力不断增强，供水管道和排水管道长度不断增加，供水总量和售水总量保持稳定；防洪堤长度仍在拓展；电力能源系统不断完善，供电能力系统不断增强、电力网络覆盖面不断拓展；上海发电设备容量、架空线长度、电缆长度、公用变电容量等出现了明显增长。在全球城市、科创中心等的建设背景下，上海市政基础设施建设的重点也不断从硬件建设向效率提升、从市区向周边郊区转移，不断加强与周边城市的合作，以确保城市生命线的稳定运行。

一、水利工程设施

近年来，上海城市水利工程设施建设、自来水生产能力不断拓展，供水总量和售水总量保持稳定。此外，上海通过截污治污、拆除违建、内源治理、沟通水系、生态修复、水资源调度以及长效管理等综合措施，提升城市污水治理能力。

（一）防汛除涝保障体系

为确保防汛安全，上海防汛四道防线总体布局由"千里海塘、千里江堤、区域除涝、城镇排水"组成。第一道防线是千里海塘。1949年以前，上海农村地区的海塘防御标准是"20年一遇高潮位加8~9级风"，城市化地区是"50年一遇高潮位加10~11级风"。1950年开始进行大规模海塘建设，已建成一线海塘514千米。第二道防线是千里江堤。1956年，在黄浦江、苏州河市中心区沿岸修筑砖石结构的直立式岸墙，开始建造防汛墙防洪挡潮。目前，黄浦江两岸（支河口至水闸）已形成从吴淞口到江浙地界的封闭防线，防汛墙全长511千米。第三道防线是区域除涝工程。随着172千米西部泄洪通道全面建成，上海的防洪能力得到跨越式提升。上海市郊分为14个水利分片，目前已建圩区385个、圩堤2637千米、排涝泵站1116座、水闸1910座，平均除涝标准达到15年一遇。第四道防线是城镇排水系统。截至2022年底，上海共有城镇污水处理厂42座，总处理能力为896.75万立方米/日；城镇公共排水泵站1518座；已建成调蓄设施22座；城镇公共排水管道28297.69千米，其中主管22191.4千米，支管6106.29千米。

（二）城市污水治理设施

2015年，上海市将56条建成区黑臭水体被纳入了全国城市黑臭水体整治监管平台。2017年以来，上海启动新一轮大规模水环境治理，2018年基本消除了中小河道黑臭，2020年基本消除了劣五类水体。具体来说，上海推进城市污水治理关键举措包括：

一是完善城市基础设施建设。对直接排入河道的生活污水和生产废水进行截流，铺设污水管道，逐步实现了建成区内直排污染源全部截污纳管；以集中处理外排及分散处理相结合，实施了已有污水处理厂的扩容及提标改造工程，并新建了一批污水处理厂，从根本上解决了上海市的污水处理需求矛盾。

二是雨污混接混排。上海市创造性地运用"旱流污水溢流管+雨水井盖溢流墙组合新装置"，实现了不入户改管走线即可有效解决雨污混接混排（余璐，2019）。

三是融合海绵城市理念，实施初期雨水净化工程。在老旧小区改造中，一方面通过新建雨水立管，解决屋顶排雨水问题，避免雨污合流；另一方面通过对雨漏管进行断接，让雨水通过生态的非管道式的排水方式，得到初期的净化和削减后再进入雨水管道。

（三）水源供应体系

上海是我国第一个实现现代供水的城市，1883年中国第一座自来水厂——杨树浦水厂在黄浦江畔诞生。上海水源供应体系具有以下两个特点：

一是构建集中型与分散型并存的水源供应网络。百年来，上海的饮用水源地以水环境变化为驱动、以时间变化为主线，由"苏州河—黄浦江下游—黄浦江中游—黄浦江上游/长江口"逐步外移，并形成当前"1网、2区、39厂"的供水总体布局；其中，"1网"是指全市一张统筹调度的供水管网，"2区"是指主城区供水区和郊区供水区，"39厂"是指形成城乡一体的39座中心水厂。

二是加强长三角区域供水合作。上海十分注重协调航运功能与水环境保护，实现航运污染零排放。上海积极制定并实施东太湖及太湖流域其他水域跨境引水方案，将黄浦江上游水源地进一步上移至流域上游。同时，上海注重提升长江流域水源地供水能力，适时在长江口或上游境内开辟新水源地；并积极推动太浦河"清水走廊"平望立交建设，推进青草沙—黄浦江水源联动工程和青草沙—陈行连通工程。

二、电力供应设施

随着经济社会的快速发展，上海用电量持续增长。从各行业用电情况看，上海工业用电量增长平稳，第三产业和居民用电量增长较快，特别是金融、房地产、商务以及居民服务业电力消费突出。

近年来，上海电力网络覆盖面不断拓展，发电设备容量、架空线长度、电缆长度、公用变电容量等出现了明显增长，主要用电负荷分布于主城区和各产业基地。上海电力供应呈现以下特征。一方面，上海本地电源依旧以煤电为主，2022年上海市发电量累计值为901.2亿千瓦时，火力、风力及太阳能发电量分别占比97.57%、2.02%和0.41%。另一方面，上海坚持"多元、清洁、安全、高效"的电源建设方针，以"结构调整，优化发展"为主线，形成5+2+X（外高桥、石洞口、吴泾、漕泾和临港 5 大市内发电基地，西南水电与华东电网皖浙来电 2 大市外电源基地，若干个市内调峰、热电联产电厂与其他市外来电等）电源布局。但总体上，上海对外电力依赖程度仍然较高，外来输入电量逐年增大（见表 3-2）。

表 3-2　2018~2021 年上海电力建设情况

指标	2018 年	2019 年	2020 年	2021 年
发电量（亿千瓦时）	8586.59	836.70	863.74	1006.75
发电设备容量（万千瓦）	2524.82	2664.34	2669.15	2785.79
架空线长度（千米）	10096.89	10307.73	10321.90	10506.56
电缆长度（千米）	14323.45	14944.29	16507.27	16928.50
公用变电容量（万千伏安）	18141.59	18494.43	18778.48	19447.38
用电最高负荷（万千瓦）	3094.00	3131.90	3311.50	3352.67

资料来源：《上海统计年鉴 2022》。

第三节　城市商业设施

上海自建城以来，由于处于富庶的江南平原地区，加之自身传统自然经济手工业的发达，便已经是有名的商业繁荣地区。上海开埠以后，深受西方文明影响。1949 年以前，上海南京东路、淮海中路、静安寺等商业街便已是重要的商业区。随着改革开放和浦东开发开放，一批现代化商业街日益崛起，如徐家汇、陆家嘴、五角场等。总体来说，上海商业之所以有如此快速的发展，在全国乃至世界范围内拥有较高的知名度，不仅得益于上海商业悠久的发展历史，还归功于上海开放的创新精神以及星罗棋布、气息浓厚的商业街区、购物中心和商品交易市场。

一、商业街区

上海商业历史悠久，尤其是开埠后，海外商品源源不断地由上海进入内地；自 19 世纪 50 年代中期起，上海已经超越广州成为全国的外贸中心。据《上海华商行名簿册》记载，1908 年，上海租界内共有包括银行、钱庄、商店、工厂、交通等各类企业、店铺 10534 户。20 世纪以后，霞飞路（今淮海中路）、多伦路等商业开始发展。50 年代初，由于计划经济体制影响，上海商业发展较为缓慢。改革开放初期，上海市明确提出优化发展第三产业，尤其是注重商业发展，并确立将上海建成全国最大的贸易中心的发展目标。90 年代后，上海继续优先发展商业，营商环境、商业设施得到大幅改善，上海商业发展更加迅猛，现代化、国际化水平不断提高，初步形成"四街四城"的市级商业中心格局。21世纪以来，上海经济发展和城市建设步入更高层次，提出"四个中心"发展战略，上海商业紧紧抓住发展战略及城市发展定位调整的契机，田子坊、新天地等一批富有特色的商业街崛起。目前，上海已形成多中心、多层级、网络化的"骨架"，市级及区级商业中心互为补充联动，再加上渗透到城市各个角落的社区商业中心和专业需求的特色商业街，形成了纵横交错的商业体系。总体上，上海商业街区主要分为以下四个层级：

一是市级商业中心。上海大型商业网点集聚度高，百货店和购物中心等大型商业业态的建筑面积占40%以上，服务人口为50万人以上，日客流量达到20万~30万人次；交通、市政等基础设施配套完善，公共交通网络便捷。

二是地区级商业中心。上海形成并规划了若干地区级商业中心，包括控江路、打浦桥、共康、长寿、曹家渡、外高桥、北外滩、南方商城、北中环、长风、南外滩、前滩地区、唐镇、世博园区、徐汇滨江地区、御桥地区、虹桥吴中路地区。同时，在外环线以外规划37个地区级商业中心，重点建设与新城、新市镇相匹配的地区性商业中心和商品流通中心。

三是社区商业中心。上海社区级商业中心主要是以便民利民、带动居民消费为目的，服务范围为社区及周边区域，业态主要为社区购物中心、大型餐饮、菜市场以及遍布的便利店，商业级别相对较低。

四是特色商业街区。上海特色商业街各具特色，分为休闲餐饮特色街、历史文化名人街、古镇风情特色街、专业商品特色街等。大多数特色商业街位于上海市中心城区，具有较长的发展历程，积淀各自突出的商街发展特色（见表3-3）。

表3-3 2017年上海部分特色商业街发展概况

名称	发展特色
衡山路休闲街	酒店、咖啡馆众多，具有高雅文化、特色餐饮、社交休闲等多元特色
吴江路休闲街	咖啡馆、特色小店、化妆品店多，具有购物休闲、餐饮文化等多元特色
仙霞路美食街	川菜、粤菜、东南亚风味等美食众多，具有特色餐饮、休闲等多元特色
老外美食街	国内外特色餐馆、酒吧众多，具有风格各异休闲餐饮等特色
宜山路建材街	主营建材、家具等，具有品类齐全、经营专等特色
青云路眼镜街	眼镜及相关配套商店达100多家，具有独特的眼镜产供销特色
多伦路文化名人街	名人故居、博物馆及配套文艺商店众多，具有文博特色
七宝老街	特色小吃、旅游纪念品、字画众多，具有休闲、购物、旅游等多元特色

资料来源：宋吉祥. 上海商业街区功能空间及集聚与演化研究［D］. 上海：上海师范大学，2018.

二、购物中心

早在 1990 年，上海就建设了第一个现代化城市综合体波特曼上海商城。1991 年，南京东路新添了精品商厦、华侨商店等一批中型现代化百货商厦。1992 年，零售行业对外开放，首家中外合资大型零售商业企业——东方商厦建成开业。1997 年，梅龙镇广场营业，通过引入环艺影城、大食代美食广场、百佳超市等来丰富商场业态，将"吃喝玩乐"等休闲活动融于一体，为居民在特定空间内开展多元化的休闲活动提供了重要保障。随着上海经济发展水平及市民生活水平提升，上海购物中心建设也进入了新的发展阶段，居民休闲消费日益增长，购物中心也为适应居民的休闲需求，不断创新和调整内部业态。随着外商投资限制的降低，上海广场、美罗城、恒隆港汇广场等一批外资购物中心相继开业，极大地提升了上海购物中心品质。在人口郊区化和郊区人口城市化的作用下，上海购物中心建设也更多地由内环集聚向中外环延伸，地铁广场、奥特莱斯等新型购物中心相继出现。万达、绿地等民营房地产企业纷纷投入资金建设购物中心，一定程度上改变了过去外资对购物中心的垄断。

根据《上海购物中心 2022—2023 年度发展报告》，截至 2022 年底，上海 3 万平方米以上的购物中心达到 353 家。其中，购物中心数量最多的浦东新区达77 家，其次是闵行区 43 家、黄浦区 33 家，金山区和崇明区最少，分别为 4 家和 1 家。总体上，上海市购物中心仍然主要集聚在中心城区，其中，中心城区购物中心数量占 45.62%，城郊区及远郊区分别占 38.14% 和 16.24%（见图 3-3、图 3-4）。

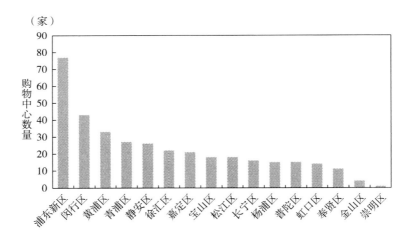

图 3-3 2022 年上海 3 万平方米以上购物中心各区分布情况

资料来源：《上海购物中心 2022—2023 年度发展报告》。

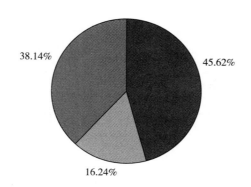

图 3-4　2022 年上海 3 万平方米以上购物中心各功能区分布

资料来源：《上海购物中心 2022—2023 年度发展报告》。

三、商品交易市场

早在 1979 年，上海市就决定恢复农副产品集市，各区县掀起了商品交易市场建设热潮，城乡集贸市场与小商品市场发展日趋旺盛。1985 年 7 月，上海市政府全面推动集贸市场入市工作，商品交易市场区域分布结构明显改善。自 1995 年起，上海市政府开始鼓励个体、私营经济主体运营商品交易市场，同时加大对各类商品交易市场的巡查整治力度，有效地促进了上海市商品交易市场运营体系的迅速建立和不断完善。目前，上海形成了一批各具特色的品牌市场，如西郊国际商品交易平台、九星综合工业品市场、新七浦服装批发市场、吉盛伟邦家具市场、福民街小商品市场、江桥蔬菜批发市场、上农肉类市场和恒大水产品市场等。同时，上海还积极推动大宗商品市场建设，并提升其能级。近年来，上海聚焦钢铁、有色、化工等领域，建立期现联动、内外连接的大宗商品现货市场，打造集交易、结算、物流、金融、资讯等功能于一体的行业生态圈。并推动上海期货交易所标准仓单交易平台建设，建设满足实体企业风险管理、融资和定价需求的综合服务体系。2018 年，商务部和上海市人民政府共同主办中国国际进口博览会，聚焦国际采购、投资促进、人文交流、开放合作四大平台功能，推动中国与世界市场相通、产业相融、创新相促、规则相连，已经成为新发展格局的示范窗口、高水平开放的推进平台、高质量发展的有效载体、多边主义的重大舞台（见表 3-4）。

表 3-4　2018~2022 年中国国际进口博览会主要指标

指标	2018 年	2019 年	2020 年	2021 年	2022 年
累计意向成交金额（亿美元）	578.3	711.3	726.2	707.2	735.3

续表

指标	2018 年	2019 年	2020 年	2021 年	2022 年
参展企业数量（家）	3617	3800	1900	2800	3400
世界 500 强及行业龙头企业参展数量（家）	220	288	274	274	284
参展商国家（个）	151	181	127	127	154

资料来源：笔者整理。

第四节　新型基础设施

　　新型基础设施是以新发展理念为引领、以技术创新为驱动、以信息网络为基础，在数字转型、智能升级、融合创新等方面提供基础性、公共性服务的物质工程设施（张航燕，2023）。新型基础设施建设对应着巨大的投资需求和消费需求，是扩大投资和促进消费的接合点，对提升内需、拉动经济增长具有重要意义。为顺应信息技术发展趋势和基础设施功能演化需求，打造国际数字之都，近年来，上海市出台了一系列支持新型基础设施建设的政策，积极推进感知设施、网络设施、算力设施、数据设施、新技术设施等建设，新型基础设施框架体系基本成型（见表 3-5）。

表 3-5　2018~2023 年上海新型基础设施建设政策

时间	政策名称	发布部门
2018 年 10 月 18 日	《上海市推进新一代信息基础设施建设助力提升城市能级和核心竞争力三年行动计划（2018—2020 年）》	上海市人民政府
2019 年 7 月 5 日	《上海市人民政府关于加快推进本市 5G 网络建设和应用的实施意见》	上海市人民政府
2019 年 9 月 26 日	《上海 5G 产业发展和应用创新三年行动计划（2019—2021 年）》	上海市经济和信息化委员会
2020 年 5 月 12 日	上海市推进新型基础设施建设行动方案（2020—2022 年）	上海市人民政府
2021 年 12 月 29 日	《上海市新一代信息基础设施发展"十四五"规划》	上海市经济和信息化委员会
2022 年 6 月 22 日	《上海市数字经济发展"十四五"规划》	上海市人民政府
2022 年 11 月 19 日	《上海市新型基础设施领域碳达峰实施方案》	上海市经济信息化委、上海市市发展改革委
2023 年 1 月 19 日	《上海市信息基础设施管理办法》	上海市人民政府

续表

时间	政策名称	发布部门
2023 年 7 月 28 日	《上海市推进城市区块链数字基础设施体系工程实施方案（2023—2025 年）》	上海市经济和信息化委员会
2023 年 9 月 15 日	《上海市进一步推进新型基础设施建设行动方案（2023—2026 年）》	上海市人民政府

资料来源：笔者整理。

一、信息基础设施

新一代信息基础设施是提升上海城市能级和核心竞争力的重要载体，也是上海建成卓越全球城市的战略性基础资源。近年来，上海市积极推进信息基础设施建设。

在 5G 通信基础设施方面，上海构建起"1 个布局规划导则、16 个区级布局规划、X 个区域布局规划"的"1+16+X"5G 基站布局规划体系。2020 年 3 月，上海首个 5G 产业园——金桥 5G 产业生态园正式宣告开园。截至 2022 年，上海累计建设超 6.8 万个 5G 室外基站、27 万个室内小站，实现全市域 5G 网络基本覆盖，在智能制造、健康医疗、智慧教育等十大领域累计推进 800 余项 5G 应用项目。

在大数据基础设施方面，2016 年 10 月 8 日，上海市作为四个区域示范类综合试验区之一，建设国家大数据综合试验区，打造一批支撑集成电路、人工智能等产业应用的公共算力中心、区域数据中心，重点推动具有重大功能的数据中心项目、超大规模人工智能算力平台等。从上海市大数据企业区域分布看，2021 年上海市大数据企业共 1651 家，浦东新区、杨浦区、闵行区位居前列；其中浦东新区拥有优质企业 417 家，约占上海市优质企业的 1/4，这主要是由于浦东新区大力推进张江高科园区等科技园区发展，吸引了大量大数据企业，有着较为扎实的技术基础（见图 3-5）。

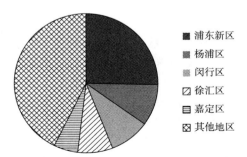

图 3-5　2021 年上海市大数据企业区域分布

资料来源：前瞻产业研究院。

二、重大科技基础设施

大科学装置是基础研究、应用研究和科学发展必不可少的基础设施，是集聚全球高端创新资源的载体，也是体现基础科研能力的重要组成部分。《2020上海科技进步报告》显示，截至2020年底，上海已建成和在建的国家重大科技基础设施14个，设施数量和投资金额均全国领先，大科学设施集群效应逐步凸显。近年来，上海加快国家重大科技基础设施建设步伐，推进光源二期、上海超强超短激光实验装置、X射线自由电子激光试验装置、硬X射线自由电子激光装置等在建重大科技基础设施建设，提升已建重大科技基础设施能级。目前，上海已初步形成全球规模最大、种类最全、综合服务功能最强的大科学设施群，形成了以硬X射线自由电子激光装置为引领、上海光源等7个光子科学大设施为基础、其他领域设施为支撑的"1+7+X"集群。

第五节　基础设施对上海城市发展的影响

基础设施通过需求拉动、资本积累、环境改善等方式，将直接或间接地吸引要素集聚，进而影响城市的经济增长，提升城市服务能级。

一、集聚创新要素，支撑上海科创中心建设

在上海推进"五个中心"建设过程中，科技创新功能是上海未来城市发展的核心功能，是上海城市发展的"牛鼻子"，对原有的经济中心、贸易中心、金融中心、航运中心和整个城市发展具有引领作用。科技创新中心的建设关键在于创新要素的集聚，对城市基础设施具有较高的要求。一方面，全球科技创新能力不仅表现为创新投入的高低，更取决于拥有完善的科研基础设施以及能否服务于区域产业结构调整和创新发展。另一方面，创新主体能否真正集聚，创新文化和创新环境至关重要。同时，便捷的交通和生活基础设施在人才吸引方面至关重要，并有助于促进创新要素之间的交流，形成稳定共生、持续发展的创新生态系统。

因此，上海基础设施通过作用于文化积淀、制度氛围、宜居环境以及可预期的增长前景等方面，为上海科创中心的建设提供了最基本的要素条件，形成对全球资本、信息、人才等各种优质资源的吸附和集聚能力，是引导创新要素从全球网络体系中流向上海的重要力量。近年来，随着上海基础设施综合发展水平的稳定增加，上海创新环境吸引力以及全球创新资源集聚力两项指标逐年

增加，上海基础设施已经成为全球科技创新中心建设的重要支撑。

二、推动产业升级，打造经济发展新动能

综观历史上"技术经济范式"的转移，基础设施建设都是必要条件。特别是智能化时代的到来，新型基础设施建设（以下简称新基建）不仅能够在短时间内发挥有效拉动作用，而且能够撬动新兴产业的重要支点，为经济转型升级打下坚实基础。

新基建与传统基建的本质区别在于新基建能够适应中国社会主要矛盾转化和中国经济迈向高质量发展要求，能更好支持创新、绿色环保和消费升级。作为移动通信领域的重大变革点，5G 是当前新基建的领衔领域，被定调为"经济发展的新动能"，工业互联网、车联网、人工智能、远程医疗等均需要以 5G 作为产业支撑；而 5G 本身的上下游产业链也非常广泛，甚至直接延伸到了消费领域。在国际经济深度调整、互联网快速升级换代的大背景下，上海是经济社会发展速度较快的地区，需要更先进的基础设施做支撑。目前，上海正致力于打造全球新一代信息基础设施标杆城市，构建全球一流的城市智能化终端设施网络。新型基础设施等建设的推进，将成为上海参与全球竞争的新助力。

三、提升城市品质，助力全球竞争力跃升

全球城市是一个复杂的巨系统，包括吸引力、创造力和竞争力等多方面。如果一个城市拥有优越的吸引力基础，人才、资本、信息伴随高能级机构将会不断到来，进而推动新技术、新产业、新业态、新模式不断发展，进而带动经济、社会、文化和治理水平上升，对全球资源的配置能力增强，城市竞争力加速呈现，形成新的"吸引力—创造力—竞争力"循环增强、不断跃升的发展格局。

在全球城市体系中，上海的排名总体位于第二梯队，但稳步上升。对标伦敦、纽约、东京等排名比较靠前的城市，上海在港口航运、基础设施便利可达性、经济实力、金融成熟度方面具备比较优势，而在人力资本、物质资本、科技创新、服务、环境与可持续发展方面排名相对落后，差距主要集中在宜居性指标，包括医疗、环境、教育和基础设施等方面（苏宁和屠启宇，2018）。在建设卓越的全球城市的背景下，交通、实证、商业等基础设施体系建设将有助于上海提升宜居品质，吸引高层次人才，提升城市整体竞争力水平。

四、重塑空间格局，深化国内外连通水平

上海作为我国最大的经济中心城市，拥有较好的经济、金融、贸易、航运和科创基础；同时，也是我国对外开放的重要前沿，是连接长三角地区和海外

地区的重要纽带、国内大循环的中心节点城市，以及国内国际双循环的战略链接。这要求上海具备便捷高效、互联互通的交通基础设施，以及集约高效、智能绿色、安全可靠的新型基础设施体系。从对外联系看，上海以洋山深水港区、浦东机场、虹桥机场为主体的国际航运中心初步建成，设施规模和吞吐量均位居世界前列，时间距离的缩短和交通便利程度的提高降低了经济成本，促进了要素资源的自由流动，并且扩大和提升了要素资源的利用效率和使用空间。从对内连通看，上海铁路网络基本实现了与北京及长三角主要城市的一日往返，与近沪城市之间90分钟左右可达，交通运输服务与治理一体化深入推进。当前，上海的交通基础设施、新型基础设施体系，为上海深化对内对外连通水平打下了坚实基础。

参考文献

［1］程都．创新要素集聚趋势研究——兼论中国创新要素集聚能力［J］．全球化，2019（8）：84-95.

［2］金颖，祝毅然，孙腾．上海市能源电力领域碳达峰碳中和路径分析［J］．上海节能，2023（9）：1304-1309.

［3］李传成，孟雷雷，张婷．铁路多站点对城市空间结构影响的比较研究［J］．国际城市规划，2018，33（6）：36-42.

［4］李秀财，陈永刚，曹俊波，等．上海电源结构优化策略研究［J］．发电技术，2019（1）：40-45.

［5］路金霞，柏杨巍，傲德姆，等．上海市黑臭水体整治思路、措施及典型案例分析［J］．环境工程学报，2019，13（3）：541-549.

［6］宋吉祥．上海商业街区功能空间及集聚与演化研究［D］．上海：上海师范大学，2018.

［7］苏宁，屠启宇．全球城市吸引力、竞争力、创造力的内涵与互动特点［J］．同济大学学报（社会科学版），2018，29（5）：115-124.

［8］文嫮，韩旭．高铁对中国城市可达性和区域经济空间格局的影响［J］．人文地理，2017，32（1）：99-108.

［9］西桂权，付宏，刘光宇．中国大科学装置发展现状及国外经验借鉴［J］．科技导报，2020，38（11）：6-15.

［10］张航燕．统筹推进新型基础设施建设［N］．中国社会科学报，2023-11-13.

［11］张梦天，王成金，王成龙．上海港港区区位与功能演变及动力机制［J］．2016，35（9）：1767-1782.

［12］赵海波，董润润，刘武君．建设虹桥枢纽　服务区域经济——上海虹桥综合交通枢纽规划与运营［J］．城市规划，2011，35（4）：55-60.

［13］赵华伟，李天才，董晓旭．特色商业街数字化转型升级的内容与路径分析——基于对上海特色商业街的调查［J］．商业经济研究，2022（3）：28-31.

第二篇

产业与经济

第四章 经济发展概况

上海地处太平洋西岸、亚洲大陆东岸，位于长江三角洲前缘、东濒东海、南临杭州湾、西接江苏、浙江两省，北接长江入海口，地理位置优越，被誉为"东方明珠"，是中国经济的重要中心之一，也是中国经济的大引擎之一。作为中国最大的城市和最国际化的城市之一，上海的经济影响力已经超越了其地理范围，成为全球范围内的重要经济体。改革开放以来，在政策因素、历史因素、地理因素等多种力量的影响下，上海的经济发展发生了巨大变化。本章以时间为脉络，对改革开放以来上海的经济发展概况进行梳理，包括开发历史与发展阶段、经济发展的基本特征以及经济发展的空间布局。

第一节 开发历史与发展阶段

上海位于中国东海岸的中心，地理位置优越，是长江三角洲地区的中心城市。上海自古以来就是中国的商业和金融中心，其经济发展历史可以追溯到19世纪中叶的开埠时期。作为中国对外开放的前沿窗口和经济重镇，早在20世纪30年代，上海就是远东的经济、贸易和金融中心。随着时间的推移，上海逐渐发展成为中国重要的经济中心之一，其GDP总量和人均GDP均居全国前列。回顾上海的开发历史可以发现，上海的开发历程离不开得天独厚的地理位置和国家政策的战略支持。本节对上海的开发历史进行了梳理，进而总结了上海的四个发展阶段。

一、开发历史

1843年，随着《南京条约》及其附属条约的签订，上海被开辟为通商口岸，逐渐由一个普通的沿海县城发展成为国际大都市。180年来，在历史沧桑变迁和文明交流互鉴中，上海实现"蝶变"，成为世界城市发展与全球化进程中的独特样本。

中华人民共和国成立后，上海城市功能发生很大的变化：从多功能中心城市转变为制造业中心和重工业基地，成为服从国家建设、服务内地的工商业城市和区域中心城市。

作为中国金融中心的代表，上海一直都是中国金融改革的先行示范区，早在1992年，上海就被确立了建设国际金融中心的目标，并且朝着目标稳步前进。2009年，《国务院关于推进上海加快发展现代服务业和先进制造业建设国际金融中心和国际航运中心的意见》明确指出了要将上海建设成为国际金融中心的目标。上海的"十三五"规划中进一步明确提出要将上海"基本建成国际经济、金融、贸易、航运中心和社会主义现代化国际大都市"。尤其是上海自贸区的成立为上海金融业的对外开放打开了一扇更大的窗口，同时也对上海金融业的发展提出了更高的目标。"一带一路"建设、长江经济带等重要国家战略的实施势必会加快上海金融产业集聚的步伐，为其建设成为国际性金融中心提供强大的战略机遇。上海国际金融中心建设的目标正是其金融产业集聚程度不断提升的结果，以此推动上海经济发展。根据《新华·国际金融中心发展指数报告（2022）》，在全球综合竞争力最强的十大国际金融中心中上海位列第七，以上海、香港、北京为首的亚洲金融中心在世界金融体系中担当引领者角色。

上海作为中国经济发展的代表性城市，在经济高质量发展阶段要充分发挥自身在长三角城市群、长江经济带和"一带一路"建设中的示范带动作用（陆大道等，2021；曾刚等，2022）。

二、发展阶段

党的十一届三中全会以后，上海进入了改革开放和社会主义现代化建设的新的历史阶段，一系列重大开发政策和工程建设全面展开。

以浦东开发开放、中国加入世界贸易组织、上海举办世博会、上海自贸区成立和上海举办进博会等为重要节点，上海的经济发展大致经历了四个阶段：1978～1990年的起步探索阶段；1991～2000年的快速成长阶段；2001～2012年的全面提升阶段；2013年至今的高质量发展阶段。改革开放40多年来，上海作为中国第一大城市见证了这40多年的辉煌历程和艰辛岁月，上海的经济规模不断扩大、结构日趋优化。上海的GDP总量从1978年的272.81亿元到2021年的43214.85亿元，从当初的中国第一大城市到现在的世界级超级大都市，上海还在继续深化改革，不断前行。

（一）起步摸索阶段（1978～1990年）

党的十一届三中全会开启了改革开放历史新时期。上海积极贯彻中央"调整、改革、整顿、提高"方针，调整产业结构和产品结构，逐步理顺经济关系，加强国民经济薄弱环节的建设，使国民经济在调整中稳步前进。从此，上海的国民经济结束了连年滑坡的势头，得到比较明显的恢复并呈现上升的态势。1978年，上海市工农业总产值565.94亿元，比上年增长21.5%；财政收入为190.67亿元，比上年增长32%，国民经济基本得到恢复。

1979年2月，上海市委召开工作会议，提出要把上海建设成为先进工业、先进科学技术和对外贸易的基地，为全国社会主义四个现代化建设作出贡献的任务。1979年12月，上海市七届二次人代会提出了积极利用上海有利条件，加快"三个基地"建设的任务。1980年上海市工农业总产值达到651亿元，比1978年增长15.1%，上海经济形势发生了新的变化。

在1979年、1980年调整的基础上，又经过1981年、1982年的进一步调整，上海经济调整工作取得重大成效。到1982年，上海市工农业总产值达到675.4亿元，比1978年增长25.6%。1982年全市国民收入为295亿元，按可比价格计算，比1978年增长29.1%。在生产发展的基础上，人民生活逐步得到改善，经济发展的步伐稳步前进。

进入20世纪80年代，上海市勇于探索、开拓前进，明确了经济发展的新方向。1984年10月，上海市政府和国务院改造振兴上海调研组联合向国务院、中央财经领导小组提交了《关于上海经济发展战略的汇报提纲》，确定上海经济发展的新方向。1985年2月，国务院正式批转《关于上海经济发展战略的汇报提纲》，确立了改造与振兴上海的发展战略，"上海走第三产业这着棋，更能重新焕发青春和活力，更好地发挥经济中心的作用，运用综合功能为全国经济建设服务"。在这一阶段的探索中，上海制定了城市发展的总体规划，调整了工业结构，建设了一批骨干工程，积极发展了第三产业，进行了城市基础设施建设等一系列工作。

经过十余年的努力，上海的国民经济持续健康发展，经济总量逐步扩大，产业结构战略性调整初见成效，高新技术产业逐步崛起，整个经济结构趋于合理，三次产业协调发展，对外开放的格局基本形成，外向型程度日益提高，人民群众的生活水平和生活质量得到改善，从而为20世纪90年代的深化改革、扩大开放和经济持续稳定健康发展创造了条件。

（二）快速成长阶段（1991~2000年）

20世纪90年代，浦东开发开放政策推动了上海振兴，上海经济从此进入快速成长阶段。1992年10月，党的十四大提出"以上海浦东开发开放为龙头，进一步开放长江沿岸城市，尽快把上海建设成国际经济、金融、贸易中心之一，带动长江三角洲和整个长江流域地区经济的新飞跃"，即"一个龙头，三个中心"。浦东开发开放上升为国家发展战略，获得了国家的政策支持，包括减免三资企业所得税、生产建设器材免关税，以及允许外资经批准兴建第三产业、增设外资银行等开发浦东的 10 项政策。1992 年，国务院给予浦东新区扩大五类项目审批权限，增加五个方面的资金筹措渠道，1992~1995 年，每年可增加 40 亿元左右的资金。这些国家政策支持为浦东发展，乃至上海振兴提供了重要的便利条件。

推进产业结构战略性调整。为实现"一个龙头、三个中心"的战略目标，20 世纪 90 年代上海都始终不渝地推进和深化产业结构调整，以及生产力布局的整体性调整。

战略明确将上海经济发展的顺序从"二、三、一"调整为"三、二、一"，按照"三、二、一"的产业发展顺序，优先发展第三产业，积极调整第二产业，稳定提高第一产业的发展方针。其中，第三产业发展以金融、商贸、交通通信等六大行业为重点；第二产业发展则从过去主要依靠传统工业支撑转向主要依靠支柱产业和高新技术产业支撑；第一产业大力提高农业产业化、集约化、现代化水平，实现从城郊农业转向都市型农业的转变。2000 年，上海第一产业完成投资 8.96 亿元，第二产业完成投资 617.89 亿元，第三产业完成投资 1234.32 亿元，第三产业、第二产业、第一产业增加值占 GDP 比重分别为 52.0%、46.4%、1.6%，第三产业得到了空前的发展。2000 年，电子信息产业实现产值 1281.52 亿元，占全市工业总产值的 20.1%，现代生物工程与医药产业的工业总产值为 208.7 亿元，占全国比重为 8.9%，上海新材料销售收入已突破 300 亿元，占国内市场份额的 15%，三大高新技术产业得到了较快的发展。上海的产业结构更加向合理化、高级化、现代化方向发展，适应了城市的性质和功能定位。

大规模进行基础设施建设。贯彻城市基础设施先行的方针，在经济快速成长阶段，上海市开展了多项重大工程建设，全面推进了中心城区道路及地面骨干道路网络、南浦大桥等越江通道、公路及高速公路、轨道交通等立体交通网建设，大力发展了燃气、自来水、公交及出租车等公用事业。同时，在陆家嘴、外高桥、金桥等重点功能区的开发区基础设施，也进行了高强度的投入和高标准的建设，完成了启动地块的"七通一平"，金桥开发公司还在全国开发区中率先做到了"九通一平"。经过多年的努力，上海逐步构建起以高架道路、"三纵三横"主干道、越江工程、轨道交通为主体的立体交通网络；同时大力发展公用事业，坚持生态环境保护和基础设施建设并举，使城市面貌发生了巨大变化。

（三）功能提升阶段（2001~2012 年）

进入 21 世纪，上海的现代化国际大都市建设进一步呈现出新的发展格局和良好态势。自 2001 年中国加入世界贸易组织开始，到 2010 年上海举办世界博览会，上海进入全面提升阶段。

2001 年 12 月 11 日，中国正式加入世界贸易组织。在这个阶段，上海金融业的发展在政府、市场等多方面的合力下形成了快速发展的态势。上海现代金融市场体系建设进入全面加快发展的新阶段。2002 年，上海黄金交易所正式开业，一个以货币、外汇、资本、期货、保险、黄金市场为主体的初具规模、分工明确、市场结构相对完善的全国性金融市场体系已基本形成并处于不断完善中。2006 年，上海金融市场交易规模总计达到 61 万亿元（不含信贷、保险、外汇市场），其中证券市场交易额占全国的 70%，期货交易额占全国的 60%。上海作为一个全国性金融中心的地位已初步确立，为建设国际金融中心奠定了扎实的基础。

进入 21 世纪，上海商贸从优化商业布局、促进产业发展和完善商务环境三个方面着手，全面提升商业能级，尽显大都市的繁荣繁华（程大中，2009）。2007 年上海商业加快 20 个现代服务业集聚区建设，推进市区商圈地标性商业建设，加快国际化购物中心和国际品牌集聚地建设，命名了 20 个商业特色街区，丰富了商业层级，满足特色消费需求。

2010 年 5 月 1 日至 10 月 31 日，上海以"城市，让生活更美好"为主题，在浦江两岸举办了第 41 届世界博览会（以下简称世博会）。这是世博会举办 150 余年来首次在发展中国家举办的综合类世博会，也是继 2008 年北京奥运会后我国举办的又一次世界性盛会。7308 万参观人次，190 个国家、56 个国际组织参展，园区面积和场馆服务都达到了空前规模，开创了世博会历史上多个"之最"。世博会的举办为上海的城市建设、环境保护、经济和社会发展、提升城市品位和市民综合素质带来了巨大的机遇和挑战。

世博会的成功举办成为上海经济增长的重要引擎。世博会的基础设施建设投资通过"乘数效应"拉动了上海经济快速增长，同时也带动了相关产业的发展。例如，世博会的成功举办拉动了上海旅游业以及相关产业的蓬勃发展。同时，世博会的成功举办极大地促进了上海高新技术产业的蓬勃发展。世博会不仅是展示世界各国最先进的科学技术成果和各行业聚首的盛会，更是各国产业技术发展的竞技场，是人类社会发展进程中科技与文明的真实记录。世博会的拉动效应和聚集效应，推进了上海高新技术产业基地的建设，优化了上海高新技术产业的空间布局，增强了上海高新技术产业发展的科技带动力和支撑力。

（四）全面发展阶段（2013 年至今）

2013 年 9 月 29 日，中国（上海）自由贸易试验区正式成立，面积为 28.78 平方千米，涵盖上海市外高桥保税区、外高桥保税物流园区、洋山保税港区和上海浦东机场综合保税区 4 个海关特殊监管区域。2014 年 12 月 28 日，全国人大常务委员会授权国务院扩展中国（上海）自由贸易试验区区域，将面积扩展到 120.72 平方千米。2020 年 9 月 1 日，中国（上海）自由贸易试验区临港新片区启动强化竞争政策实施试点。自 2013 年起至今，上海进入高质量发展阶段。作为全国改革开放排头兵、创新发展先行者，上海要为国家高质量发展树立标准、积累经验、提供方案，成为我国高质量发展的引领者、示范者（李志洋和朱启荣，2022）。

步入全面发展阶段之后，为了更好满足人民日益增长的美好生活需求，解决经济社会体系中出现的不平衡、不充分问题，实现更高水平的供给与需求再平衡。与以往的传统型发展相比，上海致力于在"两个转变"上集中发力，即从总量扩张向结构优化转变，从"有没有""快不快"向"好不好""强不强"转变。

从增长动力看，按照世界经济论坛对经济增长阶段的划分标准，人均 GDP 1.7 万美元为效率驱动向创新驱动转换的拐点。2017 年，上海人均 GDP 达到 1.85 万美元，已正式步入创新驱动发展阶段。上海率先于全国转型升级，在一定程度上突破了过去政府主导、要素投入、投资拉动的增长方式，动力转换取得明显成效，但对比顶级全球城市，在效率提升和创新驱动方面仍具有较大提升空间，有必要率先形成以效率提升和创新驱动为核心的增长动力。

第二节　经济发展的基本特征

作为中国的经济中心，上海率先实现了工业化，经济发展一直保持在国内领先水平，但在发展初期，产业结构失衡的问题也限制了上海的高质量发展。随着产业结构的不断优化调整，上海的产业结构越来越多元化，服务业逐渐成为上海经济的主体。本节对改革开放以来上海的经济发展基本概况进行梳理，对上海产业结构不断演变优化的进程进行了梳理。

一、经济发展基本概况

自改革开放以来，上海作为全国最大的经济中心城市，经济保持了持续的快速增长，但受国内外环境和自身转型的多元影响，近些年上海的经济增长速度有所放缓。

（一）GDP

1978 年以来，上海积极推进改革开放，经济发展水平稳步上升，尤其是浦东新区的开发，使上海以前所未有的速度迅速发展。经过四十余年的努力，上海已成为享誉国内外的大都市，经济始终保持较快的发展速度，GDP 从 1978 年的 272.81 亿元增长到了 2021 年的 43214.85 亿元，约是当年的 160 倍。上海在"十四五"规划中也明确指出，在"十四五"发展的基础上再奋斗十年，到 2035 年基本建成具有世界影响力的社会主义现代化国际大都市。

改革开放以来上海经济一直保持快速发展的水平，经济发展趋势与全国保持一致。2009 年前，上海生产总值一直保持着高于全国或持平的发展速度，而之后则一直落后于全国的增速（见图 4-1），直至 2015 年与全国经济增速保持同等的发展水平。与此同时，推动区域协调发展，缩小东部、中部、西部的差距，很多新兴城市成为带动经济发展的主要力量，上海 GDP 占全国 GDP 的比重也逐年降低，由 1978 年的 7.47% 下降为 2015 年的 3.70%。

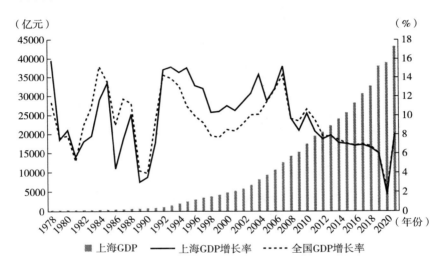

图 4-1 1978~2020 年上海经济增长态势

资料来源：《上海统计年鉴 2022》《中国统计年鉴 2022》。

（二）人均 GDP

人均 GDP 是衡量一国或地区经济发展的重要指标，而人均 GDP 的增长则是衡量经济增长的重要指标。一般情况下，人均 GDP 的增长会带动经济的增长。结合上海与全国的实际情况来看（见图 4-2），上海人均 GDP 起点高，1978 年的人均 GDP 已达 2500 元，远高于全国人均 GDP 水平（385 元）；2021 年上海人均 GDP 已达 173600 元，是全国人均 GDP 的 2 倍多，说明上海的经济发展水平远高于全国平均水平。但是正是因为高起点，导致上海人均 GDP 增速慢于全国平均水平，直到 1992 年，浦东新区的经济效应开始显现，上海的人均 GDP 增速开始高于全国平均水平，上海人口的不断增加，到 2001 年则又恢复到低于全国平均水平的增长速度。但是，随着陆家嘴金融贸易区、张江高科技产业园区、上海自贸区等各种战略规划的刺激,至 2015 年上海人均 GDP 增长率又开始高于全国平均水平的 GDP 增长速度。从图 4-2 可以发现,上海人均 GDP 增速与全国 GDP 增长率保持同样的增长趋势,但前者低于后者,直到 2015 年,二者相交,上海人均 GDP 增速追赶上全国 GDP 增长率,说明上海经济增长虽然有波动,但总体保持着良好的发展态势。

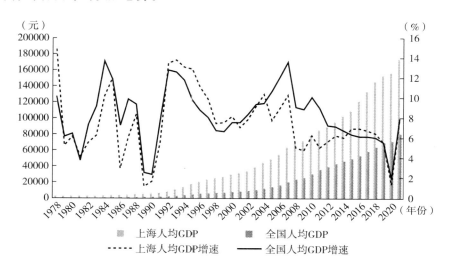

图 4-2　1978~2020 年上海人均生产总值与全国人均生产总值对比

资料来源:历年《上海统计年鉴》、《中国统计年鉴》、《上海市国民经济和社会发展统计公报》。

二、三次产业结构演变及现状

作为中国最为发达的地区之一,上海已率先进入了后工业化的发展阶段。改革开放以来,上海的产业结构一直在优化调整中。上海产业结构调整的机理特殊性在于其发生在一个由计划经济体制为主导的相对封闭的产业体系,向以市场经济体系为主导的开放体系过渡的过程中。回顾改革开放以来上海的历次产业结构调整,可以发现上海的产业结构调整都是在国家的发展战略框架下,紧盯国内外经济发展潮流,从解决全国和上海经济的现实问题出发的。上海产业结构的演变反映了上海的经济发展历史。

(一)上海产业结构演变

1978 年党的十一届三中全会后,上海的经济发展战略发生了变化,由以第二产业为发展重心转变为"二三并举"的发展策略。从 20 世纪 80 年代开始,上海确立了第二产业中重点扶植的六大新兴支柱行业。同时,上海从投资、技术改造、人力资源等方面加大对第三产业的投入。经过四十多年的发展,上海的产业结构发生了很大幅度的调整。

从图4-3可以看出,上海自1978年起,第二产业占GDP的比重呈逐年下降的趋势,同时第三产业占GDP的比重呈逐年上升的趋势,1999年上海的第三产业对GDP的贡献首次超过了第二产业,第二、第三产业各占GDP半壁江山的格局基本确立。与全国产业结构相比,上海的第二产业占比过大,尤其是2000年前;第三产业占比则不断攀升,总体而言,上海第三产业占比增速高于全国第三产业占比的增速(见图4-3和图4-4)。从图4-5还可以看出,上海的第二产业和第三产业增长速度与GDP基本保持一致。此外,自1987年起上海的第三产业经历过两次高速发展阶段,第一次是1981~1991年,第二次是1997~2001年,在这两段时期,上海的第三产业发展速度要快于第二产业,成为推动城市经济发展的引擎。

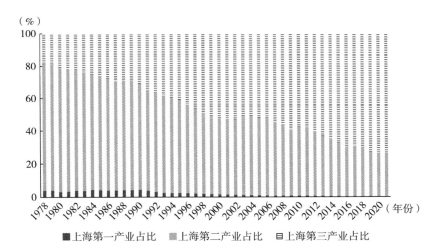

图4-3　1978~2020年上海三次产业结构演变
资料来源:历年《上海统计年鉴》、《中国统计年鉴》、《上海市国民经济和社会发展统计公报》。

自2000年以来,上海的第三产业和第二产业不仅保持较快的发展速度,而且产业结构保持稳定,经济增长的产业基础相当稳固,从图4-3可以看出,自从1999年第三产业对GDP的贡献达到第二产业的水平后,上海的这一产业结构格局一直保持稳定,第二、第三产业协同推动上海经济的发展。2005年,上海的产业发展规划又有了新的目标,在"十一五"发展规划中明确提出要把上海建设成为现代化国际大都市和国际经济、金融、贸易、航运中心之一,发展具有智力要素密集度高、产出附加值高、资源消耗少、环境污染少等特点的现代服务业是实现这一长远的发展目标必然选择。

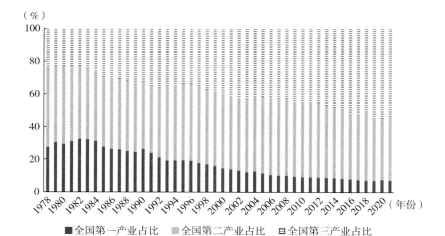

图 4-4 1978~2020 年全国三次产业对 GDP 贡献的趋势

资料来源：历年《中国统计年鉴》、《上海统计年鉴》、《上海市国民经济和社会发展统计公报》。

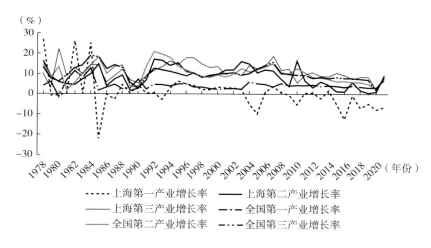

图 4-5 1978~2020 年上海三次产业增长速度趋势

资料来源：历年《中国统计年鉴》、《上海统计年鉴》、《上海市国民经济和社会发展统计公报》。

具体而言，上海三次产业结构演变大致可分为四个阶段：

（1）产业结构适应性调整阶段（1978~1990 年）。1978 年改革开放初的上海三次产业结构增加值比重为 4.0：77.4：18.6，劳动力就业结构为 34.5：44.1：21.4。三次产业结构中第一产业的劳动力尚未充分转移出来，增加值结构明显偏重于第二产业，并且偏重于重工业，第三产业发展明显滞后，产业结构受到严重扭曲。在这种经济格局下，上海采取了一系列措施促进产业合理化，对产业结构进行适应性调整。在对内改革与对外开放的国策下，上海逐步启动国有企业改革，扩大外商直接投资的范围，增加非公有经济比重。1990 年上海第二产业增加值在市生产总值中的比重由 1978 年的 77.4%逐年下降至 64.7%，第三产业增加值比重由 1978 年的 18.6%逐年上升至 30.9%。通过产业结构适应性调整，上海产业结构朝着合理化与高级化方向迈出了重要一步。

（2）产业结构战略性调整阶段（1991~2000 年）。进入 20 世纪 90 年代，党中央开发开放浦东的决策为上海经济的腾飞提供了广阔空间。1992 年 12 月，中国上海市第六次代表大会按照建设国际中心城市功能的要求，确定上海实现产业结构的战略调整，将原来上海经济发展的方针从"二、三、一"调整为"三、二、一"，即遵照"三、二、一"的产业发展顺序，优先发展服务业，积极调整第二产业，稳定提高第一产业。2000 年，上海第一产业增加值比重从 1990 年的 4.4%下降到 1.6%，下降了 2.8 个百分点；第二产业增加值比重从 1990 年的 64.7%下降到 46.3%，年均下降 1.8 个百分点，但从比重来看，第二产业仍占据上海生产总值的近一半；第三产业增加值比重从 1990 年的 30.9%增加到 52.1%，年均上升 2.12 个百分点。1999 年，上海第三产业产值比重首次超过 50%。国民经济增长格局由过去第二产业单一推动转变为第二产业和第三产业共同推动。

（3）产业联动发展阶段（2001~2012 年）。进入 21 世纪，经过产业结构的适应性调整和战略性调整，上海的工业初步形成了以高新技术为主导、以支柱产业为主体的现代工业体系，上海的第三产业初步形成了以现代服务业为主导，传统服务业为配套，以金融保险业、贸易和餐饮业、运输仓储邮电通信业、房地产业为支柱的服务业体系。上海进入了第二、第三产业联动的发展阶段。"十五"时期，上海确定了六大支柱产业——信息产业、金融业、商贸流通业、汽车制造业、成套设备制造业和房地产业。2000 年六大支柱产业增加值为 1919.1 亿元，2006 年为 4691.05 亿元，增长了 2.44 倍。从 2001 年开始，第二产业和第三产业在发展速度上相当接近，且呈交错胶着状态。上海在这一阶段确立了以服务经济为主的产业结构调整目标，到 2012 年，上海第三产业增加值比重为 45.5%，第二产业增加值比重为 45.4%。

（4）产业结构优化升级阶段（2013 年至今）。2013 年，随着中国（上海）自由贸易试验区的建立，上海进入高质量发展阶段，聚焦"创新、转型"，上海加快产业结构调整促进制造业转型升级。上海产业结构调整的重点从以被动调整高耗能项目促进节能减排，扩大到主动调整"三高一低"企业服务于经济转型发展，再逐步转向以战略性调整推进重点区域整体脱胎换骨、转型升级，有力支撑了城市安全、环境整治及土地减量化等重点工作。上海"十四五"产业发展总体上将突出高端产业引领，体现创新和赋能并重的特点。未来，上海制造业将面临更加复杂多变的外部环境，必须坚持把新旧动能转换放在突出位置，把握信息技术全面赋能实体经济的大趋势，适应全球产业链重塑的新格局，加快自主创新步伐。

（二）上海产业结构现状

当前，上海的产业结构十分多元化，涵盖了各个领域。其中，服务业是上海经济的主体，包括金融、贸易、物流、旅游等多个方面。同时，上海也积极发展高新技术产业和制造业，成为全球重要的制造业基地之一。此外，上海还积极发展文化产业和创意产业，成为全国文化创意产业的重要基地之一。

上海产业结构已步入供给体系升级新阶段。上海服务业占比已接近70%，2017年第三产业增加值占比达到69%，率先进入后工业化阶段，向成熟的服务型和消费型城市转变，产业结构总体框架基本定型，经济发展的供给结构将发生明显变化。从产业结构看，现代服务业占据主导地位，服务经济形态成熟，制造业面临结构变革和技术变革；从要素结构看，技术取代土地、人才取代人力、资本取代资金、信息取代能源成为核心生产力要素。这就要求上海高质量发展在供给上要率先实现以现代服务业和高端制造业为导向的供给质量提升、以知识和信息为核心的要素质量提升，在结构优化基础上更加注重产业创新力、品牌影响力、品质竞争力。

2021年，上海GDP为43214.85亿元，比上年增长8.1%，两年平均增长4.8%。其中，第一产业增加值为99.97亿元，下降6.5%；第二产业增加值为11449.32亿元，增长9.4%；第三产业增加值为31665.56亿元，增长7.6%。第三产业增加值占地区生产总值的比重为73.3%。

2021年，上海实现工业增加值10738.80亿元，比上年增长9.5%。全年完成工业总产值42013.99亿元，增长10.2%。其中，规模以上工业总产值39498.54亿元，增长10.3%。在规模以上工业总产值中，国有控股企业总产值12707.55亿元，增长6.6%。

2021年，战略性新兴产业增加值为8794.52亿元，比上年增长15.2%。其中，工业战略性新兴产业增加值为3651.43亿元，增长19.2%；服务业战略性新兴产业增加值为5143.09亿元，增长12.5%。全年新能源、高端装备、生物、新一代信息技术、新材料、新能源汽车、节能环保、数字创意等工业战略性新兴产业完成规模以上工业总产值16055.82亿元，比上年增长14.6%，占全市规模以上工业总产值比重达到40.6%。

1978~2021年，上海的产业结构经历了显著的演变和优化，形成了多元化、高端化、国际化的产业格局，目前已形成"六大重点工业行业，九大战略性新兴产业，六大未来产业"的架构，六大重点工业行业主要包括汽车制造、电子信息、生物医药、高端装备制造、新材料、能源和环境保护，九大战略性新兴产业涵盖了新一代信息技术、人工智能、生物科技、新能源、新材料等领域。这些产业代表了上海在科技创新和产业升级方面的重点发展方向，六大未来产业主要包括数字经济、绿色低碳、健康产业、文化创意产业、智能制造、金融服务等，这些产业的发展体现了上海对于未来经济趋势的洞察和布局。总体而言，上海的产业结构除了目前表现出向高技术、高附加值和创新驱动型产业的明显倾斜，还注重产业与城市空间的协调。

同时，上海的经济发展高度国际化。上海拥有众多的跨国公司总部和分支机构，这些公司来自全球各地，为上海带来了大量的资金和先进的技术和管理经验。同时，上海也是中国最重要的对外贸易港口之一，其港口货物吞吐量和集装箱吞吐量均居全球前列。

此外，上海积极推动创新驱动的发展模式，鼓励企业加大研发投入，推动科技创新和产业升级。上海拥有众多的高校和研究机构，这些机构为上海的科技创新提供了强有力的支持。同时，上海还积极引进海外高层次人才和创新创业人才，为上海的科技创新注入新的活力。

上海将继续推进经济结构调整优化产业结构促进经济发展方式的转变，并将大力发展现代服务业高端制造业和现代农业等产业领域，通过技术创新和产业升级提高城市的核心竞争力和综合实力实现经济可持续发展。

第三节　经济发展的空间布局

上海以其独特的地理位置和开放创新的态度，成为了引领全国发展的关键力量。改革开放以来，在国家政策的大力支持下，上海不断扩大布局其经济发展空间，包括特殊经济功能区和产业园区/产业基地，助力上海经济腾飞，为全中国的现代化建设贡献了巨大力量，使上海逐渐成为中国现代化的排头兵。

一、特殊经济功能区

在世界银行发布的《特殊经济功能区发展报告》中，将特殊经济功能区定义为一个国家为了发展宏观经济划出的一块区域，给予相应的税收、法律、监管等优惠政策，从而达到促进工业制造、吸引外商投资、增加出口等目的。《特殊经济功能区发展报告》中将特殊经济功能区分为六类：自由贸易区（Free Trade Zone）、出口加工区（Export Processing Zone）、企业区（Enterprise Zone）、自由港（Free Port）、单一工厂出口加工区（Single Factory Export Processing

Zone）、特殊功能区（Special Zone）。上海的特殊经济功能区主要包括虹桥商务区、中国（上海）自由贸易试验区、中国（上海）自由贸易试验区临港新片区等。

（一）虹桥商务区

上海虹桥商务区依托虹桥综合交通枢纽，建成上海现代服务业的集聚区，上海国际贸易中心建设的新平台，面向国内外企业总部和贸易机构的汇集地，是服务长三角地区，服务长江流域，服务全国的高端商务中心（黄亮等，2016）。虹桥商务区从无到有，总经历了三次"升级"。1.0版是综合交通枢纽催生的新兴现代化商务区，2.0版是中国国际进口博览会大平台赋能的全球高端资源要素配置新高地，3.0版是成为国际开放枢纽中的国际化中央商务区。

上海虹桥商务区位于上海西部，初始面积约86平方千米，其中主功能区面积26.3平方千米。2019年11月14日，上海市人民政府出台了《关于加快虹桥商务区建设打造国际开放枢纽的实施方案》，虹桥商务区扩容到151.4平方千米，其中主功能区面积26.3平方千米，核心区4.7平方千米。

虹桥经济技术开发区1979年开始规划，1983年启动建设，1986年成为国家级开发区。开发区占地面积0.652平方千米，是面积最小的国家级开发区。开发区位于上海西部，根据面积小、位于市区的特点，开发区定位于涉外商贸中心，在功能上以展览展示、商务办公、宾馆居住、外事等为主，是全国最早以发展服务业为主的国家级开发区，也是全国唯一辟有领馆区的国家级开发区。如今，作为国家战略的《长三角区域一体化发展规划纲要》（以下简称《纲要》）提到的三大重点发展地区之一——上海虹桥商务区已被写进了《纲要》。

2021年发布的《虹桥国际开放枢纽建设总体方案》（以下简称《总体方案》）明确，虹桥国际开放枢纽将形成"一核两带"发展格局。"一核"是上海虹桥商务区，主要承担国际化中央商务区、国际贸易中心新平台和综合交通枢纽等功能；"两带"是以虹桥商务区为起点延伸的北向拓展带和南向拓展带。

经过十几年的艰苦努力，虹桥商务区在规划建设和功能打造上都取得了显著成效。"大交通"枢纽功能全面提升，建成了全国最大的现代化综合交通枢纽，年旅客4.2亿人次，且越来越多旅客变顾客；"大会展"品牌形象日益凸显，三届中国国际进口博览会举办，累计意向成交额达2016亿美元，越来越多的参展商变投资商，"虹桥品汇"常年吸引70多个国家和地区的2万多种商品；"大商务"集聚效应初步显现，截至2020年，已吸引7万多家企业和机构入驻。2020年新注册企业数较前一年增加约50%。

近年来，虹桥商务区服务长三角的功能不断增强。2022年，设立的长三角电商中心，已有主要来自长三角的 60 多家电商机构及重点商户入驻。一批功能性平台建设初见成效。2022 年，虹桥海外贸易中心已联系全球超过 150 多家贸易及投资机构，新虹桥国际医学中心已引进 24 家国内外各类知名医疗机构，商务区有英、美、日、韩等 10 余所国际学校。

虹桥国际中央商务区已成为上海强化"四大功能"和建设国际贸易中心的重要平台，将成为上海的重要增长极、引领长三角一体化的重要动力源、落实国家战略的重要承载区。在上海市转型发展的关键时期，虹桥商务区作为建设中的国际中央商务区，推动高端商务、会展、交通功能深度融合，在更大空间范围内统筹生态空间、公共服务、综合交通、智慧城市等建设，必将承担上海转型发展的重要使命，在高水平开放、高效能治理中实现高质量发展与高品质生活有机结合。

（二）中国（上海）自由贸易实验区

中国（上海）自由贸易试验区（简称上海自贸区）是设立在上海的区域性自由贸易园区，位于浦东境内，属中国自由贸易区范畴，是我国首个自贸试验区。上海自贸区的成立为上海带来了新的机遇，不断实施的金融改革、金融创新，围绕六大现代服务业领域（金融服务、航运服务、商贸服务、专用服务、文化服务和社会服务）开展试点，使上海的对外开放程度大大提高，极大地推动了上海开放型经济的发展（夏善晨，2013）。

2013 年 9 月 29 日，中国（上海）自由贸易试验区正式成立，面积为 28.78 平方千米，《中国（上海）自由贸易试验区外商投资准入特别管理措施》（负面清单）发布实施。上海自贸区开始实施"一线放开、二线安全高效管住"贸易监管制度创新。2014 年 12 月 28 日，全国人大常务委员会授权国务院扩展中国（上海）自由贸易试验区区域，将面积扩展到 120.72 平方千米。

2015 年 10 月，中国人民银行等部门和上海市共同印发《进一步推进上海自贸区金融开放创新试点和加快上海国际金融中心建设方案》。

上海自贸区自成立以来，在我国金融市场开放和人民币国际化方面扮演着"领头雁"角色，并且通过不断地先行先试和改革创新，以每两年一个台阶，逐步升级，探索出一批可复制可推广的自贸区经验做法，在自由贸易账户体系、投融资汇兑便利、人民币跨境使用、利率市场化、外汇管理改革等方面取得了一定的成果与进展，逐步形成了"一线放开、二线严格管理的宏观审慎"的金融制度框架和监管模式。

结合了我国金融开放和人民币国际化的需要，上海自贸区自成立之日起，就加强金融领域的探索创新，其中把"取消资本项目管制，实现人民币可兑换"作为一项重要内容。在做好风险压力测试的基础上，上海自贸区积极鼓励并引导企业和金融机构开展跨境金融业务创新，促进人民币资金业务便利化，扩大人民币资产跨境交易规模和范围。

上海自贸区不仅积极探索放宽民营银行、外资银行等准入条件，促使商业银行之间在产品创新、风险管理、治理机制等多领域公平竞争，而且鼓励和引导商业银行创新开展跨境金融业务，扩大金融机构服务职能和区域空间。从上海自贸区现已公开发布的十批金融创新案例来看，130 个案例中涉及商业银行开展的金融创新案例就超过半数以上，它们既发挥了服务实体企业实现跨境金融业务的支撑作用，也成为联系人民币在岸市场的桥梁和纽带。

2018 年 7 月，上海市推出扩大开放 100 条举措，旨在为外国投资者提供更好的环境，新措施涵盖了银行、保险、外汇、外商投资、知识产权等方面的优惠政策。上海自贸区迎来进一步扩大开放。

（三）上海自贸区临港新片区

2018 年 11 月 5 日，习近平总书记在首届中国国际进口博览会开幕式重要讲话中，提出了给上海的三项新的重大任务。其中第一项新的重大任务，就是"增设中国（上海）自由贸易试验区的新片区，鼓励和支持上海在推进投资和贸易自由化便利化方面大胆创新探索，为全国积累更多可复制可推广经验"。2019 年 8 月 6 日，上海自贸区临港新片区正式揭牌。

临港新片区由核心承载区、战略协同区两部分组成，核心承载区为临港新片区管委会经济管辖范围，面积为 386 平方千米（包含先行启动区）；战略协同区主要指新片区其他范围内的奉贤、浦东、闵行区域，面积约为 456 平方千米。按照"整体规划、分步实施"原则，先行启动南汇新城、临港装备产业区、小洋山岛、浦东机场南侧等区域，面积为 119.5 平方千米。截至 2020 年 10 月，临港新片区建成面积为 63 平方千米，人口约 83 万，GDP 约 1000 亿元，至 2035 年，建成区面积将会达到 292 平方千米。

临港新片区北临浦东国际航空港，南接洋山国际枢纽港，背靠长三角广阔腹地，高速公路、铁路纵横，拥有发展前沿产业的优良基础，包括集成电路、人工智能、生物医药、航空航天、新能源汽车等高新技术领域。以集成电路产业为例，目前临港新片区已集聚集成电路亿元以上规模企业 40 余家，涉及总投资超 1500 亿元。2020 年 10 月下旬，临港新片区"东方芯港"集成电路综合性产业基地揭牌并投入运营。中微半导体设备产业化等 14 个重点项目签约，覆盖芯片制造、设备制造、关键材料、芯片设计等集成电路产业链各个环节，投资额总计达 225 亿元。预计到 2025 年，"东方芯港"产业规模将达到 1000 亿元。到 2035 年，将构建起高水平产业生态，成为具有全球影响力的集成电路综合性产业基地。

设立临港新片区，是以习近平同志为核心的党中央总揽全局、科学决策作出的进一步扩大开放重大战略部署，是新时代彰显中国坚持全方位开放鲜明态度、主动引领经济全球化健康发展的重要举措（王忠宏等，2021）。

与以往的自贸试验区相比，临港新片区绝不仅仅是简单的面积扩大，而是有明确的、更高的定位，有更丰富的战略任务，更加突出了产业发展新特点。同时，新片区更代表着根本的制度创新，是深化改革开放的再升级。功能定位上，把"自由"放在了更加突出的位置，强调"打造更具国际市场影响力和竞争力的特殊经济功能区"；发展方向上，把"产业"放在了更加突出的位置，强调"建设具有国际市场竞争力的开放型产业体系"；区域建设上，把产城融合放在了更加突出的位置，强调"打造开放创新、智慧生态、产城融合、宜业宜居的现代化新城"；管理体制上，把"放权"放在了更加突出的位置，明确提出新片区将参照经济特区管理，被赋予更大的自主发展、自主改革和自主创新管理权限；监管政策上，临港新片区设立了洋山特殊综合保税区。作为海关特殊监管区域的一种新的类型，在全面实施综合保税区政策的基础上，取消不必要的贸易监管、许可和程序要求，实施更高水平的贸易自由化便利化政策和制度，打造国际贸易开放创新的新枢纽，根据新片区企业的业务特点，积极探索相适应的海关监管制度。

二、产业园区/产业基地

上海作为我国国际经济、金融、贸易、航运、科技创新中心，拥有众多产业园区，其中包罗了国家级工业区、市级工业区、区级以及镇级的工业园区。"园区经济"是上海科技创新和产业发展的一大特色。根据上海市2018年公布的开发区名单，2018年上海共有104个开发区，包括国家级开发区20个、市级开发区23个、产业基地10个、产业园区51个。

（一）国家级开发区

2018年，国家发展改革委、科技部、国土资源部、住房和城乡建设部、商务部、海关总署发布了《中国开发区审核公告目录》（2018年版）（以下简称《目录》）。根据2018年版《目录》，上海共有国家级开发区20家（见表4-1）。

表4-1　2017年上海国家级开发区

国家级开发区	开发区名称	批准时间	核准面积（公顷）	主导产业
1	漕河泾新兴技术开发区	1988年6月	1330	电子信息、新材料、生物医药
2	虹桥经济技术开发区	1986年8月	65.2	贸易、展览展示、国际仲裁

续表

国家级开发区	开发区名称	批准时间	核准面积（公顷）	主导产业
3	闵行经济技术开发区	1986 年 8 月	1638	装备制造、机电、医药
4	上海金桥经济技术开发区	2001 年 9 月	2738	新能源汽车、机器人
5	上海化学工业经济技术开发区	2012 年 3 月	2940	石化、新材料
6	松江经济技术开发区	2013 年 3 月	5777	装备制造、集成电路、新材料
7	上海张江高新技术产业开发区	1991 年 3 月	4211.7	电子信息、生物医药、光机电一体化
8	上海紫竹高新技术产业开发区	2011 年 6 月	868.18	集成电路、软件、新能源、航空
9	上海漕河泾出口加工区	1992 年 8 月	300	电子信息、物流、维修检测
10	上海嘉定出口加工区	2005 年 6 月	300	制造、物流、汽车及零部件
11	上海外高桥保税区	1990 年 6 月	1103	出口加工、物流仓储、保税商品展示交易
12	上海金桥出口加工区南区	2001 年 9 月	280	新能源汽车、工业互联网、机器人
13	上海外高桥保税物流园区	2003 年 12 月	103	物流、贸易
14	洋山保税港区	2005 年 7 月	1416	物流、贸易、装备制造
15	上海浦东机场综合保税区	2009 年 11 月	359	物流、贸易
16	上海松江出口加工 A 区及 B 区	2000 年 4 月 2002 年 12 月	596	电子信息、仓储物流、贸易
17	上海青浦出口加工区	2003 年 3 月	300	电子信息、新材料、装备制造
18	上海闵行出口加工区	2003 年 3 月	300	物流、电子信息、装备制造
19	上海陆家嘴金融贸易区	1990 年 6 月	3178	金融、航运、商务、文化旅游
20	上海佘山国家旅游度假区	1995 年 6 月	6408	旅游休闲、商业服务、文化创意

资料来源：《中国开发区审核公告目录》（2018 年版）。

　　2020 年，上海市经济和信息化委员会、上海市开发区协会以及礼森（中国）产业园区智库联合制定了《上海市开发区综合评价办法（2020 年版）》，对上海市 108 个产业园区综合发展水平进行了分析。结果表明，张江高科技园区位列第一，漕河泾新兴技术开发区、莘庄工业区分别位列第二、第三，上海金桥经济技术开发区、上海紫竹高新技术产业开发区分别位列第四、第五。浦东新区的前三十强开发区最多 7 家，其次是金山区共 4 家，奉贤区、嘉定区、闵行区和松江区均有 3 家，宝山区、中心城区、青浦均有 2 家，另外还有一家开发区为上海化学工业经济技术开发区，崇明区没有开发区进入前三十强。

　　在赛迪顾问发布的 2023 年园区高质量发展百强中，目前上海有 5 个园区入围，包括张江高新技术产业开发区、上海紫竹高新技术产业开发区、上海漕河泾新兴技术开发区、上海金桥经济技术开发区、松江经济技术开发区。

（二）产业示范基地

国家新型工业化产业示范基地是我国制造业集聚集群发展的重要载体和制造强国建设的支撑力量（中国社会科学院工业经济研究所课题组等，2023）。2020年4月18日，工业和信息化部公布了2019年国家新型工业化产业示范基地（以下简称示范基地）发展质量评价结果，上海市一共有8家示范基地进入五星级评价结果名单（全国共30家），在产业实力、质量效益、创新驱动、绿色集约安全、融合发展等方面绩效显著。这8家示范基地分别是生物医药·上海张江高科技园区、装备制造·上海临港装备产业区、电子信息·上海漕河泾经济技术开发、新材料·上海宝山、装备制造·上海莘庄工业区、汽车产业·上海嘉定汽车产业园区、高技术转化应用（民用航天）·上海闵行区、装备制造·上海嘉定工业区（见表4-2）。其中，上海张江高科技园区、上海嘉定汽车产业园区和上海嘉定工业区连续三年获得五星级评价，上海宝山、上海莘庄工业区和上海闵行区连续两年获得五星级评价。

表4-2　2020年上海市国家新型工业化产业示范基地发展质量评价结果

示范基地名称	总体水平	产业实力	质量效益	创新驱动	绿色集约安全	融合发展	发展环境	备注
生物医药·上海张江高科技园区	五星	☆☆☆☆☆	☆☆☆☆☆	☆☆☆☆☆	☆☆☆☆	☆☆☆☆☆		连续三年五星级
装备制造·上海临港装备产业区	五星	☆☆☆☆	☆☆☆☆☆	☆☆☆☆	☆☆☆☆☆	☆☆☆☆	☆☆☆☆	
电子信息·上海漕河泾新兴技术开发区	五星	☆☆☆☆☆	☆☆☆☆	☆☆☆☆☆	☆☆☆☆☆	☆☆☆☆☆	☆☆☆☆☆	
新材料·上海宝山	五星	☆☆☆☆☆	☆☆☆☆☆	☆☆☆☆	☆☆☆☆☆	☆☆☆☆☆	☆☆☆☆☆	连续两年五星级
装备制造·上海莘庄工业区	五星	☆☆☆☆	☆☆☆☆☆	☆☆☆☆	☆☆☆☆☆	☆☆☆☆☆	☆☆☆☆	连续两年五星级
汽车产业·上海嘉定汽车产业园区	五星	☆☆☆☆☆	☆☆☆☆☆	☆☆☆	☆☆☆☆☆	☆☆☆☆☆	☆☆☆☆☆	连续三年五星级
高技术转化应用（民用航天）·上海闵行区	五星	☆☆☆☆	☆☆☆☆	☆☆☆☆☆	☆☆☆☆	☆☆☆☆☆	☆☆☆☆	连续两年五星级
装备制造·上海嘉定工业区	五星	☆☆☆☆☆	☆☆☆☆	☆☆☆☆☆	☆☆☆	☆☆☆☆	☆☆☆☆	连续三年五星级
电子信息·上海金桥经济技术开发区	四星	☆☆☆☆	☆☆☆☆	☆☆☆☆	☆☆☆☆	☆☆☆☆	☆☆☆☆	
大数据·上海静安区	四星	☆☆☆☆	☆☆☆	☆☆☆☆	☆☆☆☆	☆☆☆☆	☆☆☆☆	

续表

示范基地名称	总体水平	产业实力	质量效益	创新驱动	绿色集约安全	融合发展	发展环境	备注
软件和信息服务·上海市北高新技术服务业园区	四星	☆☆☆☆	☆☆☆	☆☆☆☆	☆☆☆☆☆	☆☆☆☆	☆☆☆☆	
电子信息（移动智能终端）·上海浦东康桥工业区	四星	☆☆☆☆	☆☆☆☆	☆☆☆	☆☆☆☆	☆☆☆☆	☆☆☆	
新材料·上海青浦工业区	四星	☆☆☆☆	☆☆☆☆	☆☆☆	☆☆☆	☆☆☆☆	☆☆☆☆	

资料来源：国家新型工业化产业示范基地发展质量评价结果。

上海张江高科技园区生物医药产业示范基地。经过 20 多年的发展和积累，张江已经成为我国生物医药领域创新人才集聚、研发机构集中、新药创制成果突出、产业集群优势明显的地区之一，生物医药产业综合实力居全国第一，企业总数，医药工业百强企业数，独角兽企业数，A 股及新三板企业数量，发明专利申请数量，药物临床试验数量，CDE 药品受理总数，上市二、三类医疗器械数量 8 项指标全国领先。在产业规模上，2019 年，张江生物医药工业产值突破 400 亿元，占全市比重为 29%。工业产值 1 亿元以上生物医药企业 28 家，其中 10 亿元以上企业 9 家，产值 317 亿元，其中罗氏制药产值 153.49 亿元。在产业能级上，2019 年新引进 1 亿元以上生物医药项目 23 个，总投资超过 220 亿元。目前，全球排名前 10 的制药企业中已有 7 家在张江设立了区域总部、研发中心；全国医药百强企业有 19 家在张江设立了总部或研发中心/运营中心。在创新成果上，截至 2019 年，张江园区在研药物品种超过 400 个，处于临床试验阶段的项目超过 135 个，其中处于 Ⅱ、Ⅲ 期临床阶段的一类新药 39 个。2018 年上海市获批的 4 个新药，全部来自张江；2019 年浦东获批的 3 个新药，均来自张江，占全国的 1/4。

上海莘庄工业区装备制造业产业示范基地。上海市莘庄工业区成立于 1995 年 8 月，园区各项基础设施配套完备，科技孵化等公共服务平台健全，经济综合实力和各项发展指标均位于上海市工业区前列，为区域经济与社会发展做出了重要贡献。莘庄工业区是全国首家拥有环境、质量，以及职业健康安全管理体系国际标准认证的"三优"品牌园区、上海首家通过验收的国家生态工业示范园区、被推选为上海首批"上海品牌园区"、国家循环经济试点单位、上海市知识产权试点园区、上海市先进制造业出口工业产品质量安全示范区等。

上海嘉定汽车产业园区汽车产业示范基地。上海嘉定汽车产业园区由上海国际汽车城（集团）有限公司申报，于 2010 年获批，根据发展规划，区域涵盖安亭镇（含上海国际汽车城核心区）及上海市新能源汽车及关键零部件产业基地（现更名为汽车新能港），是工业和信息化部批复的第一批国家新型工业化产业示范基地。上海国际汽车城以雄厚的汽车制造为依托，逐步完善集汽车研发、制造、教育、服务、文化于一体的完整汽车产业链，先后被授予 7 个国家级基地。面向"十四五"，上海国际汽车城将进一步加快转型发展，加快产业和人才聚集，致力于打通汽车产业上下游的全生态圈，并向智能化、网联化、电动化、共享化的新兴业态发展，以汽车·创新港、汽车新能港、同济科技园为载体，建设一批重点产业项目，为创新创业企业发展提供良好的土壤和环境。

上海嘉定工业区。嘉定工业区是经市政府批准设立的市级工业园区，总面积逾 78 平方千米，其中用于产业开发的面积达 21 平方千米。在先进制造业方面，嘉定工业区聚焦优势产业，重点发展高端医疗器械、航天产业、工程及精密机械装备、汽车及关键零部件制造等新兴主导产业。目前，基地已吸引来自世界 40 多个国家和地区的近 2000 家实体型企业落户。在创新主体培育方面，嘉定工业区已经有上海联影医疗科技有限公司技术中心、上汽变速器企业技术中心、上海光机所强场激光物理国家重点实验室等省市级企业技术中心及研发机构 49 家，市科技小巨人（培育）企业 49 家，市专利试点企业 24 家。此外，嘉定工业区还于 2015 年成立了"工程师（技师）学院"。学院聘请企业一线的高级技师、工程师和专业院校优秀导师担任授课老师，联合开发、开设切合企业职工实际需求的培训课程，培养了一批能满足企业需求的工程技术应用型人才。

上海除在上述生物医药、装备制造、电子信息、新材料、汽车产业等领域拥有产业示范基地外，还拥有微电子产业基地、精品钢材基地、石油化学工业基地、船舶产业基地等重要产业基地。

（三）创意产业园区

散落在上海各区的文化创意产业园区，正成为上海文化品牌新势力。根据上海市文创办的统计，2018 年符合市级标准的园区数量已达 137 家，分布于 15 个区，总面积近 700 万平方米。

越界世博园创意产业园。锦和越界世博园，是亚洲唯一获得 LEED-ND 铂金认证的完整街坊，上海市文化创意产业园区是上海标志性的双遗存创意园之一，由原上海南市发电厂改造而来。园区建筑总面积约 5 万平方米，是将工业园区、文化活动、艺术创意融入公共空间，打造的一个集艺术、设计、社交、休闲于一体的跨界融合空间。作为文化创意产业园区运营商，锦和商业打造出的第一个文创园区便是锦和越界创意园，是当时上海最大的单体创意产业园区。锦和商业主要采用"承租运营"的经营模式，轻重资产结合开创园区运营新模式。

三邻桥体育文化园。三邻桥是上海市首家以体育文化为主题的产业园。三邻桥的前身是上海日硝保温瓶胆厂，总占地 102 亩，一期开发 66 亩，投资 2 亿元，花费近 3 年时间打造。三邻桥规划上将项目目标人群定位在 C 端，空间上打破界限。它是康体休闲的生态公园，是交流体验的社交平台，也是舒适便利的生活中心。除体育特色之外，三邻桥也配备了文化艺术、特色市集、生活服务等不同类型的业态，全面完善园区的整体功能。这种复合模式为区域的转型升级改造提供了一个标杆案例。三邻桥的成功，让工业遗存园区重新焕发了生机，为其他工业遗存转型园区带来了值得借鉴的经验，并为城市的经济转型发展带来了更多启示。

明珠创意产业园。明珠创意产业园原是中国第一条营运铁路淞沪铁路江湾站，经改造后重新回归公众视线。置身创客走廊，头顶上是时不时呼啸驶过的轨交 3 号线，身旁则是停驻在"铁道"上的绿皮火车，车厢中别有洞天，咖啡馆、书吧颇受年轻人青睐。五颜六色的集装箱散布在站点各处，花店与宠物店为这里增添了一份悠闲气息，草坪上可以见到园区企业用 3D 打印制作的水泥座椅。

智慧湾科创园。智慧湾科创园占地 230 亩，曾是上海第三毛纺织厂的仓库用地，而现在红、黄、绿、蓝等色彩明艳的"集装箱"成为文青打卡的热门地。园区里有中国首个 3D 打印文化博物馆、世界最大规模 3D 打印混凝土步行桥、智能微制造展示馆、未来空间人工智能展示中心、网红咖啡店等，还拥有上海最大的室内橄榄球训练场。除商业主体外，以梅派青衣史依弘命名的剧场、宋思衡工作室相继入驻，给园区带来不少惊喜。

麦可将文创园。麦可将是国内第一座以手作体验结合工业设计为主题的文创园区，聚集了来自台湾岛的地方文创名片代表纸箱王、百年木工文化品牌青木堂、集结手作人的手创联盟等文创业者。2018 年底，麦可将文创园正式被评为"国家 AAA 级旅游景区"。

上海知名的创意产业园区还有 M50 创意园、老码头、田子坊等。这些高颜值的文化创意产业园区共同构成了上海文化品牌的新势力，创造了上海的美好城市生活。

（四）特色产业园区

2020 年 3 月底，上海集中推介了 26 个面积在 3~5 平方千米的特色产业园区。这批小而美的园区产业定位鲜明，瞄准集成电路、人工智能、生物医药、航空航天、新材料、智能制造六大核心产业领域，全力打造产业发展新高地和产城融合新地标。

这批特色产业园区主要突出"三特"：特定产业方向，聚焦关键领域核心环节、要素集聚靶点突出；特优园区主体，优秀园区品牌运营团队、营商环境 3.0

版示范体验区；特强产业生态，企业集群集聚发展、空间集中集约布局。

集成电路。集成电路是事关国家安全的基础性、战略性和先导性产业。加快上海集成电路产业高质量发展，是贯彻习近平总书记讲话精神、落实集成电路"上海方案"的重要内容，也是解决核心技术和产品"卡脖子"问题的重要途径。相关产业园区包括集成电路设计产业园、智能传感器产业园、东方芯港、G60 电子信息国际创新产业园。

生物医药。上海生物医药产业是我国生物医药产业的重要高地。目前上海正在按习近平总书记的要求，加快打造具有国际影响力的生物医药产业创新高地；发挥特色优势，强化前沿基础研究；提升临床研究和成果转化能力；加强产业核心技术攻关。相关产业园区包括张江创新药产业基地、湾区生物医药港、临港新片区生命科技产业园、东方美谷、北上海生物医药产业园。

人工智能。上海市人工智能行业呈现出应用主导、技术支撑、多领域全面赋能的特点。全国首个人工智能创新应用先导区、国家新一代人工智能创新发展试验区先后获批，人工智能发展联盟、人工智能产业投资基金逐步设立，上海人工智能创新生态逐步完善。相关产业园区包括张江人工智能岛、西岸智慧谷、马桥 AI 创新区。

航空航天。上海坚持以大型客机发展为主线，围绕产业链核心环节，重点布局飞机整机、民用航空发动机、机载三大领域，带动无人机等通航产业快速发展，为在上海打造具有全球影响力的航空产业集聚奠定坚实的基础。相关产业园区包括北斗西虹桥基地、华东无人机基地、临港新片区大飞机产业园。

新材料。新材料是七大战新产业之一，是工业发展的战略性先导产业。"十二五"以来，上海市新材料产业保持稳步发展，在上海市战略性新兴产业中占比近 1/4，增速超过战略性新兴产业平均值。相关产业园区包括碳谷绿湾产业园、超新材料科创园、奉贤化工新材料产业园。

智能制造。智能制造是上海推进全球科创中心建设的重要支柱，是打响"上海制造"品牌、擦亮"上海制造"名片、推动"上海制造"高质量发展的必然选择。上海智能制造发展水平位居全国前列，正着力推进装备产业高端化、智能化、自主化发展。相关产业园区包括：中以（上海）创新园、金桥 5G 产业生态园、机器人产业园、外高桥智能制造服务产业园、闵行开发区智能制造产业基地、嘉定氢能港、临港南桥智行生态谷、汽车新能港。

《上海市开发区综合评价办法（2020 年版）》根据综合评价面积将上海市开发区综合评价排名前 30 强分大、中、小型园区。入榜综合发展前十强的大型开发区中张江高科技园区位列第一，上海金桥经济技术开发区、上海青浦工业园区分别位列第二、第三，嘉定工业园区、上海松江经济技术开发区（松江工业区）分别位列第四、第五。入榜综合发展前十强的中型开发区中漕河泾新兴技术开发区位列第一，莘庄工业区、上海紫竹高新技术产业开发区分别位列第二、第三，上海浦东康桥工业园区、外高桥保税区分别位列第四、第五。入榜综合发展前十强的小型开发区中上海金山第二工业园区位列第一，闵行经济技术开发区、上海临港松江科技城分别位列第二、第三，上海市市北高新技术服务业园区、上海浦东合庆工业园区分别位列第四、第五。

漕河泾开发区：国家级开发区转型样本。漕河泾位于上海徐汇区，是一个以高新技术开发园区为主体的板块，规划面积 14.28 平方千米。目前开发区已形成微电子、光电子、计算机机器软件和新材料四大产业，建成研究开发、网络运行、金融数据、技术创新四大中心。漕河泾开发区是第一批以引进外资、引进国外先进技术、发展新兴技术为主的国家级经济技术开发区和高新技术开发区。开发区汇聚中外高科技企业 2500 多家，经过二十余年的发展，漕河泾开发公司已成为集工业地产运营商、区域产业推动者、园区服务集成商于一体的综合性园区工业地产企业。上海漕河泾新兴技术开发区是我国最早成立的国家高新区，也是目前发展速度最快、技术含量最高和经济效益最好的开发区之一。漕河泾的成功主要在于市场化运作模式的成功，为后起高新区树立了发展模式标杆。其中，漕河泾松江园区作为首个由市政府认定的"区区合作，品牌联动"示范基地，已成为松江产业转型升级的典型案例。

张江科技园区：国家自主创新示范区。上海市张江高科技园区是张江国家自主创新示范区的核心园（以下简称张江园区），含张江高科技园区、康桥工业区、国际医学园区，承载着打造世界级高科技园区的国家战略任务。张江园区规划面积 79.7 平方千米，其中 37.2 平方千米被纳入上海自贸区。张江园区努力打造"医产业"集群（涵盖医药、医疗、医械、医学的医疗健康产业）及"E产业"集群（基于互联网和移动互联网的互联网产业）两大产业集群。

上海紫竹科学园区：市场化运作新兴科学园区。上海紫竹科学园区由闵行区人民政府、上海交通大学、紫江集团等七家股东单位共同投资组建，由大学园区、研发基地和紫竹配套区三部分组成。大学园区以上海交通大学、华东师范大学为主，通过校企互动合作，充分发挥大学的科研和人才优势；研发基地瞄准世界科技革命中的新兴产业领域和传统产业的新型发展方向，吸引各类研发机构和高科技企业入驻，并大力促进技术支撑平台建设；紫竹配套区位于高新区东南角，将规划建设大型生态化国际社区。

参考文献

[1] 程大中. 服务业发展与城市转型：理论及来自上海的经验分析 [J]. 中国软科学，2009（1）：73-83.

［2］黄亮，王振，陈钟宇．产业区的产城融合发展模式与推进战略研究——以上海虹桥商务区为例［J］.上海经济研究，2016（8）：103-111+129.

［3］李志洋，朱启荣．中国经济高质量发展水平的时空特征及其影响因素［J］.统计与决策，2022，38（6）：95-99.

［4］陆大道，叶嘉安，薛德升，等．城市群：高质量发展的增长极和动力源［J］.科技导报，2021，39（16）：62-64.

［5］王忠宏，梁仰椿，车海刚，等．上海临港打造高质量发展样板区的实践与启示［J］.中国经济报告，2021（6）：5-10.

［6］习近平．推进中国式现代化需要处理好若干重大关系［J］.奋斗，2023（19）：4-8.

［7］夏善晨．中国（上海）自由贸易区：理念和功能定位［J］.国际经济合作，2013（7）：11-17.

［8］曾刚，曹贤忠，朱贻文．长江经济带城市协同发展格局与前景［J］.长江流域资源与环境，2022，31（8）：1685-1693.

［9］中国社会科学院工业经济研究所课题组，史丹，李晓华，等．新型工业化内涵特征、体系构建与实施路径［J］.中国工业经济，2023（3）：5-19.

［10］邹磊，等．中国改革开放的上海实践（1978~2018）［M］.北京：社会科学文献出版社，2018.

第五章　重点工业行业发展

随着上海经济的持续发展和城市现代化的不断推进，工业结构的优化和升级成为实现可持续发展的关键。本章将聚焦上海的重点工业行业，深入研究和探讨装备制造业、新能源汽车产业以及生物医药产业这三大战略性产业的发展现状、空间布局、在全国和全球中的地位作用以及对城市经济地理格局的深远影响。装备制造业一直是上海产业体系的支柱之一，不仅是国家实力的象征，更是推动城市产业结构升级的引擎；新能源汽车产业作为未来能源和交通发展的关键领域，将成为上海走向可持续发展的重要引擎；生物医药产业作为当代科技创新的热点之一，不仅是上海经济发展的崭新亮点，更是关系到城市居民的健康和医疗水平的提升。通过对这三个关键领域的深度剖析，本章旨在提供对上海经济地理中重点工业行业发展的全面认识，全面了解和把握上海重点工业行业的发展脉络。

第一节　装备制造业

为建设具有全球影响力的科技创新中心，上海不断加快产业转型升级、创新驱动发展战略的步伐。其中，作为提供技术装备的战略性产业，装备工业创新水平的提高不仅对提升生产效率产生积极影响，还能通过有效的技术扩散，促进其他部门产业效率提升。随着国家智能制造"十三五"发展规划的发布，中国高端制造产业发展有了明确的方向。同时，国务院也发布了质量提升行动计划，工业基础正逐步取得进步，这些都有助于上海大力发展高端装备制造产业。目前，上海市将高端装备制造业作为战略性新兴产业进行培育，进而从政策引导和制度保障上予以重视。对接国家战略，聚焦重大产业，装备制造业无疑将在上海未来建设科创中心、推进新型工业化进程中发挥关键作用。

一、发展概况

2022 年上海市统计局数据显示，上海市装备制造业当年实现平稳增长，完成工业总产值 24201.48 亿元，比上年增长 2.4%，增速高于全市工业总体水平 3.5 个百分点。其中，汽车制造业，电气机械和器材制造业，铁路、船舶、航空航天和其他运输设备制造业，仪器仪表制造业，专用设备制造业，计算机、通信和其他电子设备制造业分别增长 9.3%、4.5%、2.3%、2.0%、1.9%、1.7%。

2022 年，上海市高端装备制造业积极克服国内外多重不利因素影响，在各项优化营商环境、促进工业平稳发展的政策推动下，工业总产值实现小幅增长，呈稳中趋缓、缓中有进的发展态势，上海高端装备制造业产值不断增加。从企业控股情况来看，呈现"内增外降"的态势。2022 年，国有控股实现工业总产值 1079.38 亿元，比上年增长 8.5%；私人控股 490.01 亿元，增长 1.5%；外商及港澳台商控股 998.21 亿元，下降 1.7%。从企业规模来看呈现"大增小降"的态势，大型企业实现工业总产值 1330.49 亿元，比上年增长 10.0%，中型企业 649.79 亿元，增长 0.2%，小型企业 632.76 亿元，下降 7.4%。

长期来看，上海装备制造业产业合作创新网络结构也呈现出不断变化的趋势。从演化过程来看，1984 年伊始，上海市装备制造业的专利合作数量很少，比例变化波动较大。总体而言，本地和国家尺度的合作占据重要地位，区域层面的占比最少；2002 年后，本地、区域和国家尺度上合作比例的相对重要性趋于稳定，本地尺度合作呈上升趋势，专利数量占比均在 40.0% 以上；区域层面的合作缓慢增加，并且在其后 5 年稳定在 20.0% 左右；国家层面的合作呈现下降趋势，但仍占据次重要的位置。创新联系的地理平均距离呈现先上升后下降的趋势。2002 年前，创新联系的地理平均距离波动较大，在 1993 年达到最高的 890.3 千米，而其间创新联系的平均距离最低只有 216.4 千米；2002 年以后，创新联系的平均距离则一直在 300.0 千米上下浮动（马双等，2016）。

从重点发展领域来看，近年来上海高端装备制造业主要领域生产呈现不断增长的格局。

（1）船舶和海工装备制造业增长迅速。2021 年，上海船舶与海洋工程装备制造业完成工业总产值 890.26 亿元，比上年增长 4.5%，其中船舶制造 545.23 亿元、海洋工程装备 25.51 亿元、船舶修理及改装 1.49 亿元、船用配套设备 58.57 亿元、非船用制造 259.46 亿元。八年来新船订单首次突破 1000 万载重吨，手持订单量呈现正增长；科技创新、新产品开发取得进展，产品持续向高端、高技术产品转型；上海船舶海工行业顺应全球绿色低碳转型趋势，加速产品绿色化转型，提质增效成效显现。

（2）轨道交通装备制造小幅增长，拉动力度由负转正。上海市轨道交通及装备行业出台了一系列相关政策。例如，2021 年 7 月出台的《上海市综合交通发展"十四五"规划》，将加快构建"五向十二线"干线铁路通道布局，在很大程度上带动区域轨道交通装备行业的发展。

（3）航空装备持续增长。国产大飞机项目进展平稳。中国东方航空股份有限公司作为国产大飞机 C919 全球首家运营用户，与中国商飞公司在上海签署 C919 大型客机购机合同，首批引进 5 架。ARJ21 飞机机队在国航、东航、南航、成都航空、天骄航空、江西航空和华夏航空的航线飞行时间累积 10 万余小时，标志着飞机的安全性和可靠性得到验证。①

（4）智能制造突破式发展。2022 年，上海市智能制造装备产业规模突破 1000 亿元，上海是国内最大的智能制造系统集成解决方案输出地之一，智能制造系统集成工业总产值达到 600 亿元，全国领先。从细分行业看，工业机器人产业规模超 250 亿元，工业机器人产量超 7.5 万套，同比增长 6%，产量居国内城市首位；高档数控机床及加工系统技术实力不断增强，高档数控磨床、五轴镜像铣机床等专用加工设备取得突破，精密结构件组线加工能力持续提升；增材制造、物流仓储、仪器仪表与传感器企业加速成长，在非金属材料 3D 打印、重载 AGV/AMR、自动化仪器仪表、超声波焊接等细分领域培育出一批专精特新"小巨人"（上海市汽车行业协会，2023）。

二、空间布局

上海高端装备产业园区集群优势显著。临港作为国家和上海重要的高端装备制造业基地，已基本建成发电及输变电设备、大型船用设备、海洋工程、物流装备与工程机械装备、航空零部配套、装备再制造等产业集群。张江园区、漕河泾开发区、松江工业园区、紫竹开发区等园区是上海集成电路产业发展的主要载体。上海已成为首个国家级微电子产业基地和唯一的国家级集成电路研发中心所在地，集成电路技术水平、规模能级保持国内领先。

（一）上海航空制造业集群分布

上海目前已经形成张江南部（飞机设计研发）、祝桥东部（大飞机总装）、紫竹园区（国产飞机客服、航电等）、临港产业区（发动机研制、飞机租赁等）、宝山大场（ARJ21 总装）等功能定位各有特色的航空产业集聚区，呈现出"航空运输业+航空制造业"两翼齐飞的"上海模式"。上海市航空企业主要分布在浦东新区、闵行区，位置相对分散。上海主要有 5 家航空制造相关的产业平台，分别是国家商用飞机产业计量测试中心、国家商用飞机制造工程技术研究中心、民用飞机模拟飞行国家中实验室、民用飞机工业设计中心和 ELEMENT 民用航空先进检测技术实验室。

---

① 《上海统计年鉴 2022》。

从航空企业分布来看（见图 5-1），航空领域企业数量有 30 家，其中飞机及核心零部件制造企业数量最多为 15 家，其次是飞机维修保障 10 家、飞机零部件 3 家、相关服务 2 家。从企业空间布局来看，上海航空产业打造"2+X"空间布局，"2"指的是浦东高新区，闵行区；"X"指长宁区、青浦区和金山区。从产业定位来看，各行政区产业各不相同，从飞机研发设计到维修服务形成全产业链。截至 2022 年，上海仅示范区内就已集聚民航华东管理局、民航华东空管局、上海机场（集团）有限公司、中国航油集团华东分公司、航空仲裁法庭等重点功能性机构，以及飞机设计、航空运输、航空维修、航空物流、通用航空等航空服务产业链，航空服务业企业达 218 家，航空服务业产业集群效应明显（见表 5-1）。

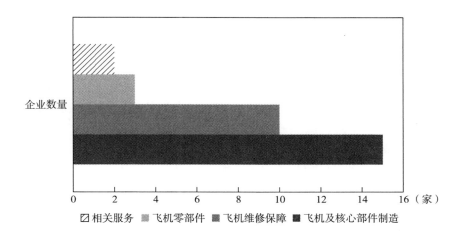

图 5-1 2019 年上海航空产业分领域企业结构

资料来源：https://www.askci.com/news/chanye/20190118/1411491140507_3.shtml。

表 5-1 2022 年上海各区域航空企业分布情况

行政区	区域	产业定位
浦东新区	张江高科技园	飞机研发设计
浦东新区	大飞机总装产业基地	飞机总装
浦东新区	临港地区	发动机制造
闵行区	紫竹高新区	发动机研发 航空电子 客户服务
长宁区	虹桥临空经济示范区	航空服务

续表

行政区	区域	产业定位
青浦区	青浦二业园区	航空维修
金山区	无人机试飞基地 幸福通航水上机场	通用航空

资料来源:《上海市产业地图（2022）》。

（二）上海船舶与海洋工程装备产业空间格局

船舶与海洋工程装备产业是为水上交通运输、海洋资源开发及国防建设提供技术装备的现代综合性产业,是军民结合的战略性产业,是先进装备制造业的重要组成部分。上海近年来大力发展海洋工程装备产业和战略性新兴产业,加快建设临港海洋高新技术产业化基地,促进海洋科技资源集聚、研发孵化和成果转化。上海市船舶与海洋工程装备产业形成了"两点一带"空间布局,主要以临港地区的高端海工研发制造和长兴岛的船舶海工总装为主。

从船舶与海洋工程装备工业企业分布来看,主要集中在浦东新区,在崇明区也分布着一些企业。从空间布局来看,形成了"两点一带"的空间格局,"两点"指的是长兴岛、临港地区,"一带"指的是外高桥地区、沪东地区、宝山工业园和闵行老工业基地。从产业定位来看,外高桥地区和长兴岛以船舶海工总装为主,临港地区以高端海工研发为主、宝山工业园以游轮配套为主。从工业产值来看,2022 年金属船舶制造业占船舶与海洋工程设备总产值的 75%,其次是船舶配套业占 17%,船舶修理业占 5%（见表 5-2）。

表 5-2　2022 年上海船舶与海洋工程装备分产业分布

序号	类型	行政区	区域	产业定位
1	两点	崇明区	长兴岛	船舶海工总装
2	两点	浦东新区	临港地区	高端海工研发制造
3	一带	浦东新区	外高桥地区	船舶海工总装
4	一带	浦东新区	沪东地区	船舶总装
5	一带	宝山区	宝山工业园	邮轮配套
6	一带	闵行区	闵行老工业基地	船舶海工配套

资料来源:《上海市产业地图（2022）》。

从船舶与海洋工程装备工业高等院校来看,上海有两个相关高校院系,分别是上海交通大学船舶海洋与建筑工程学院、上海海事大学海洋科学与工程学院。从科研院所来看,上海有 12 家科研院所,分别是中船动力研究院有限公司、中国船舶集团公司第七研究院、中国船舶集团公司第七〇四研究所、中国船舶及海洋工程设计研究院、中国船舶集团公司第七二六研究所、中国海洋装备工程科技发展战略研究院、江南研究院、中国船舶集团第七〇八研究所、上海船舶设计研究院、上海船舶运输科学研究所、上海船舶工艺研究所和上海离岸工程研究院。从功能平台来看，上海有 19 家船舶与海洋工程装备相关的服务及研究中心，其中有海洋工程装备制造业创新中心、海洋工程国家重点实验室、国家能源 LNG 海上储运装备重点实验室、航运技术与安全国家重点实验室、国家深海技术试验大型科学仪器中心等。

三、在全国、全球中的地位和作用

从区域尺度看，上海是长三角高端智能装备制造业发展的龙头城市。长三角地区的高端装备产业以上海为龙头，江苏、浙江为两翼快速发展。已形成了包括研发、设计、制造在内的较完整的装备制造产业链，在航空、海洋工程、智能制造装备领域特色较突出。上海拥有发达的经济优势、良好的区位条件和较好的制造业基础，是重要的民用航空产业、智能制造装备、海洋工程装备制造基地，拥有国家新型工业化民用航空产业示范基地、长兴岛海洋装备基地等。

从国家尺度看，上海的装备制造业在全国范围内占据着领先地位。得益于其发达的交通网络、完善的产业链和高水平的科技创新，上海的装备制造业在技术水平、产值规模和市场占有率上一直处于全国前列。上海的一批龙头企业如上汽集团等，不仅在国内市场上占据主导地位，还在国际市场上具备一定竞争力。上海的制造业集群效应也为整个国家的制造业提供了有力支撑，成为中国制造业的风向标。

从全球尺度看，上海的装备制造业在全球范围内也具备重要地位。作为全球化进程中的一个重要参与者，上海的装备制造业在国际产业分工中扮演着关键角色。上海的企业通过不断引进先进技术、加强国际合作，已经在高端装备制造领域建立了国际声誉。与此同时，上海的港口和物流体系为其装备制造业的国际化提供了有力支持，使上海生产的装备产品能够迅速、高效地融入全球供应链，为国家赢得更多话语权。在全球经济一体化的今天，上海的装备制造业不仅在技术水平上具备竞争力，还在全球产业链中发挥着重要的配套和引领作用。上海的企业通过参与国际竞争，不断提升自身创新能力和核心竞争力，推动了中国装备制造业的整体升级，为中国在全球产业分工中的地位提供了坚实支持。

第二节　新能源汽车产业

　　汽车产业是推动新一轮科技革命和产业变革的重要力量，是建设制造强国与实体经济的重要支撑，是国民经济与社会发展的重要支柱。为全力打响"上海制造"品牌，迈向全球卓越制造基地，上海坚持进一步扩大开放，鼓励外商投资先进制造业，全面落实准入前国民待遇加负面清单管理制度，推动汽车制造和维修等领域进一步对外开放，吸引重大产业项目落地。随着全世界汽车保有量的日益增多，能源紧缺和环境污染问题越发凸显，已成为人类生存和发展面临的两大挑战。寻找和发展新的汽车清洁能源，将对全球汽车和能源产业格局以及社会经济发展产生重大而深远的影响。

一、发展概况

　　汽车产业是推动世界经济发展的重要力量。从新能源汽车发展来看，我国已经成为全球最大的新能源汽车市场。2022年，我国新能源汽车持续爆发式增长，纯电动汽车和插电式混动汽车产销分别为705.8万辆和688.7万辆，同比分别增长96.9%和93.4%，连续8年保持全球第一。其中，纯电动汽车销量为536.5万辆，同比增长81.6%；插电式混动汽车销量为151.8万辆，同比增长1.5倍。

　　在国家新能源汽车制造业加速发展的背景下，上海市新能源汽车产业重点领域发展实现全面强化，以上海汽车集团股份有限公司（以下简称上汽集团）为代表的新能源整车产品创新与市场竞争能力大幅提升，新能源汽车重大产业项目落地的成效显著，燃料电池相关技术研发与产业化能力加速推进，新能源汽车推广应用进入较高质量发展阶段。

　　2022年上海市公安局数据显示，上海新能源汽车保有量达94.5万辆，占汽车总量的19.81%，扣除报废注销量比2021年增加31万辆，增长48.84%。其中，纯电动汽车保有量为52.1万辆，占新能源汽车总量的55.13%。2022年上海新注册登记新能源汽车32.7万辆，占新注册登记汽车总量的53%，与上年相比增加6.8万辆，增长26.25%。新注册登记新能源汽车数量从2019年的6.9万辆到2022年的32.7万辆，呈高速增长态势。从细分领域来看，2022年上海新能源汽车整车制造产值约3627.77亿元，汽车零部件及零配件制造产值约3083.37亿元。

　　（1）上海新能源市场持续增长，热度未减。上海汽车集团股份有限公司公布的2022年12月产销快报的数据显示，上汽集团全年整车累计销售530.2万辆,同比下降2.94%,与此同时,新能源市场则继续呈现较大的增长状态,新能源汽车累计销售107.3万辆,同比增长46.51%,出口及海外基地累计销售101.7万辆,同比增长45.92%。

(2)汽车零部件制造仍有很大提升空间。根据2021年上海浦东新区汽车制造业产值统计,浦东三家整车企业共完成产值2686亿元,增长76.7%;汽车零部件及配件制造业完成产值979亿元,增长5.2%。零部件与整车产值差距较大,远低于发达国家的汽车零部件与整车产值之比,说明浦东新区目前零部件配套比例还不高,汽车零部件产业发展空间潜力依然很大。其中,涉及发动机和零配件制造领域的企业有27家,占比22.1%;涉及汽车底盘制造领域的企业有35家,占比28.7%;涉及汽车电子制造领域的企业有29家,占比23.8%;涉及车身及附件制造领域的企业有5家,占比4.1%;涉及汽车通用件及其他领域的企业有50家,占比41.0%。从各细分领域的汽车企业数量来看,超四成的企业集中在汽车通用件及其他领域,占比第一;涉及汽车底盘制造领域和汽车电子制造领域等科技含量和价值较高领域的企业数量分别位列第二和第三。

围绕汽车智能化和新能源,未来零部件如车灯、主动安全、人机交互、热管理、轻量化等领域增速将远超整车市场。目前,浦东整车与零部件产值之比约为1:0.8,嘉定的整车与零部件产值之比约为1:1.34,发达国家的整车与零部件产值之比平均为1:1.7。且在零部件企业中达到百亿元级的只有联合汽车电子1家,而嘉定有3家,浦东汽车零部件产业发展空间潜力巨大。全球汽车核心零部件市场主要被博世、大陆等巨头掌控,供应商百强榜浦东只有延锋一家企业入围。

(3)智联网汽车制造取得发展,但新技术领域仍存在差距。上汽集团联合阿里巴巴推出全球首款量产智能网联汽车荣威RX5,累计销量突破70万辆。中移智行网络科技有限公司携手上汽通用、华为成立金桥智能网联汽车产业联盟。此外,上海市经济和信息化委员会(以下简称上海市经信委)已在临港、金桥布局智能网联汽车测试区域,临港智能网联汽车综合测试示范区已于2019年开园,现已面向全行业提供测试服务。金桥将与临港错位发展,结合金桥地区特点,满足各类无人驾驶和V2X测试需求,打造国内领先的V2X试验场和"宽带移动+智能汽车+智慧交通"一体化试验示范区。

从发展趋势来看,上海虽然在传统汽车领域产业链完备、企业众多,但在新能源汽车、智能网联、无人驾驶汽车等新兴领域还有待提升。在电池系统集成技术、大规模生产工艺设计、生产过程质量和成本控制等方面,与国外先进水平仍有较大差距,特别是由于电池、电机、电控等核心技术的缺失,目前电力驱动系统效率还相对较低,电池充电时间相对较长,使用寿命相对较短。

二、空间布局

汽车产业布局方面，上海加快取消新能源汽车制造业外资股比限制，吸引世界知名外资汽车企业建设研发中心及高端整车项目，支持高性能电机、电池、电控等核心部件配套项目落地。同时，上海正在以新能源汽车和智能网联汽车为突破口，打造世界级汽车产业集群。

上海积极布局新能源智能汽车产业，从上海市新能源智能汽车规划可以看出，以嘉定区为核心，浦东新区的金桥经济技术开发区和临港地区为主，松江经济技术开发区、莘庄工业园、西虹桥商务区和新能源汽车零部件产业园为辅的空间布局。具体来看，上海新能源智能汽车打造"1+2+X"的产业规划，其中"1"指的是嘉定区，产业定位为汽车研发、制造销售、检测、销售、金融、展示、文旅和应用示范；"2"指的是浦东新区的金桥经济技术开发区和临港地区；"X"指的是松江经济技术开发区、莘庄工业园、西虹桥商务区和新能源汽车零部件产业园，这四个区产业定位主要是新能源汽车研发及制造（见表5-3）。

表5-3 2022年上海新能源汽车区域产业划分及定位

行政区	区域	产业定位
嘉定区	国际汽车城、外冈工业园区	汽车研发、制造、检测、销售、金融、展示、文旅、应用示范
浦东新区	金桥经济技术开发区	汽车研发、制造及销售
浦东新区	临港地区	汽车制造、销售和应用示范
松江区	松江经济技术开发区	新能源乘用车、商用车
闵行区	莘庄工业园	新能源商用车
青浦区	西虹桥商务区	汽车研发及运营总部
奉贤区	新能源汽车零部件产业园	新能源汽车零部件

资料来源：《上海市产业地图（2022）》。

上海市新能源智能汽车产业主要由整车制造、汽车部件及零配件制造以及其他组成。其中，整车制造主要分布了十家企业，分别是上汽乘用车、上汽大众、上汽通用、上汽大通、蔚来汽车、国能汽车、申沃客车、申龙客车、万象客车和特斯拉。从科研院所来看，上海成立了两家研究所，分别是上海空间电源研究所和上海交通大学汽车工程研究院。从协会联盟来看，有上海市燃料电池汽车示范应用创新联盟、上海市汽车行业协会和上海市汽车工程学会三家协会联盟。从功能平台来看，与新能源智能汽车产业相关的有28家平台及研究中心位于上海。其中，有国家智能网联汽车（上海）试点示范区、国家智能网联汽车产业计量测试中心、国家燃料电池汽车及动力系统工程技术研究中心，以及汽车电子控制技术国家工程实验室。

三、在全国、全球中的地位和作用

上海是引领中国汽车智能制造的先行者。上海是全国汽车产业重镇，在产业规模、产业创新、产业融合方面处于全国领先，具备了打造世界级汽车产业集群的基础条件：汽车产业以制造为核心不断集聚并呈现高端化发展，产业规模优势明显；汽车产业加快电动化、智能化、共享化布局，产业创新步伐加速；与汽车产业相关的信息技术及人工智能等新兴产业加快发展，产业融合不断深入。浦东新区是上海汽车产业发展最重要的产业集聚区之一，是加快推进上海汽车产业转型升级的主要承载区，也是全力打响"上海制造"品牌的重要先行者。

上海依托汽车产业上的传统优势，加快推进新能源汽车产业发展，新能源汽车产业已成为带动上海产业升级、打响"上海制造"品牌、支撑制造业高质量发展的重要组成部分。从政策上看，上海形成了从规划布局到研发生产再到终端用户的一系列政策支持，并结合上海的情况完善了推广应用财政补贴和免费专用牌照政策。《上海市先进制造业发展"十四五"规划》《上海市战略性新兴产业和先导产业发展"十四五"规划》《上海市加快新能源汽车产业发展实施计划（2021—2025 年）》等文件明确了继续保持对新能源汽车的支持。从数据上看，上海新能源汽车在产值、产量、销量等主要数据上均处于国内领先位置（熊世伟和王呵成，2022）。

随着新能源汽车推广应用规模的扩大，车辆的电动化率也正在不断提高。根据上海市公安局 2022 年 7 月公布的数据，上海市新能源汽车保有量达 17 万辆，占汽车总量的 5.7%。其中，纯电动汽车保有量为 38 万辆，占新能源汽车总量的比例为 53.5%，是电动化比例最高的城市。以上海市电动化比例为基准，其他城市新能源汽车销量较高的依次为上海、深圳、杭州、北京和天津，全国汽车保有量较高的城市为北京、成都、上海、重庆和苏州（见表5-4、图5-2）。

表 5-4　2021 年新能源汽车销量情况

城市	销量（辆）
上海	244884
深圳	151612
北京	128083
杭州	120376
广州	119623
成都	96236

续表

城市	销量（辆）
天津	80947
郑州	77918
重庆	63938
苏州	63920

资料来源：盖世汽车研究院。

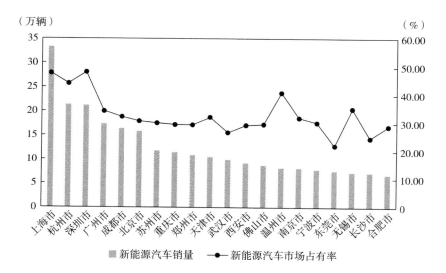

图 5-2　2022 年中国城市新能源汽车销量与市场占有率对比

资料来源：盖世汽车研究院。

　　同时，上海带动了长三角汽车产业集群竞争力提升。上海较高的基础设施、通畅的信息流动和浓厚的产业氛围，吸引了众多的跨国企业在此落户，进而形成了更为开放的产业氛围。与其他长三角区域相比，上海具有较强的资源配置能力。众多的汽车及零部件企业在该地区的聚集，促进了长三角内部企业之间的竞争与合作，众多高新产业在长三角地区的聚集，又促进了汽车产业区域创新能力的提高。由于上海汽车产量高，为整个长三角地区的零部件企业和相关的产业提供了难得的发展机遇和市场机会。上海许多零部件企业初期的发展在很大程度上得益于上海大众前十几年在全国轿车市场的强势地位。中国新能源汽车整车主要在四大聚集区布局，分别为京津冀、长三角、珠三角、西南地区。据盖世汽车研究院数据统计，重庆市整车企业数量最多，上海排名第三，领先于长三角其他城市及地区，是长三角新能源汽车整车制造的"领头羊"，在长三角汽车产业集群及发展方面发挥辐射带动作用（见表5-5）。

表5-5　2022年中国新能源汽车整车企业分布情况

序号	城市	企业数量（家）	新能源整车企业
1	重庆市	14	长安福特、长安铃木、长安汽车、通用五菱、北京现代、重庆力帆、上汽依维柯红岩、恒通客车、北汽银翔、长帆新能源、东风小康、潍柴重庆嘉川、众泰汽车、金康新能源
2	成都市	12	吉利、成都沃尔沃、神龙、一汽丰田，一汽大众、中国重汽成都王牌、川汽野马、一汽客车、重庆银隆、一汽解放、同捷汽车、成都客车
3	上海市	10	上汽乘用车、上汽通用、上海汽车、万丰客车、一汽解放、游侠汽车、申沃客车、吉利、康迪、上海大众
4	天津市	10	一汽夏利、比亚迪、恒天新能源、一汽丰田、天津美亚、一汽大众、华泰、国能新能源、长城、国宏汽车
5	杭州市	10	众泰、长安福特、东风裕隆、吉利、广汽、东沃卡车、东风沃尔沃、比亚迪、长江汽车
6	长春市	10	一汽轿车、一汽马自达、一汽丰围、一汽红旗、一汽大众、一汽客车、一汽通用、一汽解放、一汽四环、一汽吉林
7	北京市	9	长安、北方尼奥普兰客车、北汽福田、福田戴姆勒、宝沃、北京现代北汽、北京奔驰、北汽新能源
8	广州市	9	东风日产、广汽丰围、广汽本田、广汽目野、广汽乘用车、广汽客车、北汽广州基地、广汽比亚迪客车、广汽非亚特克莱斯勒
9	长沙市	9	广汽非亚特克莱斯勒、广汽三芝、众泰、福田、长丰猎豹、比亚迪、上汽大众、北汽、陕汽
10	郑州市	8	东风日产、郑州日产、宇通、上汽、海马、森源、少林客车、奇瑞商用车

资料来源：根据中国汽车技术研究中心（Catarc）资料整理。

第三节　生物医药产业

生物医药产业是高科技产业的代表之一，其发展能够推动上海经济结构的升级。由于生物医药产业具备高附加值、高创新性和高技术含量的特征，其发展有助于提高整体产业水平，推动城市向更加高端、智能化的方向迈进。上海的生物医药产业作为城市经济发展的重要引擎，正在不断拓展其在全国和全球舞台上的地位。随着社会对健康产业的不断需求，上海积极推进生物医药产业的创新发展，以构建全球影响力的生物医药创新中心。上海生物医药产业在全国范围内居于领先地位，拥有一批在新药研发、临床试验等方面处于国际前沿的企业和研究机构。同时，上海生物医药产业在全球范围内也具备重要地位，正成为全球生物医药产业链的重要一环。

一、发展概况

上海市的生物医药产业以其持续增长的生产规模、企业收益不断提升以及产业结构和效率的不断优化，正成为城市高质量发展的引领力量。在实现规模持续增长的同时，上海生物医药产业结构不断优化，涌现出一批重点领域企业，推动整体产业效益不断提升。这一发展趋势不仅体现了上海在生物医药领域的领先地位，也为城市产业布局和未来科技创新奠定了坚实基础。

（一）生产规模持续增长

上海市生物医药产业贯彻新发展理念，推动高质量发展，向高端化、智能化、国际化发展，逐步成为提升上海城市产业能级和核心竞争力的重要力量。2020 年，全市生物医药产业规模达 6000 亿元。其中，生物医药制造业产值从 2016 年的 958.6 亿元增至 2020 年的 1416.6 亿元，平均增速为 10.3%。生物医药规模以上工业企业从 2016 年的 284 家增至 2020 年的 409 家，其中营业收入 10 亿元以上企业从 2016 年的 16 家增加到 2020 年的 29 家，22 家医药企业入选"中国医药工业十强"。

2021 年，上海市生物医药产业规模进一步达到 7617 亿元，产业规模居全市三大产业之首（集成电路 2328 亿元、人工智能 3056 亿元）。2021 年，上海整个生物医药产业经济运行稳中有进，生产、效益均实现较快增长。其中，生物医药制造业实现工业总产值 1712 亿元，增长 11.6%，比去年同期提高了 8.7 个百分点。上海生物医药制造业占全市工业总产值 4.3%，比上年同期提高 0.3 个百分点，对本市工业的支撑作用进一步显现。医药商品销售总额为 1831.33 亿元（仅统计上海地区的销售），同比增长 11.29%。2021 年，上海生物医药全年营业收入 1812.47 亿元，比上年增长 12.0%。在制造业重点子行业中，营业收入总额 1464.10 亿元，同比增长 10.9%（见图 5-3）。

2022 年，上海生物医药产业规模达到 8537 亿元，同比增长 5.7%，新增获批 1 类新药 4 个，数量居全国第一位；新增通过国家创新医疗器械特别审批通道获批的器械 9 项，累计 33 项获批上市，数量占全国的 1/6；生物医药资本活跃，一级市场融资金额达 241.86 亿元，为全国第一。同时，上海新增 11 家生物医药企业科创板上市，累计 30 家上市企业，企业总数及募资总数全国第一（见表 5-6）。

一方面，随着上海医药制造业规模不断扩大，已初步形成以制剂为主、配套原料药为辅的产业结构，工业生产稳步增长。上海市生物医药企业数量在全国处于领先地位，截至 2021 年底，上海市共有 6066 家生物医药相关企业，同比

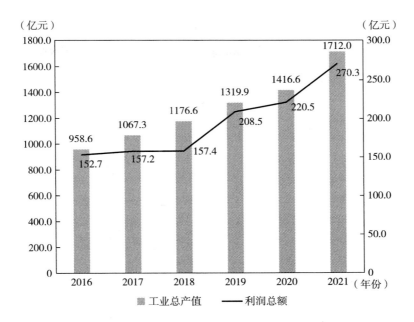

图 5-3　2016~2021 年上海生物医药制造业工业总产值和利润总额

资料来源：根据上海市统计局 2016~2021 年《上海统计年鉴》整理。

表 5-6　2016~2020 年上海市生物医药制造业主要经济指标　单位：亿元

指标	2016 年	2017 年	2018 年	2019 年	2020 年
工业总产值	958.6	1067.3	1176.6	1319.9	1416.6
营业收入	999.8	1093.3	1198.3	1377.0	1448.8
利润总额	152.7	157.2	157.4	208.5	220.5
出口交货值	105.0	113.2	137.7	134.7	151.7

资料来源：根据《上海市国民经济和社会发展统计公报》、国家统计局数据整理。

增长率接近 100%，企业数量占全国企业数量的 14.51%。工业总产值 1712 亿元，同比增长 11.6%，全年营业收入 1812.47 亿元，比上年增长 12.0%。在制造业重点子行业中，营业收入总额 1464.10 亿元，同比增长 10.9%。

　　另一方面，上海医药产品向高质量方向转型。上海市生物医药产业具有得天独厚的人才优势、技术优势和研发优势，正在打造具有全球影响力的生物医药产业创新高地。2022 年，上海有 4 款 1 类创新药获批上市，位列全国第一；2023 年第一季度，上海已获批 3 款 1 类创新药，保持全国第一。例如，治疗阿尔茨海默病新药甘露特钠胶囊（九期一）、结直肠癌新药呋喹替尼胶囊（爱优特）等 8 个 1 类创新药批准上市；首台国产 PET-CT（正电子发射计算机断层显

像/X 线计算机体层成像仪)、首个国产心脏起搏器等 19 个创新医疗器械产品获
批上市。"人工麝香研制及其产业化""世界首例通过体细胞克隆技术诞生的灵
长类动物(猴)"等科研成果分别获得国家科学进步一等奖和入选"中国十大
科技进展";知识产权授权交易达到新高度,SARS-CoV-2 中和抗体等交易达到
20 余宗。上海药品获得批准进入临床试验保持较高水平,共 279 件,占全国获
得批准进入临床试验总数的 25.9%,较上年同比增长 5.7%(见图 5-4)。

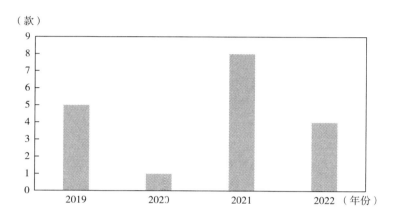

图 5-4 2019~2022 年上海创新药获批数量变化
资料来源:根据 2019~2022 年《上海市国民经济和社会发展统计公报》整理。

(二)重点领域企业收益不断提升

从利润总额来看,上海生物医药制造业重点子行业利润总额为 270.33 亿元,
增长 23.4%。增速前两位分别是生物药品制品制造和药用辅料及包装材料,利
润总额全国占比在前两位的分别是药用辅料及包装材料和医疗仪器设备及器械
制造。

在重点子行业中,2021 年上海化学药品原料药企业数为 38 家,占全国企业
总数的 2.8%,化学药品原料药制造业实现工业总产值 156.67 亿元,同比增长
26.6%,实现营业收入 150.99 亿元(占全国的 3.4%);化学药品制剂制造企业
数为 59 家,占全国企业总数的 5.1%,化学药品制剂制造业实现工业总产值
509.82 亿元,同比减少 3.3%,实现营业收入 527.09 亿元(占全国的 6.3%);
生物药品制造企业数为 54 家,占全国企业总数的 5.8%,生物药品制造业实现
工业总产值 212.72 亿元,同比增长 21.5%,实现营业收入 221.69 亿元(占全
国的 3.7%);中药饮片加工制造业实现工业总产值 50.59 亿元,同比增长
26.4%;中成药加工制造业实现工业总产值 68.52 亿元,同比增长 4.5%。

在上海医药制造高品质发展过程中,龙头企业发挥主要引领作用,带动行

业高水平发展。主营收入前 20 名的医药企业中，跨国企业数量占 40%。上海罗氏制药有限公司、中美上海施贵宝制药有限公司、帝斯曼维生素（上海）有限公司、上海勃林格殷格翰药业有限公司等依然是拉动全市医药制造业经济增长的支柱企业。内资（或合资）企业中一批骨干企业发展势头良好，如上海海尼药业有限公司、上海上药第一生化药业有限公司、上海合全药业股份有限公司，上海和黄药业有限公司等。医药制造业企业中，上海医药集团股份有限公司、上海复星医药股份有限公司、上海罗氏制药有限公司这 3 家企业主营收入超过百亿元，有痰热清、麝香保心丸、丹参多酚酸盐、注射用重组人 Ⅱ 型肿瘤坏死因子受体—抗体融合蛋白（商品名"益赛普"）、转化糖电解质注射液等 11 年销售额过 10 亿元的重磅产品，以及阿斯美/复方甲氧那明胶囊、注射用头孢曲松钠、苯磺酸氨氯地平片、吸入用七氟烷、硝苯地平控释片等 20 多个年销售额 5 亿~10 亿元的重点产品。销售额 5 亿元以上药品分类中，化学药约占 70%、生物药品约占 14%、中药约占 14%。

（三）产业结构及产业效率不断优化

产业结构的优化可以进一步完善上海市生物医药产业链，助力生物医药产业的发展。2016~2020 年，全市规模以上化学药品制剂制造业产值为 538.5 亿元、生物制品制造业产值为 164.0 亿元、医疗器械制造业产值为 288.9 亿元，分别占全市生物医药制造业比重为 38.0%、11.6% 和 20.4%（见图 5-5）。全市规模以上化学药品制剂制造业、生物制品制造业和医疗器械制造业产值年均增速分别为 12.6%、10.3% 和 17.3%。

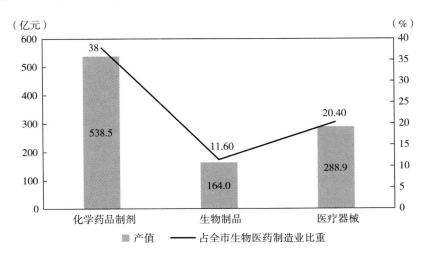

图 5-5　2016~2020 年分行业的生物医药制造产业结构比例

资料来源：根据 2016~2020 年《上海市国民经济和社会发展统计公报》整理。

"十三五"时期，产业结构由传统医药工业"单项较强"向新型化学药物制剂、生物制品及高端医疗器械等多项创新发展转型升级。其中，缓控释制剂、脂质体制剂等新型制剂和抗肿瘤药物、抗艾滋病药物已成为上海化学制药领域的重磅产品；生物制品领域，人源化单克隆抗体在国内实现产业化，细胞免疫治疗创新发展；高端医疗影像、植（介）入器械和诊断设备等多方面取得重大突破。

二、空间布局

生物医药是上海最具特色、最有优势的产业之一。上海生物医药产业区域分布较为密集，各类机构、人才、企业相对集聚，质量管理水平领先。

（一）上海生物医药产业区域分布

首先，上海生物医药产业热点增加。1990 年以前，主要表现为浦西园区式发展，早期注册企业主要分布在徐汇、闵行、奉贤等区域，整体上呈散点分布。1990~2000 年，医药企业落沪加速，浦东开发与张江崛起，注册企业数量急速增加，伴随浦东大开发，张江园区开始崛起。2000~2010 年企业加速集聚，浦东区、徐汇区、闵行区、青浦区聚集企业大幅增长，张江园区形成绝对龙头和极化效应。2010 年后，零散工业减量，进一步入园发展。由于土地指标约束、环保调控趋严等原因，企业向集约化、园区化方向发展，各区园区提高并规范准入门槛。

其次，产业空间极化特征愈加显著。从生物医药产业的空间布局来看，浦东是上海生物医药产业发展核心区域，其工业总产值、政策支持、研发投入、创新能力，都处于上海首位、国内领先地位，是上海参与国际生物医药产业竞争的重要功能承载区。根据中国企业数据库，2022 年 7 月，上海市存续和在业的生物医药企业共 2357 家，上海市生物医药企业以有限责任公司为主，目前共有 2281 家；其次为独资企业，共有 714 家。徐汇、闵行拥有医药产业的创新基础，但研发投入和孵化转化仍有较大提升空间。青浦积极依托张江平台打造青浦分园，形成跨区合作示范。嘉定聚焦高端医疗器械制造，近年来研发投入提升明显。其余地区，如奉贤、金山目前仍以传统制造为主。

张江药谷成为上海生物医药产业新制度、新技术、新模式的先行先试地。张江药谷于 1996 年建立上海张江高科技园区为核屯、区域的国家上海生物医药产业基地，并在 2006 年正式得到国家发展改革委的批准，随着基地建设之后集聚效应不断凸显。张江生物医药产业定位高，不断与国际化接轨，在中药领域与新加坡国立大学、澳口大学、英国布拉德福大学、法国阿尔莫斯公司、法国 alphamos 公司、上海理工大学、上海中医药大学等共建联合实验室，与北京大学、美国北卡纳罗州、香港的专家进行访问、交流、学习，不断通过区域外的合作促进基地内部企业的创新。截至 2022 年 11 月底，张江生物医药产业规模 581.19 亿元，其中生物医药制造业产值 385.16 亿元，生物医药服务业营收 196.03 亿元。

张江为创新企业提供了国家级的孵化器，拥有核磁共振仪生物蛋白纯化系统等大型仪器设备，设立中药现代制剂技术等公共研发服务平台。通过 CRO 咨询提供临床试验方案设计、新药注册、医院 GCP 认证咨询等服务。为有创新技术的企业提供 5 年的孵化时间，同时有偿提供办公室、公共实验室，而对于学校则给予较为优惠政策，并为企业配备相应的导师，提供专业化的服务（见表 5-7）。

表 5-7　2019 年上海生物医药产业技术创新排名前四的区域

地区	依托园区	代表机构	研发方向
浦东新区	张江高科技园区（含张江生物医药基地，即"张江药谷"）、上海国际医学园区、临港新片区生命蓝湾、康桥工业园区	中国科学院（发明专利授权 411 件，包含上海药物研究所、上海高等研究院）、上海中医药大学（248）；上海微创医疗器械（集团）有限公司（143）、上海西门子医疗器械有限公司（129）、上海现代药物制剂工程研究中心有限公司（62）、上海复星医药（集团）股份有限公司（43）、扬子江药业集团（35，包含上海海尼药业有限公司和上海海雁医药科技有限公司）、上海市东方医院（35）、上海医药集团股份有限公司（34）、上海凯利泰医疗科技股份有限公司（33）、和记黄埔医药（上海）有限公司（23）、三生国健药业（上海）股份有限公司（17）、上海迪赛诺药业股份有限公司（10）、上海逸思医疗科技有限公司（10）	高端医疗器械、健康医疗、生物制品、药物新制剂、医学检验检测
闵行区	闵行经济技术开发区、上海新虹桥国际医学中心、紫竹高新技术产业开发区、辛庄工业区、漕河泾浦江园、临港浦江国际科技城	上海交通大学（2371）、华东师范大学（97）、上海电机学院（36）、上海纳米技术及应用国家工程研究中心有限公司（96）、上海恒瑞医药有限公司（44）、上海东富龙科技股份有限公司（24）	高端医疗服务、健康检测、动物疫苗的研发和生产制造
杨浦区	上海五角场高新技术产业图区	中国人民解放军第二军医大学（1214）、复旦大学（933）、同济大学（721）、上海理工大学（483）、新华医院（70）	生物试剂和原料、生物医药研发

续表

地区	依托园区	代表机构	研发方向
徐汇区	枫林生命科学园区、漕河泾新兴技术开发区（地跨徐汇区、闵行区和松江区）	中国科学院（1138，包括原上海生命科学研究院、上海有机化学研究所等）、华东理工大学（783）、上海师范大学（231）、中山医院（129）、上海应用技术大学（88）、上海市肿瘤研究所（59）、上海吉凯基因化学技术有限公司（36）、上海科华生物工程股份有限公司（24）	中医临床研究、医药临床研究、创新药物研发

资料来源：黄鹏飞，陈赟，陆娇，等. 生物医药专利密集型产业发展现状及建议——以上海市为例[J]. 中国生物工程杂志，2020，40（12）：108-116.

2020年10月，上海市经济和信息化委员会等四部门联合印发了《关于推动生物医药产业园区特色化发展的实施方案》，确定了"1+5+X"空间发展格局，以张江生物医药创新引领核心区为轴心，重点发展生物医药创新研发，打造高端制造产业链，实现"全球新、张江造"；以临港新片区精准医疗先行示范区重点发展精准药物、精准医疗器械、精准诊断、健康服务等领域；以东方美谷生命健康融合发展区重点发展高端生物制品、原料药、现代中药，以及美丽健康等延伸产业；以金海岸现代制药绿色承载区重点发展高附加值的原料药、制剂、高端医用材料和高端制药装备等领域；以北上海生物医药高端制造集聚区重点发展生物医药高端制造、高端医疗器械装备生产、现代医药物流等领域；以闵行生物医药创新承载区重点推动健康医疗与智能产业紧密融合，打造健康医疗服务及创新疗法先行试验区。2020年以来，上海累计推出了7个市级生物医药产业特色园区，分别是张江创新药产业基地、临港新片区生命蓝湾、东方美谷、湾区生物医药港、北上海生物医药产业园、G60生物医药基地、青浦生命科学园，总面积达42平方千米，可供产业用地8平方千米，可租售物业面积570万平方米，可实现"大企业购地盖楼盖厂、中企业先租后售、小企业拎包入驻"（王磊，2022）。

（二）上海生物医药创新合作网络

生物医药制造业是典型的知识密集型产业，研发具有周期长、投入高和风险大等特点。专利是体现产业发展及创新情况的重要体现。一流大学、研发机构是生物医药产业集群创新网络的核心节点。通过产业基地规划与产业集群政策而兴起的张江生物医药产业基地，在产业集聚方面成效显著，也在很大程度上促进了集群内部创新合作网络的发展。

首先，上海是中国医药产业技术创新的"领头羊"。通过Incopat数据库检索生物医药产业的专利情况可见，2010～2019年生物医药产业共有授权发明专利 458288 件，整体增速放缓，其中上海居第二位，成为引领中国医药制造产业创新的"领头羊"。上海占授权总量的 5.39%，远高于第三位的广州（3.33%）（见图5-6）。

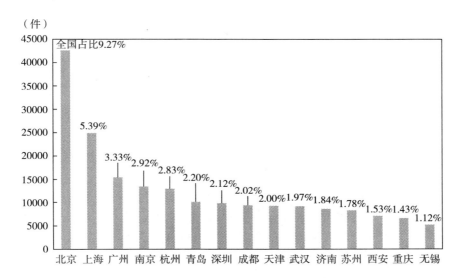

图5-6　2010~2019年中国生物医药产业发明专利授权量情况

资料来源：黄鹏飞，陈赟，陆娇，等．生物医药专利密集型产业发展现状及建议——以上海市为例 [J]．中国生物工程杂志，2020，40（12）：108-116.

对于上海而言，近十年专利公开量前三位的子领域依次为医疗仪器设备及器械制造、生物药品制造、化学药制造。2019年，上海生物药品制造业授权量比上年增长28.27%，高于上海生物医药产业平均水平的16.5%，主要得益于抗体药物、新型疫苗、蛋白质及多肽类生物药等的研发。2018年，上海市化学药制造业实现主营业务收入425亿元，占比最大，得益于恶性肿瘤、心脑血管疾病等创新化学药物研发及产业化发展，其次为器械制造、生物药品制造（黄鹏飞等，2020）。

上海在长三角创新网络中的地位突出，辐射带动能力最强，辐射范围最广，3个阶段的网络都在空间结构上呈现出以上海为中心的放射状网络格局（马菁等，2022）。从上海内部来看，张江生物医药创新引领核心区重点发展生物医药创新研发，打造高端制造产业链，中国科学院上海药物研究所、上海中医药大学、上海微创医疗、上海复星医药、和记黄埔及三生国健等专利权人为区域内的药品生产、生物技术研发、医疗器械生产起到引领作用；闵行生物医药创新承载区重点推动健康医疗与智能产业紧密融合，打造健康医疗服务及创新疗法先行试验区，代表机构如上海交通大学等。高校院所是生物医药领域专利的申请主体，上海总发明专利授权量的57%。上海形成了以中国科学院、上海交通大学、复旦大学和上海中医药大学四家机构为中心的院校合作网络结构，其他密切合作的机构还包括上海理工大学、第二军医大学及华东理工大学等。

三、在全国、全球中的地位和作用

上海的生物医药产业在全国范围内处于领先地位。上海拥有一批世界一流的生物医药企业，涵盖了从研发到生产的全产业链，形成了集群效应。一些具有国际竞争力的企业如复星医药等，通过技术创新和市场拓展，使上海的生物医药产业在全国市场中占据主导地位。同时，上海的高校、科研机构和医疗资源相互交融，形成了良好的创新生态系统，为生物医药产业的不断发展提供了强大的智力支持。

上海生物医药产业在全球也具有重要地位。上海的一些生物医药企业在国际市场上拥有一定的知名度和竞争力，其研发的创新药物在国际上取得了一些重要的突破。作为中国医药健康产业的重要组成部分，上海的生物医药产业不仅推动了当地经济的发展，更为国家在全球生物医药领域的声誉和实力贡献了力量。随着科技创新和国际合作的不断深化，上海的生物医药产业有望在未来继续发挥更为重要的作用，为推动中国医药产业升级和全球公共卫生事业做出更大贡献。

从上海本地来看，浦东是上海参与国际生物医药产业竞争的核心承载区，区域内张江高新区和临港新片区南北呼应；徐汇区、杨浦区、闵行区和松江区的创新资源拥有优势；而奉贤区、嘉定区、金山区和青浦区产业基础良好。长三角地区生物医药产业处于全国领先地位，需要进一步提升上海生物医药"环链维度空间"产业集聚的技术溢出效应，浦东"张江药谷"与奉贤"东方美谷"的互补联动，推进漕河泾开发区"徐汇—闵行—松江"园区、张江"无锡、青浦、金山园区"、临港"奉贤、浦江园区"、G60科创走廊等多地协同，以实现内圈"创新研发"与外圈"协同制造"一体化发展。

参考文献

［1］上海市统计局，等. 2022年上海市国民经济和社会发展统计公报［J］. 统计科学与实践，2023（3）：40-50.

［2］顾锡新. 上海高端装备制造业，推动工业转型升级的"引擎"［J］. 华东科技，2019（6）：53-56.

［3］国家统计局上海调查总队. 上海统计年鉴2022［M］. 北京：中国统计出版社，2022.

[4] 黄鹏飞，陈赟，陆娇，等．生物医药专利密集型产业发展现状及建议——以上海市为例 [J]．中国生物工程杂志，2020，40（12）：108-116.

[5] 马菁，曾刚，胡森林，等．长三角生物医药产业创新网络结构及其影响因素 [J]．长江流域资源与环境，2022，31（5）：960-971.

[6] 马双，曾刚，吕国庆．基于不同空间尺度的上海市装备制造业创新网络演化分析 [J]．地理科学，2016（8）：1155-1164.

[7] 上海市汽车行业协会．上海市汽车行业协会 2022 年统计分析 [EB/OL]．[2023-02-15]．http：//www.shanghaiata.com/html/xingyetongji/show_17197.html.

[8] 上海市人民政府．上海市生物医药产业发展"十四五"规划 [EB/OL]．[2022-11-04]．https：//kcb.sh.gov.cn/upload/1/editor/1667550902734.pdf.

[9] 唐军．2021—2022 年上海生物医药产业高质量发展纵览 [J]．张江科技评论，2022（6）：24-26.

[10] 王磊．上海生物医药产业空间布局规划 [J]．张江科技评论，2022（6）：30-35.

[11] 熊世伟，王呵成．上海发展新能源汽车产业的重点与对策研究 [J]．现代管理科学，2022（5）：44-49.

第六章　融合性数字产业发展

随着大数据、区块链、人工智能、物联网等新兴数字技术的不断突破，数据已经成为高质量发展阶段经济增长中的新型生产要素，数字经济已成为区域经济增长的重要推动力，也是当前上海经济发展中最为重要的新动能。从狭义上来看，数字经济主要是指将数据变成产业，即数字产业化。数字产业化是数字经济的基础部分，具体指信息通信产业及其市场化应用，包括互联网行业、电信业、软件和信息技术服务业等。从广义上来看，数字经济还包括数字技术与传统经济和实体经济的深度融合，即产业数字化。基于新一代信息技术应用，产业数字化是指传统产业由于应用数字技术，使生产的数量和质量提高而带来的产出增加的部分。也就是说，数字经济包括产业数字化与数字产业化两大部分，具有数字化、网络化和智能化等基本特征（郭晗和廉玉妍，2020）。本章融合性数字产业主要包括人工智能、大数据和工业互联网三类产业类型。

第一节　人工智能产业

人工智能（Artificial Intelligence，AI）是一门综合了计算机科学、生理学、哲学的交叉学科。人工智能概念于 1956 年在达特茅斯会议上被首次明确提出，之后社会各界对人工智能进行了热烈探讨，从其本质来看，人工智能是指能够模拟人类智能活动的智能机器或智能系统，研究领域涉及非常广泛，从数据挖掘、智能识别到机器学习、人工智能平台等（朱巍等，2016）。20 世纪末，由于硬件能力不足、算法缺陷等原因，人工智能技术陷入发展低迷期，而进入 21 世纪，大数据、云计算等信息技术给人工智能发展带来了新机遇。2006 年，Hinton 深度学习神经网络的提出，使人工智能进入感知与认知智能的新阶段，世界各国争相将人工智能列为国家优先发展的重点领域（张龙鹏和张双志，2020）。2021 年 11 月，清华大学发布的中国人工智能发展报告显示，在与人工智能相关的论文产出、专利申请、人才投入、企业规模、风险投资等方面，中国已居全球首位。对于上海而言，人工智能技术涵盖了自然语言处理、模式识别、图像识别、数据挖掘、机器学习等领域的研究。

一、上海人工智能产业发展概况

为深入贯彻习近平总书记"推动我国新一代人工智能健康发展"的指示精神，上海将人工智能作为重点布局的三大产业之一，着力建设人工智能创新策源、应用示范、制度供给和人才集聚的"上海高地"，构建一流创新生态。

（一）产业规模稳步增长

据上海市经信委和《上海人工智能产业发展报告（2021）》数据，2021年上海共有人工智能企业1298家，占全国的20%，仅次于北京。头部重点企业为397家（见表6-1）。其中，183家规模以上企业产值约1477亿元，比2018年的1339.78亿元增长了10.2%。从成立时间来看，最早的企业成立于1996年，是一家教育机器人公司能力风暴。AI企业大规模爆发从2010年开始，之后成立数量迅速飞升，在2015年左右达到最高峰，成立了63家AI公司，2016年则成立了62家。微软亚洲研究院、上海人工智能实验室等20余个创新平台揭牌启动，亚马逊、百度、商汤、达闼等近百个项目签约落户，徐汇AI Tower、张江人工智能岛、闵行马桥、临港新片区等平台载体建设推进，AI法治、AI安全、AI治理等前瞻讨论形成氛围，有力地助推了上海人工智能高地建设（世界人工智能大会，2020）。

表6-1　2021年上海各区人工智能头部重点企业统计

区域	重点企业数量（家）	占比（%）
浦东新区	129	32
徐汇区	81	20
长宁区	33	8
闵行区	26	7
杨浦区	24	6
黄浦区	16	4
静安区	16	4
嘉定区	15	4
其他	57	15
合计	397	100

资料来源：《上海市产业地图（2022）》。

（二）产业体系较为完备

上海人工智能企业围绕产业链各个环节集聚发展，形成了较完备的产业体系。就企业产业链分布而言，2021 年，上海市人工智能企业中 21.3%的企业布局在人工智能基础层，重点聚焦在大数据、物联网以及云计算领域；16.67%的人工智能企业分布在技术层，主要聚焦于计算机视觉、生物特征识别、虚拟/增强现实、智能语音等领域；62%的企业布局在人工智能应用层，重点聚焦智能机器人、公共安全、智能运载工具等领域。微软、亚马逊、阿里巴巴、腾讯、百度等龙头企业纷纷围绕产业生态在上海布局，与上海签署合作项目；商汤、依图、深兰、云从等技术类企业不断取得突破性创新成果，推进重大项目，加快技术落地步伐；寒武纪、平头哥、地平线、翱捷、禾赛光电等基础类企业致力于研发高端智能芯片、传感器，突破关键环节"卡脖子"问题；达闼、钛米、高仙、小蚁、快仓等产品类企业持续推出智能机器人、智能终端新产品，进一步拓展市场空间；联影智能、森亿、商米、明略、达观、氪信、虎博、趣头条、极链等应用类企业深耕医疗、金融、商贸、文娱、教育等垂直领域，提升人工智能赋能价值（世界人工智能大会，2020）。从具体企业涉及领域也可以看出，上海人工智能企业涉及领域较全。2021 年，头部重点企业 397 家可细分为产业类、技术类、应用类三大类，其中产业类企业为 203 家，占所有头部重点企业的 51.13%，占据了半壁江山，地位举足轻重；技术类企业为 112 家，占所有头部重点企业的 28.21%；应用类企业为 82 家，占所有头部重点企业的 20.66%。

（三）产业人才日益增强

在全球人工智能人才投入方面，尚普研究院发布的《2022 年全球人工智能产业研究报告》显示，2021 年，清华大学、上海交通大学是全球高校中人才投入最多的学府，而在杰出人才分布上，清华大学列第 15 位，上海交通大学列第 33 位。与此同时，上海交通大学、同济大学、复旦大学等高校已开始加强对人工智能实验室、研究平台的搭建，将发展人工智能人才、推进人工智能研究提上日程，助力上海建设人工智能发展高地（郑鑫，2019）。

二、上海人工智能产业空间布局

上海人工智能产业总体空间布局呈现出"人"字形，人工智能产业相关创新资源和项目布局呈现出集中化和多样化的特征。

（一）总体布局以"人"字形为主

上海市人工智能产业规划在空间布局上以"人"字形为主，主要分布在宝山区、杨浦区、普陀区、长宁区、徐汇区、闵行区、松江区、浦东新区 8 个区域，包括 11 个行业，其中徐汇区主要发展智能医疗、智能新品设计和智能安防；长宁区主要发展智能识别和智能零售；闵行区主要发展智能识别和智能医疗；松江区主要发展智能制造和类脑智能；宝山区主要发展智能硬件；杨浦区主要发展智能教育和智能识别；普陀区主要发展智能安防和智能硬件；浦东新区主要发展智能芯片设计、智能语音识别和智能制造。

（二）创新资源布局集中

人工智能产业的发展离不开创新资源的支撑，创新资源一般包括高等院校、科研院所、功能平台和协会联盟等，上海人工智能相关创新资源分布总体较为丰富。

从高等院校来看，上海人工智能高等院校主要有复旦大学计算机科学技术学院、华东理工大学信息科学与工程学院和上海交通大学电子信息与电气工程学院等。

从科研院所来看，上海人工智能科研院所有复旦大学类脑智能科学与技术研究院、公安部第三研究所、同济大学人工智能研究所、上海理工大学上海人工智能研究院、上海交通大学人工智能研究院、上海产业技术研究院、中国电信上海研究院、上海脑科学与类脑研究中心、上海工业自动化仪表研究院、复旦大学脑科学研究院、中国科学院上海分院、复旦大学类脑芯片与片上智能系统研究院、中国科学院上海生命科学研究院、中国科学院上海高等研究院智慧城市研究中心、中国科学院神经科学研究所、华东政法大学人工智能与大数据指数研究院16家科研院所。此外，顶级实验室有上海交通大学智能计算与智能系统重点实验室、上海师范大学数理学院人工智能实验室、腾讯优图实验室。

从功能平台来看，上海人工智能功能平台有类脑芯片与片上智能系统平台、同济大学CIMS研究中心、复旦脑科协同创新中心、脑与类脑智能国际创新中心和上海交通大学认知与计算健康研究中心等。

从协会联盟来看，上海人工智能协会联盟有上海人工智能发展联盟、上海神经科学学院和上海市智能创新产业协会等。

从企业资源来看，上海市拥有在芯片领域的Thinkforce、智能语音领域的小i机器人等初创企业，企业主要分布在上海市中部。此外，从园区布局来看，上海市主要人工智能园区有"张江—临港"人工智能创新承载区、"徐汇滨江—漕河泾—闵行紫竹"人工智能创新带、华泾北杨人工智能特色小镇、上海松江洞泾人工智能特色产业基地（国家级）。

（三）创新项目布局多样

上海布局了一批创新平台助力人工智能产业发展。主要包括基础研究平台、技术转化平台、行业赋能平台、开源开放平台四类：①基础研究平台。上海期智研究院、浙江大学上海高等研究院分别于2020年1月和6月揭牌落地，微软亚洲研究院、上海自主智能无人系统科学中心等稳步运作，强化了人工智能多学科基础研究。②技术转化平台。商汤、依图、明略 3 家国家新一代人工智能开放创新平台先后授牌，微软—仪电人工智能创新院加快建设研发与转化功能型平台，推动领域内关键共性技术攻关和转化应用。③行业赋能平台。商汤、依图、上汽、腾讯、深兰、寒武纪、优刻得 7 家首批上海市人工智能创新中心于 2020 年揭牌，亚马逊、阿里巴巴、百度、华为、科大讯飞等龙头企业 AI 创新中心在上海发展，促进面向行业的科技应用研发。④开源开放平台。上海白玉兰开源开放研究院正加快筹建，建成后有助于推动人工智能领域开源软件的国际规则互认，构建开源开放生态。

目前上海在人工智能领域推进了一批创新项目。如商汤"新一代人工智能计算与赋能平台"、依图下一代芯片项目启动建设，中科院计算所处理器技术创新中心签约落地，围绕智能芯片等产业链核心技术进行攻关，推动新型智能基础设施建设，带动形成自主产业生态；西井智慧港口无人驾驶平台、云从人机协同智能操作系统、扩博机器人全自动检测平台等项目战略性新兴产业重大项目立项，下一批项目正加快组织；创新应用先导区的应用场景公共服务平台项目启动筹建，围绕国内首个人工智能创新应用先导区建设，搭建公共服务平台，打造一批综合性应用场景；市级人工智能专项，2019 年共有 105 个创新项目获得立项支持。

三、上海人工智能产业在全球中的地位和作用

总体而言，不论是从企业数，还是从产值来看，上海人工智能产业在全球都具有重要优势，围绕人工智能产业全产业链发展与常规应用，上海市也出台了多项激励政策提升其全球影响力。

（一）上海人工智能在全球具有重要优势

上海出台了《推进上海经济数字化转型赋能高质量发展行动方案（2021—2023 年）》《上海新一代人工智能算法创新行动计划（2021—2023 年）》《关于推进本市新一代人工智能标准体系建设的指导意见》等政策，推进人工智能行业发展。根据中国人工智能企业从国内地区分布来说，2021 年依次为江苏（469 家）、北京（456 家）、广东（345 家）、上海（233 家）、浙江（127 家）。上海人工智能产业规模超过 1400 亿元，占全国的 45%。上海人工智能产业发展居全国领先水平，具备经济转型升级的产业优势。从全球看，上海人工智能产业在某些维度上具有较好表现。

（二）上海出台多项激励政策提升全球影响力

上海较多关注全产业链发展与常规应用落地，与美国相比缺少对国家安全、重点传统行业的关注，如军事国防、能源等；与欧盟等国家相比，上海在道德

伦理、安全规制相关政策制定方面还需进一步完善与提升（郑鑫，2019）。

上海出台了多项激励政策促进人工智能产业发展，成效显著，提升了人工智能制造的全球影响力。如《上海市人民政府关于印发〈上海市大数据发展实施意见〉的通知》（沪府发〔2016〕79号）、《上海市人民政府办公室印发〈关于本市推动新一代人工智能发展的实施意见〉的通知》（沪府办发〔2017〕66号）、《上海市经济信息化委、市发展改革委、市科委、市人力资源社会保障局、市财政局关于印发〈关于加快推进人工智能高质量发展的实施办法〉的通知》（沪经信技〔2018〕569号）、《上海市经济信息化委、市财政局关于印发〈上海市人工智能创新发展专项支持实施细则〉的通知》（沪经信法〔2017〕896号）、《上海市徐汇区人民政府办公室转发区发展改革委等五部门制订的〈关于建设人工智能发展新高地打造徐汇高质量发展新引擎的实施办法〉的通知》（徐府办发〔2018〕22号）、《杨浦区促进新一代人工智能及大数据产业发展的若干意见》（杨府规〔2017〕4号）等（胡侠和杨瑾，2019）。具体而言，上海在企业研发费用补助、促进科技成果转化、人工智能创新主体培育、技术创新平台和研发中心建设、人工智能产业集聚发展、人才培养引进与保障、技术应用场景的收集评估七个方面推陈出新，制定了详细的激励政策，极大地促进了人工智能产业发展（见表6-2）。2021年7月，上海市城市数字化转型工作领导小组办公室发布了《推进上海经济数字化转型赋能高质量发展行动方案（2021—2023年）》和《推进上海生活数字化转型构建高品质数字生活行动方案（2021—2023年）》，明确指出将上海打造成为世界级的创新型产业集聚区、数字经济与实体经济融合发展示范区、经济数字化转型生态建设引领区，成为数字经济国际创新合作典范之城。

表6-2　2018年上海人工智能产业发展政策

类别	具体内容
企业研发费用补助	项目支持额度一般不超过项目总投资的30%。总投资在1500万元及以下的一般项目，单个项目支持金额不超过300万元；总投资在1500万元以上的重点项目，单个项目支持金额不超过2000万元。支持开展基础芯片、通用操作系统、核心算法及智能传感器等应用技术研发，推动智能医疗、智能安防、智能芯片设计等重点领域取得突破，优先支持国家急需、能填补国内空白的关键核心技术攻关。经认定，可给予落地项目建设单位不超过项目总投资的50%，且每年最高不超过2000万元的补贴
促进科技成果转化	对获得市级以上的产业化项目，经评估后按照市拨资金给予1:0.5区级配套支持，单个项目支持额度最高不超过500万元，有具体配套政策要求的服从其政策要求
人工智能创新主体培育	引进一批已获得风险投资、具有高成长性的企业，加强区域内产业集聚态势，对新引进的或在杨浦设立未满3年、获得风险投资的企业，经认定后按照累计获得投资额度给予运营公司（需注册在杨浦）一次性最高不超过500万元奖励，用于购置企业研发设备、技术培训等

续表

类别	具体内容
技术创新平台和研发中心建设	支持构建基于数据收集、交易流通、传感采集等多渠道数据资源汇聚平台;支持建设跨行业跨领域大数据平台,重点实现各方面的数据资源共享融合和流通交换;支持建设政务数据资源交换共享平台建设。鼓励人工智能和大数据平台型企业服务区内企业,经认定评估,给予平台年交易额的1%进行补贴,由平台企业对用户进行贴补,年度补贴最高不超过1000万元。对于平台企业引进产业链上下游企业给予最高不超过100万元带动奖励
人工智能产业集聚发展	布局不少于30000平方米的人工智能及大数据创新基地,鼓励技术先进性、行业领先性企业等高成长性企业快速发展,对于入驻企业,给予最高3年的房租补贴
人才培养、引进与保障	建立全球人工智能高端人才数据库,形成重大人工智能项目与人才引进联动机制,预先规划、提前联络,提升高端人才引进的成功率。鼓励高校院所提高对人工智能的关注度,支持开设人工智能相关课程,设立人工智能创新学院、人才实训基地。鼓励高校院所与企业合作,搭建人才培养合作平台,为相关专业学生提供实习和就业机会,打通从人才培养到实际应用的链条。搭建社会租赁住房供需平台,优先满足人工智能领域人才住房需求的社会租赁住房每年提供不少于1500套
技术应用场景的收集评估	支持人工智能企业参与"智能上海"行动建设,聚焦智慧政务、智慧综治、智慧交通(出行)、智慧医疗、智慧教育、智慧环保、智慧文旅、智慧楼宇、智慧养老、智慧商圈、智慧社区、智慧园区十二个重点领域,推动医院、学校、图书馆、道路、停车场、水质监测、养老机构、会展会场、社区事务受理中心、行政服务中心等场所应用人工智能技术,建设具有示范性的应用场景,每年开放不少于20个应用场景项目

资料来源:胡侠,杨瑾.国内城市人工智能政策梳理[J].杭州科技,2019(6):39-45.

第二节 大数据产业

随着网络技术的普及和应用,全球在2010年正式进入ZB(Zettabyte)时代(迪莉娅,2014)。早在1980年,美国著名的未来学家阿尔文·托夫勒在《第三次浪潮》一书中就已经提出大数据的概念,而2011年5月全球知名咨询公司麦肯锡发布的《大数据:创新、竞争和生产力的下一个前沿领域》才使人们深刻意识到大数据时代已经来临,报告指出:"大数据已经渗透到每一个行业和业务职能领域,逐渐成为重要的生产因素;而人们对于海量数据的运用将预示新一波生产率增长和消费者盈余浪潮的到来"(Manyika,2011)。随着大数据的兴起,大数据产业应运而生,大数据产业是指建立在互联网、物联网等渠道广泛、大量数据资源收集基础上的数据存储、价值提炼、智能处理和分发的信息服务业(迪莉娅,2014)。上海是大数据产业的发展重点城市,自引入该产业以来,上海已逐步建立起一批科技实力雄厚、经营模式合理的大数据产业(王琳等,2017)。

一、上海大数据产业发展概况

大数据产业指以数据生产、采集、存储、加工、分析、服务为主的相关经济活动，包括数据资源建设、大数据软硬件产品的开发、销售和租赁活动，以及相关信息技术服务。上海作为大数据产业发展的前沿阵地，产业发展规模增长迅速、政策保障有力，且拥有大数据发展所需的高端人才和环境。

（一）产业发展规模增长迅速

2016 年以来，国家政策持续推动大数据产业发展。2016 年"十三五"规划中明确提出实施大数据战略，把大数据作为基础性战略资源，全面实施促进大数据发展行动，加快推动数据资源共享开放和开发应用，助力产业转型升级和社会治理创新。在国家政策持续推动下，大数据产业发展进程加快。2023 年 1 月，中国信息通信研究院发布的《大数据白皮书（2022 年）》显示，中国大数据产业规模高速增长，2021 年增加到 1.3 万亿元，复合增长率超过 30%。

上海是大数据产业的发展重点城市，自引入该产业以来，上海已逐步建立起一批科技实力雄厚、经营模式合理的大数据产业。在上海提出的"交易机构+产业基金+创新基地+发展联盟+研究中心"五位一体的综合体系下，上海的经济发展影响很大（王琳等，2017）。上海市经信委相关数据显示，上海大数据产业的发展已经形成了集聚态势，在企业方面，全市的大数据核心企业已经突破情境的效应，商业数据交易占到全国公开交易量的一半以上（沈文敏，2020）。根据上海市智慧城市发展水平评估报告，在 2020 年上海大数据核心企业已突破700 家，其中一部分是应用类，另一部分是技术类、资源类，还有衍生服务类和产业支撑类，产业集聚形态初现。上海市大数据产业基地（市北）和上海市大数据创新基地（杨浦）已聚集了大量云计算和大数据企业，静安区作为首批国家新兴工业化大数据基地、上海大数据产业集聚区和城市管理资源区，已成为全市大数据发展的核心枢纽和示范高地，上海静安区有大数据企业，占全市的30%以上。

（二）产业政策保障力度较大

在大力发展大数据产业的十多年间，上到国家下到上海市政府均颁发了几项支持大数据产业的建立及落实发展的政策。在《上海市中长期科学与技术发展规划纲要（2006—2020 年）》指导下，上海市科学技术委员会整理了市场和产业模式创新需求、大数据资源和技术要求、研发水平和人才现状等。确定了大数据对科学研究、经济发展、社会进步和文化生活等各个领域正在产生根本性的变革作用。为了加快上海市大数据产业的发展，建立新的数据产业领域，促进经济结构改革和产业调整，上海市制订了三年行动计划。除此之外，上海市人民政府 2016 年 10 月印发的《上海市大数据发展实施意见》（以下简称《意见》）提出，到 2020 年，基本形成数据观念意识强、数据采集汇聚能力大、共享开放程度高、分析挖掘应用广的大数据发展格局，大数据对创新社会治理、推动经济转型升级、提升科技创新能力作用显著。《意见》明确指出了大数据产业在上海市场中地位很重要，指明了大数据产业进一步发展的目标。市政府提供的多项扶持大数据产业的政策为经济的发展提供了有力的政策保障（王琳等，2017）。2017 年，上海市经信委发布了《上海市关于促进云计算创新发展培育信息产业新业态的实施意见》，业界称之为"云海计划 3.0"，重点推进"全面云化、升级产业"，即普及云计算服务模式，形成云计算产业体系，带动相关产业能级显著提升（陈志成，2020）。

上海全面推进"五个中心"建设，不断提升公众信息需求，不断完善信息公共服务设施，深入推进各个行业信息化建设。在上海大数据产业发展的初期，已经积累了大量的数据，在以后的发展过程中还会不断扩大数据范围和种类。例如，拥有 4800 万张交通卡、每天 30GB 交通流量信息数据、证券交易额居亚洲第二、货物和集装箱吞吐量居世界第一等。此外，上海的研究实力非常雄厚，上海不仅有研究水平较高的高校院所，而且有具备很高基础的企业研发中心可以推进产业技术。近年来，上海不断整合，开发数据资源，提高数据分析技术，扩大数据应用的行业，逐步促进数据产业的发展。

（三）产业发展拥有独特优势

上海发展大数据产业，拥有大量高端人才及先进产业土壤优势。首先是人才优势，上海各大高校不仅能提供大数据方面的海量人才，而且与大数据产业相关的金融、财会、律师等方面拥有较多的人才优势；其次上海的商业和产业环境优势明显，发达的投融资功能对科技创新非常有利；最后上海在医疗健康、高端制造等领域也有深厚基础，是发展大数据产业的良好土壤。实际上，上海还建有众多大数据产业平台，推动了大数据产业的发展。例如，上海数据交易中心成立于 2016 年 4 月，交易会员已有 20 家，每天交易量约 3000 万条，中心还牵头大数据流通与交易技术国家工程实验室建设。通过公开的数据源，数据交易中心的大数据在城市管理方面为政府相关部门决策提供了依据。例如，综合环保部门对乱排企业的行政处罚，以及地图实时航拍信息等。此外，在空气质量方面，通过全市部署的 4000 多个感应器、专业网络和数据分析，找出污染源的排放单位。静安区利用大数据人工智能执法，系统自动处理和判断，驾车人是否逆行、压黄线、在不能停车的区域停车，甚至可以识别开车过程中是否系安全带、有无接打电话，实时抓拍支撑的执法更趋公正（沈则瑾，2017）。此外，上海国家大数据综合试验区是中国八大国家大数据综合试验区之一，国家设立大数据综合试验区的目的在于引领东部、中部、西部、东北"四大板块"发展，带动相邻省份加快建设。北京、上海、广东等地依托本地信息产业基础和产业园发展大数据产业，具有良好的基础和优势，河南、重庆、辽宁、内蒙古、贵州等地依托国家综合试验区的建设，加速推进辖区内大数据产业的发展，其他中部、西部地区也顺应产业发展趋势，积极布局大数据产业园，促进产业转型升级。

二、上海大数据产业空间布局

上海的大数据产业总体布局以静安区为中心，杨浦区、浦东新区、徐汇区和闵行区拥有大数据产业基地，总体呈现出各类创新要素向中心城区集聚的特征。

（一）总体布局以静安区为中心

上海大数据产业主要分布在五个区的大数据基地。静安区主要大数据产业基地有国家新型工业化大数据示范基地、上海市大数据产业基地、公共数据开放基地；其次分别是杨浦区、浦东新区、徐汇区和闵行区，涉及的大数据基地分别是上海市大数据创新基地、公共数据开放基地和长三角大数据辐射基地（见表6-3）。

表6-3 2022年上海市大数据产业分区及定位

类型	行政区	产业定位
中心	静安区	国家新型工业化大数据示范基地
		上海市大数据产业基地
		公共数据开放基地
基地	杨浦区	上海市大数据创新基地
	浦东新区	公共数据开放基地
	徐汇区	
	闵行区	长三角大数据辐射基地

资料来源：《上海市产业地图（2022）》。

（二）创新资源集中于核心城区

从高等院校来看，上海市大数据产业高等院校有华东师范大学科学与工程研究院和复旦大学大数据学院。两所高等院校分别位于徐汇区和杨浦区，为上海大数据产业的发展提供了人才的支持。

从科研院所来看，上海大数据产业科研院所主要是复旦大学大数据研究院、上海华东电信研究院、上海开源大数据研究院和上海超级计算中心。

从功能平台来看，上海大数据产业科研院所主要有上海大数据中心、上海亚马逊 AWS 联合创新中心、上海数据交易中心、上海市大数据产业基地、旅游大数据联合创新实验室、上海大数据应用创新中心、城市管理大数据联合创新实验室、上海市大数据创新基地、大数据流通与交易技术国家工程实验室、同济大学 CIMS 研究中心、上海大数据金融创新中心、同济大学大数据与网络安全研究中心、上海市新能源汽车公共数据、大数据试验场开放数据大数据联合创新实验室、采集与监测研究中心、能源大数据联合创新实验室、交通大数据联合创新实验室、金融大数据联合创新实验室、医疗大数据应用技术国家工程实验室、上海交通大学大数据工程技术研究中心和医疗大数据联合创新实验室。

从协会联盟来看，上海市大数据产业主要联盟是上海大数据联盟。上海大数据联盟成立于 2016 年 4 月，并入选 2017 年度"十大最具影响力的大数据领域社会智库"。

（三）企业主要分布在中心城区

从企业来看，上海市大数据企业主要分布在上海市中心地带，并向上海周边分散发展。

从企业分布地区来看，2021 年大数据企业分区占比前十的分别是静安区、浦东新区、徐汇区、杨浦区、嘉定区、闵行区、长宁区、松江区、宝山区和黄浦区（见表 6-4）。其中静安区占比将近三成，其次为浦东新区，占比也超 20%。

表 6-4　2021 年上海市大数据重点企业分布

行政区	重点企业数量（家）	占比（%）
静安区	146	29
浦东新区	120	24
徐汇区	38	8
杨浦区	34	7
嘉定区	30	6
闵行区	24	5
长宁区	23	5
松江区	14	3
宝山区	13	3
黄浦区	13	3
其他	51	10
合计	506	100

资料来源：《上海市产业地图（2022）》。

三、上海大数据产业在全球中的地位和作用

上海在全国率先制定了大数据产业发展战略，凝聚上海大数据领域优势力量，研究大数据基础理论，攻克关键技术，研制大数据核心装备，形成大数据领域的核心竞争力，加速大数据资源的开发利用，推进行业应用，培育数据技术链、产业链、价值链，支撑智慧城市建设。建设大数据公共服务平台，促进大数据技术成果惠及民众；推进行业应用，重点选取金融证券、互联网、数字生活、公共设施、制造和电力等具有迫切需求的行业，开展大数据行业应用研发，探索"数据、平台、应用、终端"四位一体的新型商业模式，促进产业发展（王能强，2017）。

与杭州、深圳相比，上海在数字经济人才创业环境、政策扶持、生活配套等方面有较大差距。《2022中国数字经济发展研究报告》显示，杭州互联网工程师人才净流入率居全国首位，主要原因是杭州制定了一系列扶持政策。例如，只要具有较好发展潜力的涉云创业创新项目，可按实际办公人数申请入驻云栖小镇孵化器或创新引导区；入驻企业基于阿里云平台进行云计算生态圈的开发工作所产生相关费用，都可以申请政府补贴，同时配备能够满足高端人才需要的居住、服务设施、文化设施等配套。

此外，上海缺乏大型平台型企业和"独角兽"企业数量优势。上海涌现了一批数字经济企业，但从数字经济领域"独角兽"企业看，与北京、杭州等城市相比，数量和质量仍存在差距。根据胡润、CB Insights科技部火炬中心和Pitch Book最新发布的榜单，北京、杭州在"独角兽"数字经济企业数量和质量（估值）方面占绝对优势。同时，有研究指出，杭州、北京、深圳构成数字产业发展第一梯队，上海数字经济总体活跃度上落后于上述城市成为第二梯队（陈志成，2020）。

第三节　工业互联网产业

21世纪以来，信息通信技术创新与迭代演进速度不断加快，信息、生物、新能源、新材料等技术呈现出显著的交叉融合趋势（于新东和牛少凤，2011），这被广泛视为全球新一轮科技革命和产业变革的重要标志。新一代信息通信技术与传统制造业的融合发展正在推动工业互联网产业迅速扩张，以工业互联网平台为核心的生态建设已成为企业战略布局的重要方向（吕铁，2020）。工业互联网概念首先出现于美国，2012年底，通用电气（GE）发布《工业互联网：突破智慧与机器的界限》白皮书，首次提出工业互联网的概念，认为工业互联网

是数据、硬件、软件与智能的流动和交互（Evans and Annunziata, 2013），实际上就是通过先进的传感网络、大数据分析、软件来建立具备自我改善功能的智能工业网络（杨帅，2015）。上海的工业互联网主要是指链接工业全系统、全产业链、全价值链，支撑工业智能化发展的关键基础设施，是新一代信息技术与制造业深度融合所形成的新兴业态和应用模式，是互联网从消费领域向生产领域、从虚拟经济向实体经济拓展的核心载体。

一、上海工业互联网产业发展概况

工业互联网是新一代信息通信技术与工业经济深度融合的新型基础设施、应用模式和工业生态，上海高度重视工业互联网产业的发展，呈现出起步早、发展成效显著的特点，且本地企业布局发展工业互联网的积极性较高。

（一）产业发展成效初步显现

2017 年初，上海发布了《上海市加快制造业与互联网融合创新发展实施意见》，推动先进制造业与"互联网+"两轮驱动，加速融合数字经济与实体经济。在工业软件方面，上海围绕制造业支柱产业和优势产业，大力发展钢铁、汽车、轨道交通、装备制造行业工业软件和行业解决方案，支持传统产业突破核心和关键技术，工业云、智能制造等在汽车、装备、航空等行业得到部署应用，建设了中小企业服务云等示范项目。上海集聚移动通信、信息服务等领域行业龙头企业，与宝信软件、电气集团、上汽集团等 80 家单位发起成立上海工业互联网产业发展联盟，建设安全可靠基础软硬件适配实验室，推动开展产品适配测试。此外，上海在网络、平台、安全等方面初步取得进展。

（二）工业互联网产业未来发展优势明显

工业互联网作为新一代信息技术与制造业深度融合的产物，通过构建网络、平台、安全三大功能体系，打造人、机、物全面互联的智能化发展模式。加快建设和发展工业互联网，是顺应全球新一轮工业革命发展趋势、推动经济高质量发展的优先战略选择，是服务国家制造强国和网络强国战略、巩固提升实体经济能级、全力打响城市品牌的重要支撑。

近年来，上海立足产业和信息化基础，围绕工业互联网创新发展赋能经济高质量发展，在战略布局和产业创新等方面率先启动、率先示范。在顶层设计方面，相继发布了《上海市工业互联网创新发展应用三年行动计划（2017—2019 年）》《上海市工业互联网产业创新工程实施方案》《工业互联网平台和专业服务商推荐目录》等；在产业发展方面，推动集成电路、生物医药、汽车、钢铁化工、航天航空等重点领域 300 多家企业创新应用，平均降本 7.3%、提质 6.1%、增效 9.2%，并带动 10 万中小企业上云上平台，培育了宝信、上海电气等 15 个有行业影响力的工业互联网平台。

（三）本地企业积极布局工业互联网

上海本地企业积极布局工业互联网。例如：①宝信软件。公司大力推进智慧制造相关产品研发与项目落地，在推广智能装备与工业机器人应用、多基地分布式平台及相关应用系统上线、工业大数据平台 XInsight 结合应用实施推广、工序一贯质量分析、云端大数据应用服务等多个领域取得突破。②汉得信息。公司目前已与亚马逊、华为、微软等建立了云合作关系，跟阿里巴巴、腾讯在一些特定行业上也有合作，公司的 SaaS 产品汇联易和云 SRM 市场反应强烈，公司自有的云管理平台——汉得融合云治理平台（HCMP）着力为企业打造物联网和云方向的综合解决方案。③维宏股份。公司积极布局工业互联网，目前的"维宏云"平台，利用公司主营产品的网络化，实现机床的联网功能。④鼎捷软件。公司成为第一批进入"广东省工业互联网产业生态供给资源池"的企业并入围中国工业互联网产业联盟发布的"工业互联网解决方案百强提供商"之列。

二、上海工业互联网产业空间布局

上海工业互联网总体布局形成了以松江、临港、嘉定、宝山、金山为支点的一链多点布局，且创新资源和企业主要集中在中心地带。

（一）总体布局为"一链多点"

上海工业互联网产业主要为"1+4"空间布局，基本形成以松江（全国首个工业互联网新型工业化示范基地）、金山（上海化工区）为支点的一链多点布局，工业和信息化部批准同意"长三角工业互联网一体化发展示范区"建设。其中嘉定区与宝山区的工业互联网创新实践区处于创建之中（见表 6-5）。

表 6-5　2021 年上海市工业互联网产业分区及定位

类型	行政区	产业定位
示范基地	松江区	国家新型工业化工业互联网示范基地
创新实践区	浦东新区	上海市工业互联网创新实践区
	上海化工区	
	嘉定区（创建）	
	宝山区（创建）	

资料来源：《上海市产业地图（2022）》。

（二）创新资源丰富且集中

从高等院校来看，同济大学在 1993 年成立了同济大学 CIMS 研究中心，主要任务是围绕国家和上海市"信息化与工业化融合"发展战略，一方面，深化企业系统集成与优化理论及关键技术的研究与示范应用，为企业各类复杂系统的分析与优化提供理论、方法、工具和标准支持；另一方面，紧密结合建设资源节约型和创新型国家的重大需求以及现代社会发展需求，重点以企业节能减排、产品创新、城市智能交通和社会公共安全为抓手，拓展中心新的研究领域，重点探索企业能源模型、能效综合评估、能源优化调度、城市交通微观仿真、交通枢纽人员应急疏散等前沿技术并获得创新型成果。另外，上海交通大学开设了机械与动力工程学专业。

从科研院所来看，上海工业互联网产业科研院所主要是中国科学院上海微系统与信息技术研究所、上海华东电信研究院、上海质量管理科学研究院、中国科学院上海高等研究院和上海临港智能制造研究院。

从功能平台来看，主要有上海市信息安全测评认证中心和工业互联网功能型平台这两家平台。

从协会联盟来看，主要有上海市信息安全行业协会、上海工业互联网产业联盟和上海智慧园区发展促进会。

（三）企业主要集中在中心地带

从企业来看，主要集中在中心地带，但其他周边地带也零散地分布着一些企业。2021年，上海工业互联网企业已超130家，其中服务领域占据43家，平台领域占据37家，工业App领域19家（陈志成，2020）。

从企业分布地区发布来看，主要集中在浦东新区、徐汇区和闵行区，分别汇集了28家、24家和17家。另外，在杨浦区分布了9家工业互联网企业，静安区和普陀区也分别分布了8家企业，嘉定区则只有6家工业互联网企业（见表6-6）。

表6-6 2021年上海市工业互联网重点企业分布

行政区	重点企业数量（家）	占比（%）
静安区	8	6
浦东新区	28	21
徐汇区	24	18
杨浦区	9	7
嘉定区	6	5
闵行区	17	13
普陀区	8	6
其他	33	25
合计	133	100

资料来源：《上海市产业地图（2022）》。

三、上海工业互联网产业在全球中的地位和作用

对于上海而言，需要以更大力度推进工业互联网创新发展，助力经济数字化转型。一是强化关键核心技术攻关，聚焦关键核心领域，组织上下游协同攻关，加快形成安全可靠供给能力。二是打造典型应用场景，加快推动新一代信息技术和制造业深度融合、"5G+AI+工业互联网"协同创新、工业互联网和消费互联网"两网贯穿"，形成一批引领性工业场景。三是建设更多标杆载体，加大数字化改造升级的支持力度，建设一批更高能级工业互联网平台，优化数字供应链；立足自贸新片区和长三角，打造更具国际竞争力的先进制造业集群。

参考文献

［1］Evans P C，Annunziata M. Industrial internet：Pushing the boundaries of minds and machines［EB/OL］．［2013-12-26］．http：//www. researchagte. net/publication/271524319-Industrial_Internet_Pushing_the_boundaries_of_mind_and_machines.

［2］Manyika J . Big data：The next frontier for innovation，competition，and productivity［R］. 2011.

［3］陈志成 . 上海数字经济发展策略［J］. 科学发展，2020（7）：87-97.

［4］迪莉娅 . 我国大数据产业发展研究［J］. 科技进步与对策，2014，31（4）：56-60.

［5］郭晗，廉玉妍 . 数字经济与中国未来经济新动能培育［J］. 西北大学学报（哲学社会科学版），2020，50（1）：65-72.

［6］胡侠，杨瑾 . 国内城市人工智能政策梳理［J］. 杭州科技，2019（6）：39-45.

［7］李晓华 . 全球工业互联网发展比较［J］. 甘肃社会科学，2020（6）：187-196.

［8］吕铁 . 我国工业互联网产业的变革路径探究——从平台系统架构视角出发［J］. 人民论坛·学术前沿，2020（9）：1-9.

［9］沈文敏 . 上海大数据产业发展呈集聚态势商业数据交易占全国一半以上［EB/OL］．［2020-05-08］．http：//sh. people. com. cn/n2/2020/0508/c134768-34003478. html.

［10］沈则瑾 . 上海大数据产业集聚态势显现［EB/OL］．［2017-07-21］．http：//www. cbdio. com/BigData/2017-07/21/content_5561902. htm.

［11］世界人工智能大会 . 蓬勃生机：人工智能"上海方案"落地开花［J］. 上海企业，2020（8）：7-9.

［12］王琳，陈昱，王彩虹 . 大数据产业对上海经济的影响［J］. 中国集体经济，2017（6）：34-35.

［13］王能强 . 发达国家及我国主要地区大数据发展的政策启示——以贵州大数据产业发展为例［J］. 中国管理信息化，2017，20（4）：159-160.

［14］杨帅 . 工业4. 0与工业互联网：比较、启示与应对策略［J］. 当代财经，2015（8）：99-107.

［15］于新东，牛少凤 . 全球战略性新兴产业发展的主要异同点与未来趋势［J］. 国际经

贸探索，2011（10）：4-11.

　　[16] 张龙鹏，张双志. 技术赋能：人工智能与产业融合发展的技术创新效应 [J]. 财经科学，2020（6）：74-88.

　　[17] 郑鑫. 上海人工智能发展与领军力量培育 [J]. 科学发展，2019（4）：14-25.

　　[18] 周济，李培根，周艳红，等. 走向新一代智能制造 [J]. 中国科技产业，2018，4（1）：1-10.

　　[19] 朱巍，陈慧慧，田思媛，王红武. 人工智能：从科学梦到新蓝海——人工智能产业发展分析及对策 [J]. 科技进步与对策，2016，33（21）：66-70.

第七章　现代服务业发展

现代服务业是上海地区经济的重要支柱之一。随着城市化和产业结构升级的推进，现代服务业在上海的经济中占据越来越重要的地位，为上海提供了强大的经济动力。上海作为国际化城市，其现代服务业也在全球经济中起着桥梁和纽带的作用。本节从金融服务业、航运服务业、软件和信息服务业、文化创意产业、现代物流业、现代商贸业、旅游业七个方面，详细介绍了上海现代服务业的发展历程、空间布局以及其在全球中的地位和作用，以深入了解现代服务业在地方经济地理中的影响。

第一节　上海金融服务业

金融服务业，即从事金融服务业务的行业，主要提供金融的存贷、社会资金收缩、扩放，金融领域消费的管理和设计、对金融产品设计、对消费支付方式提供和创新。金融服务业主要包括银行、证券、保险等分支行业。金融服务业通常分布于城市中心，以便获得最大的外部效益和信息资源；银行业和证券业一般集中于 CBD 区，而保险业相对更加分散一些。从影响总公司或分支机构办公室区位选择的因素来看，金融总部机构更倾向于核心经济圈，营业性金融分支机构为了市场扩张与增加业务机会，正向人口密集的中心城区集中；后台辅助性金融机构，在分散金融机构业务与需要较大营业面积考虑之下，其区位已显著地向交通便捷的市郊汇集。

一、发展概况

上海金融服务业的发展历程凝聚着改革开放的历史印记。在不断扩大对外开放的过程中，上海的金融市场逐渐成为全球投资者的瞩目焦点，呈现出多元、开放、创新的发展态势。随着金融业务的不断拓展，金融结构日益优化，企业数量和业务水平不断提升，为上海乃至全国的经济健康发展提供了有力支持。

（一）发展阶段及特征

1. 上海金融业在改革开放中多元化发展（1978~1991 年）

改革开放后，我国原来计划经济体制下"大一统"的金融制度逐渐开始松动。在当时国内金融业结构中，银行业占据绝对重要的地位，改革也首先从银行体系开始进行。1980 年开始，中国允许外国金融机构设立驻华办事处，上海成为中国最早引进外资银行的城市之一；1987 年 4 月，交通银行重新组建，成为我国第一家全国性股份制商业银行，也是我国第一家综合经营试点银行；1988 年 9 月，海通证券股份有限公司成立；1990 年 12 月，上海证券交易所宣布正式成立，这标志着我国股票集中交易市场的建立。

2. 浦东开发开放推动上海金融业大发展（1992~2000 年）

1992 年，邓小平同志"南方谈话"，标志着上海正式开启了新时期国际金融中心建设的伟大征程。党的十四大报告提出，尽快把上海建成国际经济、金融、贸易中心之一。在这个阶段，上海金融机构快速发展，金融业务不断拓展。1993 年 1 月，上海第一家区域性、综合性、股份制商业银行——上海浦东发展银行开业；1996 年 4 月，上海申银、万国两家证券公司合并组成上海申银万国证券股份有限公司，成为当时国内最大的证券公司。金融市场体系逐渐完善并规范发展。针对国内期货市场乱象，1998 年国务院发布了《国务院关于进一步整顿和规范期货市场的通知》推动上海三家交易所实行合并，组建上海期货交易所并于次年 12 月正式营运。在这一时期，外资金融也加速集聚。1992 年，经中国人民银行批准，我国首家外资保险公司——美国友邦保险公司上海分公司成立。

3. 加入世界贸易组织（WTO）以来上海金融中心各领域建设不断夯实（2001~2012 年）

2001 年 12 月 11 日，中国正式加入 WTO。在此阶段，上海金融业的发展在政府、市场等多方面的合力下形成了快速发展的态势。金融发展政策进一步聚焦、司法环境逐步优化。2009 年，《国务院关于推进上海加快发展现代服务业和先进制造业、建设国际金融中心和国际航运中心的意见》（国发〔2009〕19 号）明确 2020 年要把上海"基本建成与我国经济实力以及人民币国际地位相适应的国际金融中心"的战略目标；2009 年 7 月 6 日，跨境贸易人民币结算试点在上海首先启动；2009 年 8 月 1 日，《上海市推进国际金融中心建设条例》正式施行；2011 年 1 月 30 日，国家发展改革委牵头印发了《"十二五"时期上海国际金融中心建设规划》，明确上海要形成全球性人民币产品创新、交易、定价和清算中心。

4. 上海自贸区建立以来国际金融中心逐步建成（2013 年至今）

上海自贸区成立及扩区后，涉及金融服务的一大批服务业扩大开放项目密集在上海落地生根、开花结果，一批面向国际的要素市场和功能性金融基础设施机构相继落户上海，金融服务实体经济和服务国内外金融市场的能力与效率进一步提高。2020 年，上海大力推进"五大中心"建设。金融业总量、金融资源聚集程度、金融服务能级、国内辐射力和国际影响力五个维度评估和判断，上海已基本建成与我国经济实力以及人民币国际地位相适应的国际金融中心。

（二）行业结构特征

2022 年，金融业增加值为 8626.31 亿元，比上年增长 5.2%，占上海地区生产总值的比重为 19.3%。银行业是当前上海市金融业发展的主导产业。从上海市第一和第二次经济普查数据结果来看，虽然银行业单位数量有所下降，但利润总额一直占据金融业的 85% 以上，远超过其他产业利润之和，从业人员也占到金融业从业人员的一半以上。2022 年末，上海银行业各项贷款余额 10.34 万亿元，同比增长 8.54%，为各类大型实体企业提供资金支持；一年累计投放无缝续贷超 1 万亿元，上海普惠型小微企业贷款余额 9154 亿元，精准支持上海中小微企业和个体工商户。

2022 年，上海证券市场发展迅速，金融市场成交总额 2932.99 万亿元，同比增长 16.8%；"沪伦通"拓展至瑞士、德国等欧洲主要市场。截至 2023 年 10 月 9 日，上交所主板上市公司 1688 家，市值 41.85 万亿元；科创板上市公司 561 家，总市值 6.09 万亿元。截至 2022 年，上海共有证券公司 31 家、期货公司 36 家、基金公司 62 家，均位列全国各省份首位，为企业和投资者提供了优质、丰富、多元的投融资和财富管理服务（见表 7-1）。

表 7-1　2019~2022 年上海主要金融市场成交情况　　　　　单位：万亿元

指标	2019 年	2020 年	2021 年	2022 年
上海证券交易所	283.48	366.70	461.13	496.09
上海期货交易所	112.52	152.80	214.58	181.30
中国金融期货交易所	69.62	115.44	118.17	133.04
银行间市场成交额	1454.31	1618.23	1706.93	2114.04
上海黄金交易所	14.38	21.66	10.26	8.52

资料来源：上海市统计局、国家统计局上海调查总队，历年《上海统计年鉴》。

上海保险市场持续繁荣，保险保费总收入呈现出强劲增长的态势。2022 年，上海保险保费总收入达到 2095.01 亿元。上海的保险市场以多元化和专业化为特点。个人保险、商业保险和财产保险等各个领域均呈现出稳定增长的趋势。个人保险方面，人寿保险和医疗保险的需求不断上升，反映了居民对风险保障和健康保护的重视。商业保险方面，企业对财产保护和责任保险的需求持续增加，这与上海作为商贸中心和金融中心的地位密不可分。

（三）企业结构特征

近些年，上海金融对外开放继续扩大，全球化程度稳步提高，已成为外资金融机构在华主要集聚地。截至 2019 年底，上海外资金融机构 517 家，约占上海金融机构总数的 1/3，是 2009 年 170 家的 3 倍。其中，外资法人银行 21 家，外资法人保险机构 31 家，合资证券公司 8 家，合资基金管理公司 25 家，均占我国外资金融机构总数的一半左右。全球规模排名前十的资管机构已经全部在沪开展业务。此外，金砖国家新开发银行落户上海，成为首个总部设于上海的国际金融组织。

二、空间布局

上海金融业的布局特征展现了"一城一带多点"的独特空间结构，形成了明显的金融业集聚效应。同时，上海金融服务业细分产业定位多样，为不同领域的金融活动提供了丰富而有针对性的空间支持。

（一）整体布局特征

上海金融业按照"一城一带多点"布局，目前上海市金融业企业主要分布在浦东陆家嘴、外滩、卢湾区淮海中路和南京西路东段靠近人民广场等区域，尤其是黄浦江沿岸的外滩和陆家嘴地区，形成了上海金融业集聚区。上海金融业在中心区高度集中，广阔的郊区分布密度较低。外滩和陆家嘴地区金融企业分布密度远高于其他地区，这也充分显现了金融业高度集中的行业空间分布特征。

（二）分区分布特征

上海金融服务业呈现北外滩、外滩、陆家嘴金融高度集聚态势，形成"一城一带多点"的重点区域布局，各区细分产业定位稍有差异（见表7-2）。

表7-2　2022年上海市金融服务业空间分布情况

序号	类型	行政区	细分产业定位
1	一城	浦东新区（陆家嘴金融贸易区）	金融要素市场、总部金融、航运金融
2	一带	黄浦区	金融要素市场、新兴金融
3	一带	虹口区	财富管理、资产管理、金融科技
4	多点	浦东新区（张江地区）	金融信息服务
5	多点	静安区	外资金融、资产管理
6	多点	徐汇区	文化金融、科技金融

续表

序号	类型	行政区	细分产业定位
7	多点	长宁区	航空金融、股权投资
8	多点	普陀区	金融科技、财富管理
9	多点	杨浦区	科技金融
10	多点	青浦区	会展金融、物流金融
11	多点	宝山区	小微金融、科技金融
12	多点	闵行区	股权投资、科技金融
13	多点	松江区	科技金融
14	多点	嘉定区	汽车金融、科技金融
15	多点	奉贤区	财富管理、金融培训
16	多点	虹桥商务区	贸易金融

资料来源：《上海市产业地图（2022）》。

　　上海市金融集聚区分为六个等级，街区大都分布在外环以内区域，但金融活动量等级较高的第一和第二等级区以分布在内环线以内的上海市城市功能核心区为主，特别是在浦东新区以东、内环以内的陆家嘴世纪大道两侧，分布有大量金融功能集聚区，且金融活动等级较高。分布于浦东新区城市 CBD 及其周边区域内的第一等级，金融类型特征以混合型为主，集中分布有多种业态类型。第二等级有 13 个，除了分布于内环以内浦东新区、静安区和黄浦区等城区，还包括上海东北部的外高桥保税区。其代表性金融集聚区包括外滩金融集聚带、南京西路街道内部等区域，金融服务类型以银行业态为主；而外高桥保税区金融类型较为多样，不但集聚有大量中外资业态的银行业，同时还有保险、财务、证券等多种形态。可见在上海推进自贸区金融业对内开发力度上，已经形成一定的金融集聚。第三等级有 32 个，主要分布在外环以内区域，具有代表性的包括以银行服务业为主的徐家汇街道，以银行、证券期货服务业为主的淮海中路街道及同时具有银行业态还兼具财产保险和证券型金融服务功能的小东门街道。第四、第五等级分别有 83 个和 140 个，分布范围较广，金融街区等级数量从高到低呈现金字塔形分布。

　　（三）重要集聚区

　　陆家嘴、外滩和北外滩已形成上海金融集聚的"黄金三角"。陆家嘴金融城定位金融要素市场、总部金融、航运金融，外滩金融集聚带定位新兴金融、财富管理、资产管理、金融科技。北外滩金融港的建立更是借鉴了国际基金业的发展趋势，将进一步撬动新兴金融产业在北外滩集聚，使虹口区成为"先行先试"的金融产业试验田。

三、在全球中的地位和作用

上海已成为全球金融要素市场门类最齐备的城市之一，在全球尤其是亚太地区影响力日益加大，在黄金、期货、石油等领域拥有较大的定价权。目前，全国直接融资中的85%来自上海金融市场，上海场内现货黄金交易量、多个期货交易品种交易量都是全球第一，上海证券市场股票筹资总额全球第二，股票市值全球第四。从全球金融中心指数（Global Financial Centres Index，GFCI）2020年排名来看，上海居第四位，排在纽约、伦敦和东京之后，已成为全球较有影响力的金融中心。但与纽约、伦敦和东京相比，上海国际金融中心的国际化程度还有待提升，突出表现在境外投资者参与度不高，向境外提供融资服务有限，全球外汇交易参与度有待提升以及外资金融机构业务占比较低。

第二节　航运服务业

航运服务业是指通过水上航线或空中航线运送货物或者旅客的运输业务活动。航运服务业的主要区位因素包括优良港口，集疏运硬件条件的国际货物运输，体系完备的现代航运服务，市场定价、规则制定的国际航运市场交易以及基于便捷、法治和国际化的国际航运配套环境等。现代航运服务体系包括三个层次：一是航运主业，主要包括船舶运输、邮轮经济、航空运输等；二是航运辅助业，包括港口服务业、船舶供应、船员劳务、货运服务、技术检验等；三是航运衍生服务业，主要包括航运金融、航运保险、航运信息、海事仲裁等。

一、发展概况

上海航运服务业在中国改革开放的推动下，经历了明确的发展阶段，成为全球航运中心的佼佼者。从硬件设施的迅猛提升到软硬件并举的全面发展，上海国际航运中心在世界航运体系中不断巩固地位。

（一）发展阶段及特征

自1992年以来，在国家战略部署的指引下，以及我国外向型经济高速发展的支撑下，上海国际航运中心得以快速建设和发展，按照标志性事件，总体可划分为三个阶段：

第一阶段：1992~1995年，随着浦东开发开放成为国家战略，国家提出建设上海国际航运中心。1992年，党的十四大确定浦东开发开放成为国家战略。1995年，中央领导批示指出"把上海建成国际航运中心是开发浦东，使其成为远东经济中心，开发整个长江的关键"。同年，在党中央、国务院的战略决策下，上海以国际集装箱枢纽港建设为核心，拉开了国际航运中心的建设序幕。

第二阶段：1996~2008 年，以港口航道治理为核心，上海国际航运中心硬件设施能力迅速提升。1996 年，国务院在上海召开会议，正式启动以上海深水港为主体，江浙的江海港口为两翼的上海国际航运中心建设。2001 年，国务院批复的《上海市城市总体规划（1999—2020 年）》中，明确了上海"建设国际经济、金融、贸易、航运中心"的战略定位，国际航运中心建设步入硬件设施大发展的快车道。洋山深水港区一期工程、长江口深水航道治理一期和二期工程、外高桥集装箱码头 1~4 期工程，以及宁波、太仓等港口建设工程等一大批基础设施项目建设取得重大进展，上海航运交易所建设以及与此相关的口岸改革、港航 EDI 项目等成效突出。

第三阶段：2009 年至今，国际枢纽港建设和高端航运服务业发展软硬件并举，上海国际航运中心功能不断增强。2009 年《国务院关于推进上海加快发展现代服务业和先进制造业、建设国际金融中心和国际航运中心的意见》（国发〔2009〕19 号）颁布，明确提出了 2020 年上海国际航运中心的建设目标，并作了系统部署，上海国际航运中心建设也进入"软硬件"并举，加快软环境建设的新阶段。以发展高端航运服务业、提升软实力为核心，注重规模和质量并举，持续完善集疏运体系，着力推进了上海国际航运中心制度创新，不断增强国际航运服务力、辐射力和市场配置力。目前上海国际航运中心已基本建成，并进入全球国际航运中心前列。

（二）行业结构特征

一是世界连通能力全球领先。上海港与全球 214 个国家和地区的 500 多个港口建立了集装箱货物贸易往来，拥有国际航线 80 多条，连接度位居世界第一。2022 年，上海港集装箱吞吐量突破 4730 万标准箱，连续 13 年位列全球第一，根据联合国贸发会议发布班轮运输连通性指数，上海港连续 12 年位列全球第一。上海是国内首个建成"一市两场"机场体系的城市，共投用 4 座航站楼和 1 座单体卫星厅、5 个货运区、6 条跑道。浦东、虹桥机场运营的航空公司数量超过百家，连通全球 51 个国家的 314 个通航点，其中国际通航点 142 个，港澳台通航点 5 个，大陆通航点 167 个。

二是基础国际航运服务能力居全球前列。一方面，上海国际航运服务主要聚焦于船舶、港口、物流、船员等基础国际航运服务，已经形成了门类齐全的全产业链现代航运服务业，有 2000 多家跨国海上运输及辅助经营单位在沪从事经营活动，且几乎全部集中在集聚区内。另一方面，高端国际航运服务也实现了点上突破。

三是国际航运资源市场配置能力初步形成。全球十大船舶管理机构中的 6 家、国际船级社协会 12 个成员中的 10 个、全球排名前百的班轮公司中的 39 家，均已在上海设立运营企业或分支机构。作为国家级航运交易市场的上海航运交易所，已成为全国集装箱班轮运价备案中心、中国船舶交易信息中心。

四是国际航运创新引领能力实现了点上突破。上海在绿色航运、智慧航运、海事技术创新等方面成效逐步显现，部分领域实现了全球领先和引领。如洋山深水港四期码头成为全球最大规模、自动化程度最高的港区，并引领了智慧码头场景应用的"中国标准"。

（三）企业结构特征

上海从事航运经纪的组织形式有三种，外资企业中国代表处、中资企业和民营企业。其中外资企业中国代表处是主体，占 77.3%。航运经纪专业化程度较高，而外资企业有较强的海外总机构作为基础，其市场份额较高。

二、空间布局

上海航运服务业的整体布局呈现出多层次、多领域的特征，与现代服务业的多元需求相契合。位于黄浦江沿线的上海，以其发达的贸易、信息和交通条件，成为航运服务业发展的理想之地。

（一）整体布局特征

航运服务功能涉及现代服务业的多个领域，比较适合在贸易、信息、交通等条件比较发达的城市发展。整体上，上海航运服务业布局在港口和黄浦江沿线区域。部分航运服务业分布在洋山港、外高桥港等区域。此外，上海沿黄浦江岸线分布着许多大型中央直属航运企业，具备航运服务业发展的良好基础、独特的先发优势和综合配套资源。

（二）重要集聚区

根据《上海市产业地图（2022）》，上海在航运服务业方面规划布局七大功能区。外高桥地区和洋山—临港地区定位航运物流，北外滩航运服务总部基地定位航运服务、游轮及游船服务，陆家嘴—洋泾现代航运服务业集聚区定位航运服务，吴淞口国际邮轮港区定位邮轮旅游，虹桥临空经济示范区和浦东机场航空经济集聚区定位航空服务（见表 7-3）。

表 7-3　2022 年上海市航运服务业空间分布图

序号	类型	重点区域	产业定位
1	航运物流	外高桥地区	航运物流
2	航运物流	洋山—临港地区	航运物流

续表

序号	类型	重点区域	产业定位
3	航运服务	北外滩航运服务总部基地	航运服务、邮轮及游船服务
4	航运服务	陆家嘴—洋泾现代航运服务业集聚区	航运服务
5	邮轮经济	吴淞口国际邮轮港区	邮轮旅游
6	临空经济	虹桥临空经济示范区	航空服务
7	临空经济	浦东机场航空经济集聚区	航空服务

资料来源：《上海市产业地图（2022）》。

1. 外高桥地区

外高桥地区拥有上海外高桥保税物流园区和外高桥港区等载体，集聚了一批航运物流企业。外高桥保税物流园区是国务院特批的全国第一家保税物流园区，同时是上海市"十一五"期间重点规划的三大物流基地之一。

2. 洋山—临港地区

洋山—临港地区是上海国际航运中心的核心载体，是上海航运服务业最为重要的集聚区之一。洋山深水港主要承担腹地内远洋箱源和国际中转箱业务，是全球最大的智能集装箱码头。洋山特殊综合保税区规划面积25.31平方千米，包括芦潮港区域、小洋山岛区域、浦东机场南部区域三个区域、五个区块，集国内保税区、出口加工区、保税物流园区三方面的政策优势于一体。

3. 北外滩航运服务集聚区

截至2022年底，北外滩航运功能性机构累计近40家，航运及相关服务企业数量达到4500余家。中国船东协会、全球航运智库联盟、全国中小航运企业联盟等组织落户虹口，中远海运集团等全球性企业落户北外滩。《邮轮绿皮书：中国邮轮产业发展报告（2023）》、新华—波罗的海国际航运中心发展指数相继在北外滩发布；全国首家航海邮局在北外滩设立；第三届"中国航运50人论坛"、SISI国际港航发展论坛（2016）、第四届船舶经纪人上海会议、上海游艇旅游发展研讨会等活动在北外滩成功举办，航运产业影响不断加强。北外滩上海港国际客运中心已转型成为上港邮轮城，邮轮城内邮轮体验中心已对公众开放。

4. 陆家嘴—洋泾现代航运服务业集聚区

陆家嘴—洋泾航运服务集聚区致力于打造两个航运公共服务平台：一是航运法律服务平台。探索建立上海自贸区航运法律服务平台，联合法院、仲裁、律师、行业组织、高校院系和研究机构等，以签订《中国（上海）自贸试验区航运法治建设公约》的形式，探索建立高效问题解决机制和航运法律行业标准制定体系，提高对航运企业的法律服务能力。二是船舶管理供应服务平台。依托上海自贸区外资船舶管理企业的逐步规模化集聚，努力培育一至两家"互联网+航运+金融"的船舶供应平台企业上线运作,以满足外资国际船管对船用备件便利性和及时性供应的要求。

5. 吴淞口国际邮轮港区

上海吴淞口国际邮轮港共设有 15 万 GT 邮轮泊位 2 个,22.5 万 GT 邮轮泊位 2 个,可满足 22.5 万吨邮轮停泊需求。上海吴淞口国际邮轮港已开通日韩、东南亚、欧洲、美洲、中东、澳新、极地、环球等航线航点。全球前五邮轮公司的 18 艘母港邮轮在吴淞口国际邮轮港开启亚洲首航,累计靠泊大型国际邮轮 2269 余艘次,接待出入境游客约 1500 万人次,引领中国邮轮进入"大船时代""新船时代"。

6. 虹桥临空经济示范区

2016 年 12 月,国家发展改革委、国家民航局联合批复同意支持上海虹桥临空经济示范区建设。长宁区开展了《虹桥商务区机场东片区控制性详细规划》规划编制,并研究出台了《长宁区支持航空服务业发展专项资金实施细则》《长宁区支持航空服务业集聚发展的实施意见》,进一步推动航空服务业发展。虹桥商务区机场东片区交通及相关配套设施进一步完善;西部六公园建设完成临空 2 号公园、新泾公园改造,其他 4 个项目有序推进。

7. 浦东机场航空经济集聚区

近年来,浦东新区加快推进浦东航空城建设,明确陆家嘴集团为浦东航空城的开发主体。主要推进三个方面工作:一是航空城管理体制的研究建立;二是浦东航空城总体规划的编制;三是浦东航空城土地管控指标的统筹协调。浦东机场综合保税区。浦东机场综合保税区累计引进戴尔、山特维克、摩托罗拉、希捷、英飞凌等 30 多家分拨中心,产品类型涵盖 IT 产品、工业零部件、高端消费品、医疗器械四大门类。其中,工业零部件类的分拨中心在机场综合保税区形成规模化发展。浦东机场综合保税区已引进交银租赁、国银租赁、招银租赁、建信租赁等为代表的银行系金融租赁公司,以中航、中飞租、东航、吉祥、春秋等为代表的航空融资租赁公司,以宏华、电气、电力、中交建等为代表的大型设备融资租赁公司,以及以冀中能源、中煤能源、浙能、淮南矿业等为代表的能源产业融资租赁公司。此外,机场综合保税区推动航空检测维修、航空飞行培训等功能形成,上海波音航空改造维修工程有限公司开展日常飞机改装维修业务,并不断扩大业务规模。春秋航空飞行培训基地项目一期建设已经完成,首批新购的 2 架全自动模拟机正式投入试运行,将满足春秋航空现有 800 余位飞行员的训练。祝桥空港工业园区。祝桥空港工业区规划物流区域面积 601.87 公顷,分为物流南区和物流北区。物流南区一期面积约 168 公顷,现有中外运空港物流(上海)有限公司、上海普祝仓储有限公司落户并进入开工建设阶段。

二期规划面积约 227 公顷。

三、在全球中的地位和作用

上海在全球航运体系中居于主枢纽地位,是国际航运网络中的重要节点、国际航运活动的主要聚集地、国际航运资源要素配置的主枢纽和国际航运业创新发展的策源地。上海空港航线网络覆盖能力亚太领先,连通全球 51 个国家 314 个通航点。航运资源集聚程度显著提高,上海港集装箱吞吐量达到 4330 万标准箱,连续 13 年居全球首位。航运服务功能不断完善,全球航运服务主体不断集聚,全球十大船舶管理机构中的 6 家、国际船级社协会 12 个成员中的 10 个在上海设立运营企业或分支机构。船舶保险和货运保险业务总量占全国的 1/4,国际市场份额仅次于伦敦和新加坡。海事法律服务水平不断提升,构建了多元化纠纷解决机制,仲裁案件数量达到全国总量的 90%。

但是,与新加坡、伦敦等国际航运中心相比,上海航运中心综合枢纽功能不突出,航运资源集聚能级有待进一步提升;航运服务业国际化程度有待继续提高;国际航运资源市场配置能力需要持续增强;航运营商环境仍需继续改善;国际航运中心发展的体制机制有待突破。

第三节 软件和信息服务业

软件和信息服务业是指利用计算机、通信网络等技术对信息进行生产、收集、处理、加工、存储、运输、检索和利用,并提供信息服务的业务活动。软件和信息服务业是典型的智力密集型产业,其发展需要多个环节支撑;形态主要但不限于信息技术咨询、信息技术系统集成、软硬件开发、信息技术外包(ITO)和业务流程外包(BPO)。在城市体系内部,软件和信息服务业企业倾向于选择通达性较好的区位,尤其是倾向于选择城市轨道交通沿线的区位,充分考虑交通便利的区域。

一、发展概况

上海软件和信息服务业在"十一五"至"十四五"期间取得了令人瞩目的发展成就,持续推动高端化、智能化和平台化发展,产业规模稳步攀升,为城市经济注入强劲动力。

(一)发展阶段及特征

根据《上海市电子信息制造业发展"十二五"规划》,"十一五"期间,上海软件和信息服务业成倍增长特点明显。2006 年,上海软件和信息服务业规模突破 1000 亿元,2009 年实现了翻番目标,突破 2000 亿元。此后,在"十二五"开局之年,上海软件和信息服务业产业规模突破 3000 亿元。"十一五"期间,上海信息服务业年收入连续 6 年保持 20%以上增长率,而在"十二五"末,这一数字将达到 6000 亿元,实现"再翻倍"。

"十三五"期间,上海软件和信息服务业围绕软件产业高端化、智能化、平台化发展和信息服务业能级提升,产业规模稳步提升。到 2020 年底,上海软件和信息服务业经营收入 10912.97 亿元,较"十二五"末增长 81.6%,增加值 3250.74 亿元,较"十二五"末增长 85.4%,占全市增加值的 8.4%,占第三产业增加值的 11.5%。其中,软件产业实现营业收入 6395.9 亿元,较"十二五"末增长 81.4%;互联网信息服务业实现营业收入 3484.37 亿元,较"十二五"末增长 244.4%。

"十四五"以来,上海软件和信息服务业仍然保持高速发展态势。2022 年,全上海软件和信息服务业实现营业收入达到 14237.96 亿元,同比增长 8.7%;规模以上企业超过 3200 家,经营收入超过 100 亿元企业 25 家,超 10 亿元企业 178 家。

(二)上海软件和信息服务业行业结构特征

上海市软件和信息服务业主要包括软件产业和互联网信息服务业两大重点领域。2020 年,上海软件产业呈平稳增长态势,实现营业收入 6395.5 亿元,比上年同期增长 11.5%。其中,集成电路设计增长达到 62.1%,信息系统集成等细分领域实现利润 1003.8 亿元,比去年同期增长 23.6%,平均利润率达到 15.7%;软件出口额达到 54.4 亿美元,同比增长 11.9%。2020 年,上海互联网信息服务业实现营业收入 3484.37 亿元,比上年同期增长 19.1%,占据了全国 30%的网络游戏市场、60%的金融信息服务市场、70%的 O2O 生活服务市场。

二、上海软件和信息服务业空间布局

上海软件和信息服务业蓬勃发展,整体呈现中心集聚与向外围扩散的双重趋势。上海软件和信息服务业的行业结构特征也在地域分布中得以显现,浦东新区和徐汇区涌现出大量龙头企业。

(一)整体布局特征

上海的软件和信息服务业主要呈现中心集聚特征,软件和信息服务企业仍集中在中心城区。徐汇和浦东作为信息服务业的传统集聚区,具有完善的人才、信息、政策和基础设施等产业生态环境,对信息服务业企业仍具有很大的吸引力。虽然黄浦、原卢湾、静安等中心城区在成本上处于劣势,但仍以其良好的区位优势、便利的交通条件、完善的服务设施，吸引了不少软件和信息服务企业进驻。

上海软件和信息服务产业还呈现出向外围扩散的趋势。杨浦、虹口、闸北、普陀、宝山南部等市北区域，以及长宁、闵行北部等大虹桥区域，既具有较好的区位交通和基础设施，又具有较低的成本，在吸引信息服务业方面体现出较大优势，吸引了许多企业入驻。这些区的土地资源相对丰富，能够为企业（尤其是那些占地较多的生产性服务企业，如电子商务、数据中心等）提供较为充足的经营场所。因此，不少大型企业在这些区域落地和成长，使这些区域的平均企业规模超出其他区域。

（二）分区分布特征

根据《2022 上海软件和信息技术服务业百强》，上海软件和信息服务企业主要集中在浦东和徐汇两个区（前者主要是张江、陆家嘴、金桥等软件园，后者主要是漕河泾高新区）。此外，分布在闵行、普陀、静安、杨浦和长宁的企业数量也比较多（见表 7-4）。

表 7-4　2022 年上海各区软件和信息技术服务业百强企业数量

行政区	企业数量（家）
浦东新区	32
徐汇区	14
闵行区	9
普陀区	7
静安区	6
杨浦区	6
长宁区	6
嘉定区	5
青浦区	5
其他区	10

资料来源：《上海市经济和信息化委员会关于公布 2022 上海软件和信息技术服务业双百名单的通知》（沪经信软〔2022〕834 号）。

浦东新区不仅有丰富的外资软件和信息服务企业，而且拥有支付宝（中国）网络技术有限公司和中国银联股份有限公司等国内巨头企业。徐汇区拥有腾讯科技（上海）有限公司和上海米哈游天命科技有限公司等以游戏为特色的企业。闵行、普陀、静安、杨浦和长宁等中心城区拥有拉扎斯网络科技（上海）有限公司和上海收钱吧互联网科技股份有限公司等金融特色类企业，而且还拥有优刻得科技股份有限公司和上海喜马拉雅科技有限公司等企业。

（三）重要集聚区

从载体空间来看，上海软件和信息服务业呈现"一中四方"的产业园区新格局。"一中"即中心城区，重点发展互联网信息服务、人工智能软件、电子商务；"四方"即浦东软件园、紫竹科学园区、市西软信园、市北高新区。其中，浦东软件园是上海软件和信息产业的重要集聚区，由原信息产业部和上海市人民政府共同组建，是上海最为知名的软件和信息产业基地之一，被授予"国家软件产业基地""国家软件出口基地""国家新型工业化示范基地"；紫竹科学园区重点发展网络视听和数字内容，市西软信园重点发展物联网、工业软件和信息技术服务，市北高新区重点发展基础软件、大数据、云计算。

根据《上海市经济和信息化委员会关于公布2021上海软件和信息服务产业基地名单的通知》（沪经信软〔2022〕156号），上海共有35家市级软件和信息服务产业基地；其中，包括上海浦东软件园、上海漕河泾新兴技术开发区、上海天地软件园、上海市市北高新技术服务业园区、紫竹高新技术产业开发区、汽车创新港、上海临港松江科技城、金桥软件园、上海虹桥临空经济园区9家示范型综合基地。

三、在全球中的地位和作用

上海软件产业紧紧抓住全球信息化发展浪潮机遇，加强产业链完善和发展模式创新，实现了从新技术领域到支柱产业的跨越式发展，有力支撑了上海产业结构调整和经济发展方式转变。总体而言，当前上海软件产业已经成为上海传统产业转型、升级、提高的强力催化剂，也是不断实现"城市，让生活美好"的有效手段，成为上海市现代服务业最重要的主力军和生力军之一。根据《上海市软件和信息服务业发展"十四五"规划》，到"十四五"末，上海软件和信息服务业处于国内外先进水平，国际竞争力不断提升；经营收入超过15000亿元，增加值占全市生产总值的比重达到8%左右；软件累计研发投入超4500亿元，年均投入占软件业营收的比重超10%，年均增长约10%；年经营收入超亿元的企业超过1000家，其中超100亿元企业20家。

但是，上海软件和信息服务业仍有进一步发展空间，而人才资源逐渐成为产业发展的瓶颈。上海本地高校培养的软件和信息技术专业毕业生每年均在5000名左右，仍无法满足本市软件和信息技术服务业企业的专业需求。另外，随着居住、生活成本的急剧上升，出现部分非本市户籍中低收入技术型人才向外地流出的现象。人才结构性矛盾突出。随着信息技术向传统领域不断渗透，亟须理解业务领域知识又懂信息技术的复合型人才。目前，大量软件和信息服务业企业，尤其是处于初创期的快速发展型企业面临严重的人才资源缺失问题。

第四节　文化创意产业

文化是城市建设的灵魂和根基，是提升城市吸引力、竞争力、影响力和软实力的核心要素。文化创意产业具有高附加值、可持续发展性、大容量的就业机会和高于国民经济增速等特征，受到越来越多国家的重视并被提到战略性高度。在《上海市城市总体规划（2017—2023年）》中，提出将上海建设成"国际文化大都市"的愿景。文化创意产业对上海经济发展的贡献度率在持续提高，为上海城市转型发展提供了战略支撑和创新动力。

一、发展概况

上海文化创意产业的蓬勃发展根植于对都市产业结构的历史性调整，并在市委、市政府的关注下逐渐形成战略发展思路。如今，上海文创产业规模不断扩大，呈现内容生产、新兴领域崛起、休闲娱乐服务蓬勃发展等多重特征，成为支撑城市经济的重要引擎。

（一）发展历史

上海文化创意产业发展思路源自1997年上海的第一次重大的产业结构调整，即都市产业结构调整。1998年，上海市政府提出"都市型工业"新概念；2000年，确定了600平方千米的中心城区优先发展现代服务业，6000平方千米的郊区优先发展先进制造业的布局。但2000年以来，上海服务业在经济结构中所占比重在达到了50%以后，一直处于徘徊状态。上海市委、市政府注意到了文化发展、深化体制改革与产业结构升级的相互关系。中心城区的老工业建筑空置以后，如何向现代服务业功能转变，成为都市型工业探索的重要课题。春明粗纺厂、四行仓库等老厂房、老仓库创意开发引起政府重视，他们从英国建立创意产业集聚区中洞察到创意开发热中的"必然性"，一个以保护和开发利用工业历史建筑为切入点、发展创意产业、带动现代服务业的构想形成并实施。

2004年，中央批准上海试行文化体制改革试点方案。2004年9月，上海市文化工作会议提出，要依托创意产业实现上海文化产业跨越式发展。同年10月，上海张江文化科技创意产业基地挂牌成立，12月，由上海市委宣传部等发起的首届上海国际创意论坛召开。2005年，上海市委通过《上海实施科教兴市战略行动纲要》，要求上海的经济和社会发展真正以科学技术作为动力，在更高的层次上寻求经济和社会发展的科技支撑。2005 年 4 月，由上海市经信委牵头，成立了以上海创意产业中心为平台的创意产业发展服务机构，该中心的成立标志着上海政府对创意产业正式的关注。2022 年，上海文创产业占全市生产总值比重约 13%，文创从业人员人均产出达 170 万元，凸显产业发展的韧性和活力。160 家市级文创园区（含 24 家示范园区）、20 家示范楼宇、36 家示范空间得到授牌。众多国际和本土创意企业纷纷落户于上海的创意产业园区内。

（二）发展特征

第一，总体规模不断增大，呈持续上升趋势。2007～2020 年，文化产业增加值从 700.6 亿元增长到 2389.64 亿元，13 年间增长了 241.1%（见图 7-1）。2022 年，上海文化产业增加值占全市生产总值比重约 6.3%，规模以上文化企业全年实现营业收入 10790 亿元，在 2021 年首次突破 1 万亿元的基础上，继续保持破万亿元的水平。文化产业总体规模保持平稳发展态势，作为上海国民经济发展支柱性产业之一，产业结构在调整中持续优化。

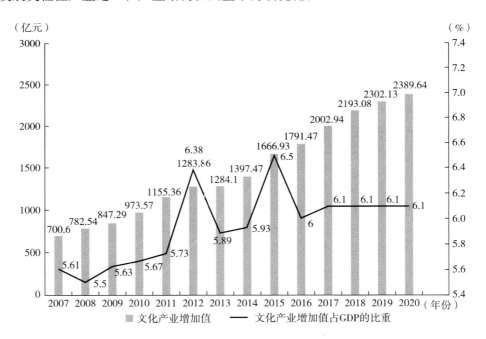

图 7-1 2007～2020 年上海文化产业增加值的增长情况

数据来源：根据《上海统计年鉴》（2007～2020 年）整理。

第二，内容生产成为产业发展的重要着力点。2020 年，以出版服务、广播影视节目制作、创作表演服务、数字内容服务、内容保存服务、工艺美术品制造等为主的内容创作生产类实现增加值 754.39 亿元，占文化产业增加值的

31.6%；以新闻服务、报纸信息服务、广播电视信息服务、互联网信息服务为主的新闻信息服务类实现增加值 255.11 亿元，占文化产业增加值的 8.4%；以出版物发行、广播电视节目传输、广播影视发行放映、艺术表演、互联网文化娱乐平台、艺术品拍卖及代理等为主的文化传播渠道类实现增加值 183.23 亿元，占文化产业增加值的 10.7%。近年来，随着以数字技术为载体的新兴文化产业形态迅速崛起，文化产业呈现内容化、移动化、智能化、深融合的特点，文化内容创作生产成为产业发展的核心竞争力之一，全市文化产业内容创作生产能力显著提升，优质文化内容不断涌现，出版、影视、新闻等传统产业转型升级步伐加快，全球影视创制中心建设有序推进，在网络视听内容、网络文化等数字化内容生产方面的国内产业高地地位不断巩固。

第三，新兴领域成为产业发展新动能。2020 年，以广告服务、设计服务为主的创意设计类实现增加值 614.26 亿元，占文化产业增加值的 25.7%。近年来，以创意设计、时尚产业为代表的新兴文化领呈现出领域创新、融合、开放的产业特征，而互联网文化娱乐平台等新型传播渠道和文化内容平台也为新兴产业发展提供了重要载体和窗口。数字经济、网络化和智能化技术的迅猛发展催生了全新的文化生产体系，互联网文化娱乐平台等新型传播渠道和文化内容平台正推动文化产业加速融合，逐渐成为产业发展的新趋势和新动能。

第四，休闲娱乐服务发展潜力不断释放。随着居民出行方式多样化程度不断提高，旅游市场环境日趋改善，相关消费需求旺盛。在市场供给能力日益增强带动国内文化消费持续增长的背景下，上海市加快文旅融合步伐，积极发挥文化场馆、城市演艺、文化节庆等在文化娱乐休闲消费方面的促进作用，释放综合产业带动力，为文化休闲产业提供了广阔的发展前景。

第五，文化消费终端升级。2020 年，上海市文化产业在文化相关领域中的文化消费终端生产类实现增加值 133.56 亿元，占文化产业增加值的 5.6%。随着民众生活水平提升，市民对文化艺术等文化消费的需求日益高涨，虚拟现实、可穿戴智能设备等技术的蓬勃发展也催生了一批数字化的新兴文化消费终端成为市民文化消费的新选择。上海市围绕优化文化消费的目标，大力支持文化消费新业态发展，推动文化元素融入商业业态，积极推动展览、演出、节庆等文化项目与商圈、商街、商场联手，形成一批品牌化文商联动项目，不断扩大"上海艺术商圈"等合作模式。

第六，文化装备等相关领域保持增长态势。近年来，上海在文化装备领域持续发力，加快实施文化装备产业链布局，全市文化装备产业空间形态初步显现。同时，依托长三角国际文化产业博览会等平台，全市加快"引进来""走出去"步伐，推动建立文化装备产业发展专项金融支持体系，为文化装备企业发展提供支持，积极发挥文化装备产业在提升传统制造业转型升级过程中的重要作用，实现文化装备生产规模的高速增长。

二、空间布局

上海文化创意产业呈现区域集聚效应，在空间布局上呈现"一轴、两河、多圈、金腰带"特征。

"一轴"是指延安路城市发展轴集合大虹桥商务区、静安时尚创意产业示范区、环人民广场文化旅游消费区、陆家嘴金融贸易旅游会展集聚区、张江文化科技创意产业基地等重要节点，形成了以专业会展、广告创意、商贸咨询、数码制作、文化贸易、工艺礼品、高端演艺、特色娱乐等商务型文化创意服务为主要特征的服务全国、辐射长三角的产业发展轴。

"两河"是指沿黄浦江滨江与苏州河滨河。黄浦江滨江集聚带汇聚了包括上海国际时尚中心、十六铺上海码头文化创意旅游功能区、世博园区城市最佳实践创意区在内的研发设计、会展、广告、旅游、咨询、时尚消费、文化创意展示、演艺娱乐、主题观光等产业。苏州河滨河集聚带凝结了包括普陀长风生态文化园、莫干山路 50 号创意园（M50）、长宁湖丝栈创意园在内的以设计、媒体、艺术、广告、动漫游戏等为主体特色的文化创意产业。

"多圈"包括环同济创意设计集聚区、上海虹桥时尚创意产业集聚区、国家数字出版基地、国家音乐产业基地、金山国家绿色创意印刷示范园区、松江影视产业集聚区等园区持续建设，逐渐发挥产业规模集聚效应。

"金腰带"新经济圈，顺应城市规划战略调整，金领之都、长江软件园、木文化博览园、智慧照明四新经济产业基地、越界创意园等园区竞争力持续提升，在中、外环附近的金腰带上实现珍珠串联。

三、在全球中的地位和作用

2021 年 1 月，上海交通大学与美国南加州大学联合团队公布的《2020 国际文化大都市评价报告》中，参加排名的 50 个全球文化大都市包括纽约、巴黎、伦敦、东京等知名城市。在总排名上，上海表现抢眼，进入前 10 名。

（一）积极推进文化创意产业国内外合作交流，增强产业辐射力和影响力

一是拓展合作交流平台，推动文创企业"走出去"。上海积极为外向型文化创意企业开拓面向海外市场的主流贸易渠道，搭建多个平台，组织国内文化创意企业参加海外各种高端文化专业交易展会，推动一批中国文化企业、产品和服务的"走出去"。

二是国际战略合作不断创新，呈多元化发展态势。通过不断创新国际合作

模式，上海文化创意产业的"走出去"战略呈现多元化发展格局。原创型文化创意产品制作团队实现国际化合作创新，世界级专业性文化创意国际合作项目落户上海。

三是上海创意设计实现"走出去""引进来"的双向发展。"上海设计走出去"与国际设计、时尚业的机构和企业合作，参与全球知名的展、节、周。搭建国际创意经济智库，全力引进优秀国际企业，构建上海"设计之都"国际大平台。

（二）上海文化贸易总量稳步提升

近年来，上海加大文化领域对外开放力度，充分利用中国国际进口博览会举办以及自贸试验区建设的战略机遇加快发展文化贸易，大力支持共建"一带一路"国家和地区的企业发展，积极培育对外文化贸易示范基地和交易平台，打造国际艺术品交易中心，对外文化贸易国际竞争力和品牌影响力不断提升。2020年，上海市文化产品和服务进出口总量为162.49亿美元，同比上升54.14%，首度达到千亿元人民币规模。其中，文化产品进出口额109.99亿美元，同比上升75.59%，较2019年增长65.47%，首次超过百亿美元；文化服务进出口额为52.50亿美元，同比上升22.72%，较2019年增长4.19%。另外，上海游戏积极"出海"，深耕国际市场，2020年，上海网络游戏海外销售收入超过29亿美元，增幅超过50%。网络视听业、出版业也都积极抓住数字化机会"走出去"。

第五节　现代物流业

物流业是融合运输、仓储、货代、信息等产业的复合型服务业，是支撑国民经济发展的基础性、战略性产业。加快发展现代物流业，对于实现上海发展战略目标、保障城市安全有序运行、服务改善民生具有重要作用。

一、发展概况

上海作为中国的经济中心和全球物流枢纽，以其独特的地理位置和卓越的管理创新不断巩固在全国物流领域的领先地位。其管理制度的不断创新为现代物流产业提供了强有力的支持，集聚分布的物流园区构筑起"5+4"空间格局，为全球供应链的高效运转提供了坚实基础。同时，市场主体的逐渐壮大更使上海物流业成为引领全球的行业标杆。

1. 全国领先

上海作为中国第一大港口城市和华东航空中心，在对外物流方面拥有得天独厚的区位优势。根据《中国城市物流竞争力报告（2020）》，上海物流业竞争力排名全国第一，并且遥遥领先于第二名的广州市。据上海市统计局的数据，2022 年上海国际物流业增加值达到了 1.2 万亿元，占全市 GDP 的 14.5%，同比增长了 8.6%。

特别是中欧班列开启后，上海进一步完善了交通运输结构，实现海铁空联运，打通"海上丝绸之路+陆路丝绸之路"闭环，有利于上海成为供应链的全球枢纽节点。良好的物流条件对跨境电商有很大的吸引力。上海市商务委员会相关负责人指出，2022 年上海跨境电商进出口 1841 亿元，同比增长 38.6%。从市场看，上海市跨境电商进口来源地超 170 个，达到 174 个国别和地区，出口国家和地区超 200 个，达到 226 个。出口商品已超过海关商品类目的 2/3，真正实现了"买全球、卖全球"。

2. 管理制度不断创新

上海市针对现代物流产业发展，从信息系统建设、冷链物流、航运物流、快递物流等多方位提出明确的发展意见和目标。2014~2023 年，上海市出台了现代物流产业相关政策累计 333 条。监管制度创新带动高端物流功能集聚，启运港退税和沿海捎带试点促进上海港水水中转业务发展，海关监管便利化举措推动集装箱国际中转集拼和航空快件国际中转取得突破。国际贸易"单一窗口"试点和"一次申报、一次查验、一次放行"的关检合作机制，促进了监管部门信息互换、监管互认、执法互助，显著降低了贸易物流成本。国际采购、分拨配送、保税展示交易等物流贸易一体化功能快速发展。期货保税交割支持大宗商品交易与物流服务，提升上海价格话语权。先入区后报关、货物状态分类监管、区内自行运输等物流监管创新举措极大便利了物流运作。跨境电子商务物流服务网络逐步健全，从上海自贸试验区内向区外拓展。"互联网+"物流平台、供应链管理、物流金融和物流大数据等成为新的增长点。

3. 物流园集聚分布

上海物流园呈集聚分布，已形成"5+4"空间格局。外高桥物流园区、深水港物流园区、浦东空港物流园区依托上海自贸试验区建设，已经成为连通国际、服务全国的功能性枢纽型物流平台。西北综合物流园区加快转型步伐，西南综合物流园区以电子商务物流等重大项目为载体逐步推进。

4. 市场主体逐渐壮大

制度创新进一步激发市场活力，物流业多元化市场主体不断丰富。上海自贸区吸引了国内外众多物流产业链上下游企业入驻。至 2019 年，上海的国家 A 级物流企业有 216 家。上海已成为我国注册登记货代企业数量最多、业务最集中的地区；全球四大物流快递企业在上海设立中国区总部，其中，3 家建立了全球转运中心；全国十大民营快递企业中，有 8 家总部落户上海。

二、空间布局

上海依托海空港枢纽、陆路交通门户，结合制造业和服务业布局，加强与全市交通组织和城市空间的协调衔接，构建了以五大重点物流园区（外高桥、深水港、浦东空港、西北、西南）、四类专业物流基地（制造业、农产品、快递、公路货运）为核心架构的"5+4"空间布局，形成东西联动、辐射内外、层级合理、有机衔接的物流业协调互联空间新格局。

1. 五大重点物流园区

东部沿海三大物流园区（外高桥物流园区、深水港物流园区、浦东空港物流园区）对接国际，以上海自贸区保税区域为引领，强化临港、临空产业与现代物流联动效应，进一步优化国际物流环境，构建开放型经济新体制。西部陆路两大物流园区（西北综合物流园区、西南综合物流园区）连接长三角，突出物流发展与交通区位、产业优势、城市功能的协调融合，着力推动传统物流的转型升级。

2. 四类专业物流基地

四类专业物流基地聚焦农产品流通、快递、先进制造业、公路货运四个专业物流领域，布局专业物流基地，成为促发展保民生的有效载体。四个基地分别为依托大型农产品批发交易市场和外高桥粮食物流园区、依托青浦"全国快递行业转型发展示范区"、浦东空港和祝桥临空经济区建设的快递物流基地，围绕装备制造、汽车、精品钢等先进制造业基地建立起来的制造业物流基地，连接长三角的交通门户的西北和西南两大公路货运枢纽基地。

在着力打造"5+4"空间布局的同时，一方面加强"虹桥商务区—虹桥机场"物流设施和功能布局的统筹规划，强化上海国际旅游度假区物流运营保障能力；另一方面通过规划引导，在 S20、G15 沿线等交通便利节点加强大型分拨配送中心布局建设，进一步完善由重点物流园区分拨中心—公共和专业配送中心—城市末端节点构成的三级城市配送网络，形成级配合理、衔接有序、运行高效的国际大都市城市配送物流体系。

三、在全球中的地位和作用

上海聚集了大量物流行业的龙头企业，有代表性的包括 UPS、Fedex、TNT、DHL、"三通一达"、德邦等，在上海运营的还有支付宝、盛付通、银联等跨境支付企业以及一批有实力的物流服务企业。外贸综合服务平台"一达通"等也落户开展业务。上海物流企业集聚度还不高，行业集中度低造成行业参与者品牌意识有待提高。与国际标杆相比，上海的国际物流便利化水平仍有较大差距，物流发展环境的国际竞争力需进一步提升。

第六节　现代商贸业

上海商业一直在全国发挥着引领作用，尤其是改革开放以后，上海积极引进国外先进的商业企业和技术，进行商贸流通体制改革，用较短的时间完成了发达国家百年的商业演化进程，尤其是对各种新业态以及连锁经营等新模式的探索，走在了全国乃至全球的前列，成为世界知名的消费城市。

一、发展概况

上海，作为中国的经济龙头，以其独特的消费能力、国际化品牌吸引力、传统老字号的创新力、国际旅游消费魅力、对外贸易桥头堡地位，以及新业态、新模式的创新发展，不断彰显着其在全球城市中的卓越地位。全球目光聚焦上海，这座城市既是消费的热土，又是国内外知名品牌的集聚地；它不仅传承着丰厚的历史文化底蕴，同时敢于拥抱新潮流，成为新业态、新模式的独特试验场。

1. 消费能力强

上海消费能力多年全国领先。如 2020 年，上海全市居民人均消费支出达42536 元，2021 年达48879 元，在全国城市排名遥遥领先。

2. 国内外知名品牌的扎堆地

上海是中国最大的网上零售市场之一，也是中国最大的国际旅游消费城市。2022 年，上海电子商务交易额为3.33 万亿元，居全国城市前列，全市共有千亿级电商交易平台 9 家，百亿级平台 17 家，跨境电商进出口额为 1841 亿元，同比增长 38.6%。2018 年，上海全球零售商集聚度达 55.3%，位居全球第二。上海积极建设"全球新品首发地"，已有 90% 国际知名高端品牌进驻上海。

3. 国内老字号焕新的阵地

2023 年，上海以 163 个老字号品牌居于榜首。上海老字号积极参与跨界创新、深入拥抱互联网、数字化转型等尝试，在全国树立了一种标杆与范本。

4. 国际旅游消费的高地

"十三五"时期，上海已经基本建成具有全球影响力的世界著名旅游城市。其中，吴淞口国际邮轮港接待规模居亚洲第一、全球第四。2019 年，全年上海接待国际旅游入境者897.23 万人次，入境旅游外汇收入83.76 亿美元，增长

13.6%。上海在各类全球旅游城市权威排行榜中居于前列，先后斩获世界旅游大奖组委会发布的"世界旅游大奖—2017 亚洲领先节庆及活动目的地"，万事达公司发布的"2017 全球目的地城市指数—中国大陆最受外国游客欢迎城市"等荣誉。

5. 对外贸易的桥头堡

上海口岸货物进出口在 2019 年达到 8.4 万亿元，2022 年达 10.4 万亿元，占全国比重为 25%，继续保持全球最大货物贸易口岸城市地位。2022 年，上海实际使用外资金额为 239.56 亿美元，规模创历史新高。

6. 新业态、新模式的创新地

上海商业与旅游、文化、展览等积极合作，实现跨界融合、线上线下融合。无人店、无人餐厅兴起，盒马鲜生、RISO、超级物种等跨界零售新物种竞相登场。猩便利、苏宁 BIU 店等无人店层出不穷，食行生鲜、万有集市等"互联网+社区服务"新模式百花齐放。

二、空间布局

上海以"多中心、多层级、网络化"为原则，构建"市级商业中心、地区级商业中心、社区级商业中心、特色商业街区"为核心的"3+1"商业网点格局体系，市区形成 14 个市级商业中心，外环线以内形成 22 个地区级商业中心，外环线以外形成 28 个地区级商业中心（见表 7-5）。

表 7-5　2020 年上海商业网点空间格局体系

商业层级	布局空间	典型商业空间
市级商业中心	中心城区	14 个：南京东路商业中心、南京西路商业中心、四川北路商业中心、豫园商城商业中心、徐家汇商业中心、中环（真北）商业中心、淮海中路商业中心、小陆家嘴—张杨路商业中心、五角场商业中心、中山公园商业中心、国际旅游度假区商业中心、虹桥商务区商业中心、大宁商业中心、真如商业中心
地区级商业中心	外环内	22 个：控江路商业中心、打浦桥商业中心、共康商业中心、长寿商业中心、曹家渡商业中心、淞宝商业中心、塘桥商业中心、外高桥商业中心、金桥商业中心、北外滩商业中心、南方商城商业中心、北中环商业中心、天山商业中心、长风商业中心、南外滩商业中心、前滩地区商业中心、唐镇商业中心、世博园区、徐汇滨江地区、新虹桥地区、杨浦滨江地区、苏河湾地区
	外环外	28 个地区级商业中心

续表

商业层级	布局空间	典型商业空间
社区级 商业中心	居住人口在 5 万人 以上的社区	设置社区级商业中心
	社区居住人口在 1.5 万~5 万人的社区	配置居住区商业
	社区居住人口在 1.5 万人以下的社区	配置街坊商业

资料来源:《上海市商业网点布局规划(2013—2020)》。

在中心城区形成 14 个市级商业中心,分别是南京东路商业中心、南京西路商业中心、四川北路商业中心、豫园商城商业中心、徐家汇商业中心、中环(真北)商业中心、淮海中路商业中心、小陆家嘴—张杨路商业中心、五角场商业中心、中山公园商业中心、国际旅游度假区商业中心、虹桥商务区商业中心、大宁商业中心、真如商业中心。

在外环线以内形成 22 个地区级商业中心,包括控江路商业中心、打浦桥商业中心、共康商业中心、长寿商业中心、曹家渡商业中心、淞宝商业中心、塘桥商业中心、外高桥商业中心、金桥商业中心、北外滩商业中心、南方商城商业中心、北中环商业中心、天山商业中心、长风商业中心、南外滩商业中心、前滩地区商业中心、唐镇商业中心、世博园区、徐汇滨江地区、新虹桥地区、杨浦滨江地区、苏河湾地区。

在外环线以外形成 28 个地区级商业中心,商业网点布局应与新城总体规划相衔接,与新城总体布局、功能定位、产业结构、文化景观相协调;与新城社会经济发展水平、人口分布、购买力水平相适应;与中心城形成错位和互补,形成不同的发展模式和特色。

在居住人口在 5 万人以上的社区设社区级商业中心,在社区居住人口在 1.5 万~5 万人的应配置居住区商业,在社区居住人口在 1.5 万人以下的配置街坊商业,主要服务于本社区居民,以便民利民、满足和促进居民综合消费为目标。社区商业设施以块状为主、条状为辅,采取相对集中或集中与适当分散结合的布局方式。

在各类商业中心、商务区、旅游景区等周边交通便利处,发展特色商业街,以带状街道建筑形态为主,主营行业特色店数量占街区内店铺总数的 70% 以上。突出商旅文结合,以体现特色商品的专业店、专卖店或特色餐饮服务、文化休闲服务业为主,适度设置相关配套服务设施。

三、在全球中的地位和作用

上海在积极打响"上海购物"品牌，努力建设成为国际高端品牌的集聚地、国内知名品牌、中华老字号品牌的集合地，成为领先国内其他城市的国际消费城市。

根据2017年世邦威理仕发布的报告，上海全球零售商集聚度已达55.3%，在全球城市排名中超过伦敦、纽约、新加坡、中国香港、巴黎、东京，仅次于迪拜，位列全球第二。《上海商业发展报告（2022）》显示，上海全球零售商集聚度达55%，仍在全球城市中位列第二。根据仲量联行2016年发布的报告，上海在全球十大最具吸引力零售目的地市场中，排名第六。

第七节 旅 游 业

旅游业为国民经济的发展提供了新的增长点，在拉动内需、经济结构调整和解决就业问题等方面发挥了重要作用，极大促进了各区域经济发展。

一、发展概况

在旅游业不断增长的产业发展背景下，上海旅游业经济规模持续扩大。2021年实现旅游产业增加值1500.52亿元，比上年增长12.2%。全年接待国内游客29382.21万人次，增长24.5%，其中外省份来上海旅游者14228.28万人次，增长20.2%。全年入境旅游外汇收入35.85亿美元，减少5.0%；国内旅游收入3536.53亿元，增长25.9%。全年接待来上海入境游客103.29万人次，比上年减少19.7%。其中，入境外国人56.67万人次，减少31.7%；港、澳、台同胞46.62万人次，增长2.2%。在入境游客中，入境过夜游客102.69万人次，减少1.4%。

上海市旅游资源十分丰富，产业设计及资源不断增加。上海市三大主力业态的产业规模不断扩大，三大产业为旅游住宿、旅行社、旅游景区（点），基础设施方面也不断发展进步（见表7-6）。到2022年，全市共有星级宾馆165家，上海旅行社1885家，其中294家针对国际旅游。上海拥有A级景区134个，其中AAAAA级景区4个，AAAA级景点68个，红色旅游基地34个，旅游资源类型齐全，自然类资源、历史性资源、社会性资源、现代人工吸引物等一应俱全，满足游客不同层次的需求（见表7-7）。

表 7-6　2010~2022 年上海市旅游景点数量变化　　　　　单位：个

指标	2010 年	2015 年	2016 年	2017 年	2018 年	2019 年	2020 年	2021 年	2022 年
A 级旅游景点数	61	98	97	99	113	113	130	134	134
AAAAA 级景点	3	3	3	3	3	3	3	4	4
AAAA 级景点	28	51	50	50	59	62	68	69	68
红色旅游基地数	30	34	34	34	34	34	34	34	34
全国红色旅游经典景区	8	9	9	9	12	12	12	12	12

资料来源：《上海统计年鉴》（2010~2022 年）。

表 7-7　2017~2022 年上海市旅游星级饭店概况

指标	2017 年	2018 年	2019 年	2020 年	2021 年	2022 年
饭店数（个）	229	206	195	193	177	165
客房数（万间）	5.88	5.53	5.26	4.71	4.55	4.32
床位数（万张）	8.85	8.39	7.7	7	6.55	6.42
客房平均出租率（%）	68.8	67	65.6	36.8	50.7	39.1
营业收入（亿元）	212.65	200.66	183.19	101.17	123.76	77.08
平均房价（元/间天）	713	753	754	609	629	575

资料来源：《上海统计年鉴》（2017~2022 年）和《2023 年上海市国民经济和社会发展统计公报》。

　　上海旅游接待量持续增长。上海国内旅游接待人数从 2004 年的 8505.13 万人显著地上升，旅游者持续大量快速地增长，为上海消费市场注入大量的商机，为扩大内需、保增长、促进消费做出了重要贡献。2019 年，上海市全年接待国内旅游者 36140.51 万人，增长 6.4%，其中外省份来沪旅游者 17186.41 万人，增长 6.0%。上海市接待国际旅游入境者 897.23 万人，比上年增长 0.4%。在国际旅游入境者中，过夜旅游者 734.69 万人，减少 1.0%。2019 年，上海市入境旅游外汇收入 83.76 亿美元，增长 13.6%（见图 7-2 至图 7-4）。

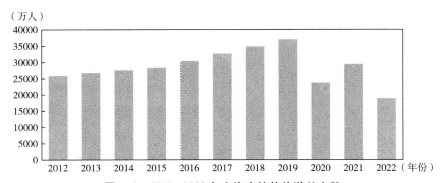

图 7-2　2012~2022 年上海市接待旅游总人数

资料来源：《上海统计年鉴》（2012~2022 年）。

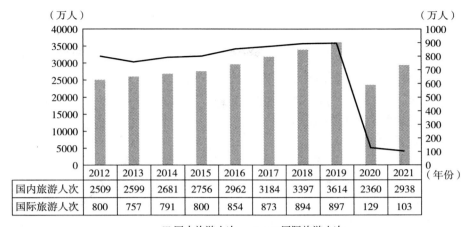

	2012	2013	2014	2015	2016	2017	2018	2019	2020	2021
国内旅游人次	2509	2599	2681	2756	2962	3184	3397	3614	2360	2938
国际旅游人次	800	757	791	800	854	873	894	897	129	103

国内旅游人次　──── 国际旅游人次

图 7-3　2012~2021 年上海市旅游者客源数量分布

资料来源：《上海统计年鉴》（2012~2021 年）。

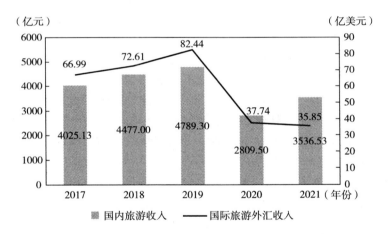

国内旅游收入　──── 国际旅游外汇收入

图 7-4　2017~2021 年上海市国内旅游收入及国际旅游外汇收入

资料来源：《上海统计年鉴》（2017~2021 年）。

二、空间布局

上海世界著名旅游城市建设取得了阶段性成果，旅游产业对城市经济社会发展的贡献率日益提升。上海旅游积极融入城市建设总体布局，旅游供给进一步丰富和优化，旅游产业规模持续扩大，质量效益逐步提升。以上海迪士尼主题乐园为核心的上海国际旅游度假区开放运营，黄浦江两岸 45 千米公共空间贯通开放，中国邮轮旅游发展实验区持续提升能级，崇明世界级生态岛、佘山国家旅游度假区、陆家嘴等区域强化旅游功能，世博园区、临港地区、徐汇滨江等国际化旅游新地标涌现。

从旅游业空间布局来看，上海在旅游业打造"三圈三带一岛"的空间格局。"三圈"指的是中心区旅游圈层、郊区旅游圈层和滨海临江旅游圈层；"三带"指的是黄浦江水上旅游带、苏州河水上旅游带和沿长江及滨海水上旅游带；"一岛"指的是崇明岛国际生态旅游岛。

1. 中心区旅游圈

串联城市景观成线、成片发展，深化商、旅、文、体等要素空间融合，以休闲为主打造旅游功能集聚区，提升都市旅游观光、休闲、度假功能。浦东新区外环内区域整合东方明珠、上海中心、环球金融中心和金茂大厦等观光资源，加强整体开发，推进商业、旅游、文化、会展、节庆的深度融合。具体来看，黄浦区依托外滩、南京东路、环人民广场、豫园、复兴路、淮海路—新天地等人文景观地标，提升文化、民俗、人文、商务等都市休闲功能。静安区突出静安寺、南京西路、不夜城、大宁等核心区域，丰富时尚购物、文化创意、体育休闲等区域休闲业态。徐汇区全面建设信息化、智能化、网络化的旅游公共服务体系，提升徐汇滨江、徐家汇源和衡山路—复兴路慢生活休闲功能。长宁区依托中山公园商圈、虹桥商务区、临空服务业集聚区，完善旅游服务功能，推动商旅文体融合发展。普陀区挖掘整合人文底蕴和现代艺术资源，完善长风中环商贸、真如文化体验、长寿文化创意、桃浦生态休闲等旅游功能。虹口区完善旅游慢行交通，深化北外滩、音乐谷、虹口足球场和提篮桥等地区的旅游休闲功能。杨浦区着力于挖掘百年大学、百年市政、百年工业等历史人文资源，构建彰显杨浦特色的旅游格局。

2. 郊区旅游圈层

依托江南滨海城市的自然环境特色，延续依水而建、临水而居江南水乡传统村落模式，以特色村镇游览、农林风光体验、主题游乐为重点，建设特色街区、特色小镇、特色村庄和城郊旅游功能区，夯实城市休闲度假空间。浦东新区外环外区域依托迪士尼、临港新城、华夏—三甲港、滨江森林公园—三岔港等区域，加快推进旅游功能性项目和"一镇一区、一镇一园、一镇一街"公共休闲空间建设。宝山区从建设世界一流邮轮城为目标，推动邮轮、游船、游艇产业集聚发展，打造滨江景观带和科创、科教、人文旅游轴线。闵行区整合商务会展、体育休闲、文化休闲、滨江度假等资源，优化滨江旅游休闲带、马桥森林体育旅游城、七宝文化休闲旅游区的空间布局。松江区突出山水生态资源优势，整合浦南"都市田园"资源，提升佘山国家旅游度假区休闲度假功能，大力发展生态旅游。青浦区依托国家会展中心，打造会展旅游黄金轴线；加快开发环淀山湖旅游资源，提升区域休闲度假功能。嘉定区挖掘整合历史人文、汽车文化、乡村休闲、商务会展等资源，重点推进嘉北郊野公园和华亭美丽乡村旅游带等建设。金山区重点打造以枫泾为主体的古镇旅游组团，以廊下、张堰、吕巷为主体的农业旅游组团。奉贤区推进海湾国家森林公园等建设，深化"美丽奉贤、生态休闲"品牌塑造。

3. 滨海临江旅游圈

整合沿长江和杭州湾北岸岸线资源，开发亲水观光、休闲、度假产品，全面提升滨海度假、水上运动和居住疗养等功能；依托邮轮、游艇、游船和休闲度假区等旅游业态和功能区建设，拓展都市滨海临江休闲度假、生态体验等功能。整合长兴岛特色资源，发展亲水休闲度假项目。

4. 黄浦江水上旅游带

重点提升黄浦江两岸地区创意设计、博物博览、传媒等功能，将黄浦江建成世界级滨水文化带和彰显上海历史文化内涵、全球城市形象的都市旅游亮丽名片。合理开发黄浦江岸线旅游资源，建设沿江景观绿化（灯光）带、沿江畅通型交通带、沿江特色旅游观光带。延伸黄浦江游览线路，优化黄浦江通航环境，健全完善黄浦江游览公共服务体系、产品体系、市场推广体系、安全通航体系和队伍保障体系。

5. 苏州河水上旅游带

以苏州河普陀区段的中环线交汇点与黄浦江外白渡桥交汇口的苏州河流域为重点，加强沿岸景观建设，推进水陆联动及沿河生态景观配置。挖掘整合苏州河两岸人文艺术资源，提升沿岸公共文化服务、艺术、休闲等功能，完善旅游水岸观光游憩等配套设施建设。

6. 沿长江及滨海水上旅游带

推进长江口地区自然生态旅游开发，将自然保护、动植物保护与户外旅游相结合，打造长江口生态旅游功能区。充分利用杭州湾北岸旅游资源优势，引入中高端旅游度假项目，发展滨海型综合旅游度假区。

7. 崇明国际生态旅游岛

发挥崇明的区位和资源优势，完善生态旅游配套设施和功能建设。深化崇明国际生态旅游岛建设，推动崇明全域旅游发展，创建国家旅游休闲区和长江口生态旅游基地，打造具有国际竞争力的生态休闲度假旅游目的地。

上海旅游业对接智慧城市发展格局，健全完善旅游公共服务体系。已建成55个旅游公共服务中心、188个社区服务站、330余个地铁服务点；形成旅游集散三级站点网络，开发旅游线路170余条；规范设置旅游景区（点）道路交通指引标识和停车场引导标识；近年来新建、改建455座旅游厕所，基本形成了安全规范有序的旅游环境。同时，构建起以旅行社、酒店、景点为重点的旅游安全和应急网络，在全国率先实施 A 级景区游客最大承载量管理，市民游客可以通过"上海发布""乐游上海"微信公众号和东方网、上海旅游政务网等渠道，查询这些 A 级景区的实时客流量、舒适度等信息。

三、在全球中的地位和作用

（1）推动世界级旅游城市建设。上海以海派生活为脉、海派文化为魂，塑造魅力独具、底蕴深厚、开放兼容、特色鲜明的城市旅游新形象体系。制订上海世界著名旅游城市形象宣传计划，创新城市形象宣传策略。将旅游形象宣传片、旅游标识口号纳入城市公益宣传范畴，依托城市的重点景观风貌、重要交通枢纽，宣传展示城市旅游形象的标识、口号，提升市民游客对上海旅游的品牌识别。依托国际展会、节事、论坛，打造国际旅游业界和各国旅游城市交流平台，并借助上海国际电影节、上海国际艺术节和各大体育赛事等节事活动，展示上海形象、宣传上海旅游。形成具有上海特色、全球吸引力和国际竞争力的旅游目的地、旅游企业，引进培育一批具有世界影响力的旅游组织，创建一批富有上海都市特色的生态旅游功能区，打造一批世界级的旅游项目和产品。

（2）助推"一带一路"跨国城市间交流合作。上海加强共建"一带一路"国家和地区旅游交往合作，形成以上海为中心、辐射全球的区域旅游集散航空枢纽。依托上海中国邮轮旅游发展实验区，推动长江与海洋旅游的联动发展，打造世界邮轮旅游重要集散地。发挥上海空港、海港、陆港资源优势，广泛开展共建"一带一路"国家和地区的旅游交往与合作。构建旅游合作交流平台，推进上海与友好城市间的旅游便利化水平。参与组建区域性旅游合作组织和合作示范区，开展联合营销和推广，推进沿线国家和城市互相开放旅游投资开发、旅游教育、旅游信息化建设。

（3）带动长三角一体化旅游整体质量。上海推进区域旅游规划、旅游产品开发、旅游市场管理、旅游公共服务、旅游应急处置等专项工作。通过消除区域壁垒，优化行政服务措施，帮助优势旅游企业开展跨区域经营开发，培育具有规模优势的跨区域大型旅游集团。加强客源市场互动，积极推动互为旅游目的地和客源地。建立区域旅游质量监督合作协调机制，加强区域旅游市场监管合作，共同营造规范经营的旅游环境。在住宿、旅游购物、旅游信息、旅游公共接待服务等方面制定区域性标准，推进了长三角区域旅游智慧服务、智慧管理和智慧营销体系建设。探索联手处置跨区域重大旅游事件与旅游安全事件等联动应对办法，完善交通异地救援和保险理赔体系。

参考文献

［1］方显仓，黄敏．国际金融中心金融发展稳健性分析——以上海、北京、深圳、纽约和伦敦为例［J］．学术论坛，2023，46（1）：89-102．

［2］冯叔君，吴文霞．上海商业发展报告（2018）［M］．上海：复旦大学出版社，2019．

［3］高捷，赵天舒，栾峰．上海中心城区"软件设计业"的空间集聚与总体分布特征——基于企业选址的分析［J］．城市发展研究，2021，28（7）：105-114．

［4］黄宇．改革开放四十年创造上海商业奇迹［J］．上海商业，2019（1）：16-19．

［5］李刚，高洪民．当代国际金融中心发展的决定因素与上海的对策［J］．世界经济研究，2020（9）：65-74+136．

［6］李莉．上海市物流业发展问题研究［J］．劳动保障世界，2016（33）：50-52．

［7］刘功润．上海金融中心进阶发展的优势因素与路径选择［J］．上海商学院学报，2022，23（6）：80-89．

［8］每日经济新闻．128家"老字号"大洗牌，这个省份一家不剩［EB/OL］．［2023-11-16］．https：//finance.ifeng.com/c/8UlY9TzFXOA．

［9］任再萍，黄成，施楠．上海自贸区金融创新与开放对经济增长贡献研究——基于金融业政策效应视角［J］．中国软科学，2020（9）：184-192．

［10］上海证券报．今年前三季度上海跨境电商进出口总额同比增长超60%［EB/OL］．［2023-11-14］．https：//www.sohu.com/a/736204754_120988576．

［11］汪传旭，张乐．全球主要港口城市航运网络联系能级及上海对策［J］．科学发展，2020（3）：53-60．

［12］王力．上海国际航运中心全球地位突显［N］．解放日报，2021-12-05（001）．

［13］殷飞．构建现代物流体系对"上海服务"举足轻重［N］．第一财经日报，2018-05-21（A10）．

［14］赵楠，谢文卿，真虹．上海国际航运中心新一轮深化发展的目标思路和主要任务［J］．科学发展，2023（2）：41-50．

［15］证券时报．上海跨境电商规模实现百亿级到千亿级规模发展［EB/OL］．［2023-07-20］．http：//baijiahao.baidu.com/s？id=1771935600000057887&wfr=spider&for=pc．

［16］中国人民银行上海总部专项课题组．上海国际金融中心升级版新使命新内容新对策［J］．科学发展，2023（1）：44-52．

第三篇

协同与战略

第八章　区域经济发展空间格局

　　区域经济发展的空间格局直接反映了地区发展历史沉淀、区域产业结构构成以及地理空间特征等，是区域经济发展最直接的外在表现。本章从区域经济差异角度诠释上海经济发展的历史演进、产业演化、内部分工，整体把握上海经济发展内部差异化特征。快速发展的区域经济，要求地域空间形态和空间结构不断调整优化以适配区域经济发展对于要素流通、功能布局的高效配置需求，空间格局的变化表征是区域经济发展的最直接表现。在区域发展长周期中，城乡格局一直动态变化，在行政体系、地理空间上、人口结构与分布等方面反映区域发展的结果。合理的城乡结构、一体化发展格局促进高效合理地配置公共基础设施与社会保障体系服务资源，根本地反映了区域治理水平和居民生活质量的提升。

第一节　区域经济差异

　　区域经济不平衡发展是一般规律。上海区域经济发展在功能区布局、经济规模、产业结构等方面差异化特征显著。整体上，上海经济功能区总体呈现三个圈层结构，由内部核心区域的金融、商业服务延展到中部空间都市工业主导，以及外部区域的制造业分散布局。不同区域间经济发展总体规模差异较大，且不同时期相对差异动态变化，最终形成浦东新区一区独大，黄浦、闵行、嘉定、静安、徐汇等各具独特经济优势与特点的区域处于第二梯队的格局。不同阶段上海产业结构三次产业间呈"V"形变化，在三次产业结构内部技术密集型、知识密集型产业逐步引领区域经济升级发展。

一、区域经济差异格局

　　上海不同行政区间经济发展差异显著。受不同时期国家或地方主导的发展战略及政策推动影响，区域三次产业经济在内环、中环、外环功能区内集聚特征明显。各行政区间经济规模总体差异巨大，且绝对值呈扩大趋势。上海产业结构受开放型、创新型经济发展驱动影响，以知识密集型、高附加值型产业引领区内产业升级，在区域层面率先跨越中等收入陷阱的产业发展困境。

（一）功能差异

上海区域经济的资源禀赋和地理位置决定了各区产业功能定位的差异。从中心城区向外围扩展，形成三个圈层：①内环第一层次：聚集金融区、商业中心及住宅区，以黄浦、静安、徐汇和虹口等地区为核心，着力发展现代金融、专业服务、商贸等，是上海国际大都市的核心功能区。其中，静安区楼宇经济发达，区内分布国际商务服务区、CBD 商区及居住区。黄浦区和浦东陆家嘴区域沿黄浦江两岸综合开发滨江金融服务及城市休闲带，打造南京路商业步行街；以 2010 年上海世博会为契机，整体建成"陆家嘴金融城"与"外滩金融聚集带"隔江相望的整体格局，规划建设北外滩地区，以金融业为核心延展配套服务产业，升级为集世博商业、金融、国际旅游于一体的中心区域。虹口区则依存于北外滩的发展，促进航运服务业集聚发展，形成综合商贸、旅游集散的功能性区域。②第二层次：布局商业居住、城市工业及服务业功能，以杨浦、普陀和长宁等区域为主要区域，重点发展都市工业和辅助内环城区的服务业，兼具商住发展。杨浦区依托高校资源由传统工业区转型升级为"知识创新区"，老的闸北区则围绕不夜城、火车站、长途汽车站打造上海陆上交通枢纽和商务集聚区。③第三层次：立足制造业的发展，推动休闲旅游业，以宝山、嘉定、闵行、青浦、松江和奉贤等区域为主体，在"二、三、一"发展战略的指导下，建立面向国际的国家级先进制造业产业集群，形成汽车、钢铁、石化、造船、大飞机等产业园区，是上海重点工业发展支撑地带，同时，基于迪士尼乐园、海洋公园等打造国际度假区等。

（二）规模差异

2022 年，上海实现地区生产总值 44652.80 亿元。从地区生产总值来看，上海市各区经济规模分为四个层次：第一层次为浦东新区，地区生产总值突破万亿元，达 16013.4 亿元；第二层次包括黄浦、闵行、嘉定、静安、徐汇、杨浦、长宁，GDP 总量达到 2000 亿元左右；第三层次包括宝山、松江、奉贤、青浦、虹口、普陀、金山，GDP 总量超过 1000 亿元，但距离第二层次有一定距离；第四层次为崇明，GDP 总额 1000 亿元以下（见表 8-1）。2001~2022 年，上海市区域经济发展差异整体先升后降。其中，2001~2005 年，上海市区域经济差异不断上升，2005 年后差异呈减少趋势。上海中心城区与郊区之间的经济差异和上海市区域经济总体差异变化趋势相似，中心城区内部的经济差异总体上在扩大，但具有黏性，差异基本保持稳定；郊区内部的经济差异则是一路处于下降的趋势。2019~2021 年，上海各区基本保持了 5%~8% 的增长速度，但 2022 年各区增长乏力。2022 年各区平均增长速度低于前两年近 10 个百分点，且中心城区下降幅度大于郊区。其中主要原因一是受疫情影响，二是郊区经济增长点多、产业结构更加多元、抗风险能力更强。从近 10 年来的发展看，上海市不同区经济发展的规模差异绝对值在不断扩大。

表 8-1　2005~2022 年上海各区 GDP 总值及年均增长率

地区	2022 年		2015 年		2010 年		2005 年
	GDP（亿元）	年均增长率（%）	GDP（亿元）	年均增长率（%）	GDP（亿元）	年均增长率（%）	GDP（亿元）
浦东新区	16013.40	4.30	6548.35	6.82	4707.52	17.42	2108.79
黄浦区	3023.05	4.16	1700.00	16.65	787.20	48.10	110.47
闵行区	2880.11	1.30	1964.71	7.57	1364.37	24.21	461.40
嘉定区	2768.31	2.32	1756.10	16.83	806.80	14.46	410.70
静安区	2627.97	2.44	1480.00	19.79	600.00	48.77	82.34
徐汇区	2557.90	4.90	1300.00	7.37	910.92	56.66	96.54
杨浦区	2076.97	6.44	1581.47	12.07	894.69	16.20	422.30
长宁区	1922.19	5.24	1046.58	12.57	578.87	25.90	183.00
宝山区	1771.20	2.64	1000.60	-0.79	1041.17	26.46	321.90
松江区	1750.12	-1.80	995.36	2.02	900.48	14.56	456.38
奉贤区	1371.11	3.08	685.80	6.80	493.52	17.18	223.40
青浦区	1334.45	1.31	878.20	8.50	584.10	13.79	306.20
虹口区	1260.13	3.73	800.00	5.23	620.00	53.19	73.50
普陀区	1248.23	1.77	838.74	8.17	566.39	50.84	72.53
金山区	1117.74	-5.50	867.00	19.00	363.32	12.54	201.30
崇明区	404.16	-1.36	291.20	8.41	194.43	15.23	95.70

资料来源：《上海统计年鉴》《上海市国民经济和社会发展统计公报》。

2015 年，上海不同区经济发展已经形成明显规模差异，浦东新区 GDP 达到 6548 亿元，大幅领先于其他区；嘉定、黄浦、闵行、杨浦、静安、徐汇、长宁、宝山 8 个区 GDP 规模达到 1000 亿元，且处于快速发展阶段，最高增速达到 16.83%；松江、青浦、普陀、奉贤、虹口、金山 6 个区 GDP 规模达到 800 亿元左右，但除金山区外，增长速度属于中等，显示区域经济发展潜力还有待进一步开发；而崇明经济处于相对落后状态。

2010 年，上海不同区经济发展呈现不平衡的局面。一方面是传统工业区如嘉定、闵行、宝山、杨浦、松江等，因为产业基础优势，经济总量保持较高水平，GDP 规模达到 900 亿元左右；另一方面是商业、服务业主导的静安、黄浦、长宁等区经济规模整体较工业区要弱一点，但经济增长速度明显快于工业区，是上海区域经济空间格局变革、转换的时期。

2005 年，上海经济经历 20 世纪 90 年代以来的 10 余年的高速发展，初步形成了现代经济格局，但整体经济基础与经济规模仍然表现出上海 20 世纪 80 年代以来的经济特征，郊区工业经济基础奠定的规模优势明显。但黄浦、静安、徐汇等中心城区经济明显进入发展的快车道，增长速度惊人。

（三）产业结构差异

1. 上海整体产业结构高附加值化演进

产业结构转变作为区域发展的具体实践形式，同时也是发展效果的表现方面。上海产业结构转换、升级的核心是产业结构的高附加值化。产业结构由粗放型向集约化发展，由劳动密集型向资金、技术密集型发展，由单一功能向多功能发展，由内向型向外向型发展，实现了多途径的产业升级，表现为从低附加值产业向高附加值产业升级；从禀赋资产、自然资本向创造资产升级；从组装、测试、零部件制造向产品开发和系统整合升级；从有形的商品类生产到无形的、知识密集的生产性服务升级。

（1）产业结构高附加值化的总趋势。1949 年以前，上海已形成较为发达的多元经济结构体系，是全国的工业、贸易和金融中心。从"一五"至 70 年代末，上海产业发展以工业为主导，重点发展重工业，产业结构极不合理。改革开放后，上海加速进行产业结构调整，总的趋势是向高附加值方向转变（见表 8-2）。在改革最初的 10 余年时间里，上海进行产业结构适应性调整，调整的重心是工业，着力培养新的支柱工业，但第三产业发展仍较缓慢，这一时期主要的经济部门还是金属冶炼、化学工业、机械工业等传统部门。"八五"和"九五"期间，上海继续优化、调整产业结构，推进产业升级，转变之前的"二、三、一"产业发展方针为"三、二、一"产业，着力发展第三产业，同时重点发展六大重点行业，进行传统行业的高技术改造。这一时期主要经济部门转为化学工业、金融保险业、建筑业等部门，经济结构明显改变，高附加值、高技术水平特征明显。"十五"期间，通过实施"抓两头、带中间"战略，初步建立起以高科技 IT 产业为主导、现代装备工业为骨干、都市型工业为配套的工业新体系。至此，上海的产业结构调整逐步实现由适应性调整阶段向战略性调整阶段转变。"十一五"时期至今，着力提升产业能级，主要经济部门转为信息产业、金融业、商贸流通业等部门，产业结构进一步向高附加值化转变。

表 8-2　1978~2022 年产业名称及其占总产值比重　　　　单位：%

2022 年		2007 年		1997 年		1992 年		1978 年	
金融业	19.3	信息产业	13.4	化学工业	9.7	金属冶炼及压延业	11.0	纺织业	24.3
新一代信息技术	13.4	金融业	9.9	金融保险业	7.8	化学工业	10.9	机械制造业	8.9
批发和零售业	11.4	商贸流通业	8.8	建筑业	7.7	机械工业	7.6	黑色金属冶炼及压延业	8.8
信息传输、软件和信息技术服务业	8.5	旅游业	7.0	金属冶炼及压延业	7.5	商业	7.1	化学原料及化学制品业	6.2
房地产业	8.1	房地产业	6.6	交通运输设备制造业	7.0	纺织业	6.6	交通运输设备制造业	4.8
新材料	6.7	文化创意产业	5.6	商业	6.4	交通运输设备制造业	5.7	电气机械及器材制造业	3.7
租赁和商务服务业	6.5	成套设备制药业	5.1	机械工业	6.4	建筑业	4.7	电气及通信设备制造业	3.5
新能源汽车	6.4	石油化工及精细化工	3.7	公用事业及居民服务业	4.8	运输及邮电业	4.5	金属制品业	3.2
高端装备	5.6	汽车制造业	3.6	电气机械及器材制造业	4.1	食品制造业	4.0	食品制造业	3.2
交通运输、仓储和邮政业	4.3	精品钢材制造业	3.5	文教科研卫生事业	3.9	电子及通信设备制造业	3.5	化学纤维制造业	2.9

资料来源：《上海统计年鉴》（1979~2021 年）、2022 年上海市统计局统计数据。

（2）产业比例变化大，第三产业"V"形发展。从三次产业结构变动来看，上海经济发展从中华人民共和国成立初期到现在主要经历了四个阶段：第一阶段（1949~1977 年），第二产业重点发展，第三产业急剧萎缩，在此期间，第二产业比重增加 25%，第三产业比重下降 23.1%；第二阶段（1978~1990 年），上海进行产业结构适应性调整，第二产业比重缓慢下降，年均下降 1.5%，第三产业比重较快速上升，年均上升 4.3%，结构向着合理化方向缓慢改变；第三阶段（1991~2002 年），第三产业迅速发展，其中 1999 年是一个重要的转折点，第三产业比重首次超过第二产业；第四阶段（2003 年至今），新一轮的战略性调整（见图 8-1）。

上海第三产业发展"V"形道路明显。从中华人民共和国成立前高起点急速下滑至 20 世纪 70 年代末最低点，然后 90 年代后又迅速崛起，并站到更高点。改革开放后，上海第三产业比重 1990 年超过 30%，1995 年超过 40%，1999 年

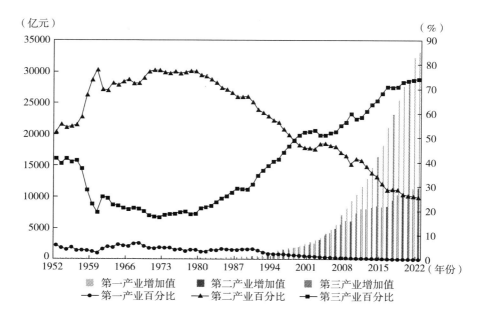

图 8-1　1952~2022 年上海市 GDP 总值及结构

资料来源：《上海统计年鉴》（1952~2022 年）。

超过 50%，显示出加速增长的态势。特别是在 20 世纪 90 年代以后，第三产业以金融、房地产、商业服务为核心，科研、咨询、法律、会计、广告等飞速发展，结构不断升级优化，至 2009 年又提出建立国际金融中心，发展银行、财务、证券、金融租赁、保险中介等高端金融服务；建立国际航运中心建设，发展第三方物流、航运交易、船舶管理等物流航运服务，推动产业链向高端环节延伸。2022 年，上海第三产业占生产总值的 74.1%，成为上海市的支柱产业，远高于第二产业（25.7%）和第一产业（0.2%）。

（3）工业结构由传统产业向高新技术产业转变。在第二产业内，上海产业结构不断变化（见表 8-3）。1949 年前上海工业以轻纺为主，1949 年全市工业总产值中，轻纺工业占 88.2%。1952 年开始，上海调整产业发展方向，优先发展重工业，特别是冶金、化工等原材料工业，到 1960 年上海重工业比重首次达到 56.3%，取代轻纺工业的统治地位。1970~1978 年，上海工业进入偏重型化结构发展阶段，重工业比重一直保持在 53% 左右。在改革开放的最初 10 余年时间内，上海工业结构调整，淘汰落后产业，培育新的支柱产业，20 世纪 80 年代末至 90 年代初形成以交通运输设备制造业、电子及通信设备制造业等为代表的 6 大支柱产业。整个 20 世纪 90 年代，支柱产业飞速发展，构成上海工业结构的主体。20 世纪 90 年代末期，高新技术产业成为上海工业新的增长点，同时，经过高新技术改造、升级的 6 大支柱产业发展更快，形成新时期高技术、高科技含量的轻重工业同时发展的格局。时至今日，高端装备、生物、信息技术、新材料、新能源等行业成为上海市工业体系的新的支柱，也成为上海市经济发展的重要抓手。

表 8-3 1949~2022 年上海工业支柱产业

时间	主要行业
1949~1978 年	纺织业、冶金业、化工业
1978~1991 年	纺织业、机械制造业、黑色金属冶炼及压延业、化学原料及化学制品业、交通运输设备制造业、电子及通信设备制造业
1992~2008 年	汽车制造业、电子信息产品制造业、精品钢材制造业、生物医药制造业、成套设备制造业、家用电器制造业、石油化工及精细化工制造业
2009~2022 年	高端装备、生物、新一代信息技术、新材料、新能源汽车

资料来源：笔者整理。

2. 上海各区产业发展差异

上海 16 个区的产业发展重点及方向不同，体现了上海多重战略定位的功能承载地区差异（见表 8-4）。不同区产业结构差异较大，整体呈现中心城区以现代服务业、金融业发展为主导，郊区以现代制造业、高新技术产业为主导的产业结构差异特征，以浦东新区、黄浦区、嘉定区、青浦区、崇明区为例。

表 8-4 2022 年上海市各区主导产业构成

区	主导产业构成
浦东新区	集成电路、生物医药、人工智能、航空、高端装备、汽车、金融服务、航运贸易、信息服务、文化创意
黄浦区	服务经济、楼宇经济、涉外经济结构特征明显，主要发展金融服务业、商贸流通业、文化创意、专业服务业、休闲旅游业、航运物流业六大产业领域
嘉定区	汽车、智能传感器、物联网、高性能医疗设备、精准医疗
静安区	总部经济、楼宇经济、外向型经济发达，服务经济产业链完整，包括商贸服务业、专业服务业、金融服务业、文化创意服务业、信息技术服务业
徐汇区	人工智能、生命健康、文化创意、信息服务、专业服务、科技研发、金融服务业、文化服务业等现代服务业
长宁区	在线新经济、航空服务业、互联网+生活性服务业、时尚创意产业、人工智能产业与新金融产业
普陀区	智能软件、研发服务、科技金融服务、文化产业、专业服务、智能制造与机器人、网络游戏产业

续表

区	主导产业构成
虹口区	金融业、航运业为主导，重点发展现代商贸业、文化创意业、专业服务业、资产管理、节能环保服务和信息服务业
杨浦区	在线新经济、科技服务、现代设计服务、文化创意、智能制造研发服务产业，北斗信息服务、互联网教育、科技金融、信息技术、电子商务产业
宝山区	机器人、生物医药、精品钢材制造、智能装备制造、新材料、节能环保
闵行区	通信设备、计算机及其他电子设备制造、航空航天、人工智能、生物医药、电气机械及器材制造、化学制品制造、创意产业、高技术服务业、生产性服务业
金山区	精品化工、高端智能装备、新一代信息技术、生命健康、新材料
松江区	智能制造装备、工业互联网、新一代电子信息、旅游影视、集成电路、生物医药、大飞机配套产业、定位机器人、智慧安防、新能源、新材料
青浦区	信息技术、现代物流、会展旅游、北斗导航；依托国家会展中心、国家进出口博览会，引进会展产业链企业，重点发展会展业、软件信息服务业
奉贤区	美容化妆、生物医药、医疗器械、运动装备及价值链延伸产业、新能源智能网联汽车及零配件产业
崇明区	循环经济与绿色经济、生态旅游、智慧农业、现代绿色农业、船舶运输设备制造业、海洋装备产业等

资料来源：笔者整理。

2022 年浦东新区第二产业和第三产业增加值占地区生产总值比重分别约为 25.2% 和 74.7%，第三产业增速与第二产业相当，战略性新兴产业产值占规模以上工业总产值的比重达到 51.2%，比上年提高 2.3 个百分点。重点发展产业：①总部经济，浦东已经成为内地总部最集中、辐射面最广、服务能力最强的区域之一；②战略性新兴产业，包括半导体设备、芯片设计、新能源、抗体药物、海洋工程装备等；③文化产业，包括张江国家数字出版基地、金桥网络文化产业基地、外高桥国家对外文化贸易基地等；④现代农业，国家现代农业示范区建设，初步形成了具有浦东特色和较强竞争力的农产品品牌体系；⑤自贸区经济，浦东 80% 的金融机构与跨国公司总部聚集在自贸试验区。

黄浦区服务经济、楼宇经济、涉外经济结构特征明显，涉外经济贡献度达 45%；服务业占区域经济比重达到 95.6%，高端服务业发展体系基本形成；重点商务楼宇占区域经济比重达 56.6%，税收亿元楼 71 幢，涉外企业占区域经济比重达 40.7%。主要发展六大产业领域：①金融服务业，发展以融资租赁、创业投资、股权投资、并购基金、二级市场私募、国际知名另类投资、财富管理等为重点的新金融行业；②商贸流通业，集聚国内外大型贸易企业、大型连锁品牌的地区总部、营运中心、结算中心、销售中心、投资中心、管理中心和采购中心，成为国际贸易中心核心功能区；③文化创意，打造全产业链发展模式，构建活跃度高、创新创意能力强的文化创意企业集群；④专业服务业，发展会计、审计、法律、人力资源等优势行业；⑤休闲旅游业，创建"国家旅游休闲区"，重点发展都市旅游、海派文化旅游、水岸景观旅游、红色旅游、购物旅游等特色旅游项目；⑥航运物流业，发展航运经纪、船舶评级等高端航运服务业，打造资源高效配置的国际航运物流服务供应链。

嘉定区是上海汽车产业基地。2022年，汽车产业制造业实现产值3855.4亿元，同比增长6.0%，占全区规模以上工业总产值的69.8%，其中，汽车产业实现工业产值1364.6亿元，同比增长7.8%，占区属规模以上工业总产值的45.8%。同时，嘉定战略性新兴产业实现工业产值1500.1亿元，占全区规模以上工业总产值的27.2%，八大子产业半数已走出下降通道。新能源汽车实现68.8%的快速增长，生物和新能源领域同比分别增长19.1%和7.0%，高端装备与去年同期基本持平。新一代信息技术、节能环保、新材料、数字创意领域依旧下行。

2022年青浦区实现生产总值1334.45亿元，三次产业结构比为0.6∶31.5∶67.9。青浦依托国家会展中心、国家进出口博览会，引进会展产业链企业，重点发展会展业，放大进博会溢出效应。同时，青浦依托市西软件信息园，以华为等企业为重点发展引擎，软件信息服务业持续快速发展，2022年软件和信息产业实现销售额400.86亿元，增长2.9%。

崇明区是上海生态岛，发展循环经济与绿色经济，建设崇明世界级生态岛。产业重点在生态经济、绿色经济领域，重点发展生态休闲旅游，智慧农业，探索5G技术结合"现代都市农业"，依托长兴岛基地，重点发展船舶运输设备制造业、海洋装备产业等。

二、区域经济差异变化

上海在国家经济总体格局中的地位举足轻重，在不同时期担负着重要的发展任务和使命。中华人民共和国成立以来，特别是改革开放以来，上海经济发展进入高速通道，产业结构不断优化，产业布局出现了一些新的特征。

（一）经济阶段性变化

经济发展是区域发展的直接外在表现，而经济发展的实际效果表现在占全国经济比重的高低和发展速度的快慢。1978年以前，上海是全国的老工业基地，主要工业经济指标处于全国前列，一直持续到"六五"初期（见表8-5）。改革开放初期，上海经济相对下滑，占全国经济比重一直处于下降趋势，到"八五"时期降至最低点。其间，20世纪80年代初期的苏南地区、80年代后期的珠三角地区先后成为全国经济增长的核心，带动整体区域经济实力上升，上海经济地位相对下降。20 世纪 90 年代初期上海经济发展转型成功，经济发展进入快车道，从"九五"至 2007 年，上海占全国经济比重总体处于上升趋势；2007 年至今，上海市占全国经济的比重总体趋于平稳，略有下降。

表 8-5　1949~2022 年上海主要经济指标

指标 时期	生产总值 （亿元）	占全国比重 （%）	第一产业		第二产业		第三产业	
			生产总值 （亿）	占全国比重 （%）	生产总值 （亿元）	占全国比重 （%）	生产总值 （亿元）	占全国比重 （%）
"一五"	293.26	—	12.56	—	163.89	—	116.81	—
"二五"	568.99	—	21.03	—	412.70	—	135.26	—
"三五"	657.06	—	37.64	—	487.88	—	131.54	—
"四五"	918.76	—	42.75	—	708.84	—	167.17	—
"五五"	1309.61	—	49.26	—	1004.23	—	256.12	—
"六五"	1871.24	5.78	74.20	0.73	1349.98	9.47	447.06	5.62
"七五"	3162.79	4.33	132.52	0.69	2105.23	6.72	925.04	4.11
"八五"	8017.61	4.15	213.47	0.54	4698.27	5.32	3105.87	4.80
"九五"	19157.33	4.52	365.76	0.50	9434.90	4.79	9356.67	6.10
"十五"	34872.39	4.92	402.49	0.43	16579.69	5.07	17890.21	6.21
2006 年	10366.37	4.89	93.80	0.39	5028.37	4.87	5244.20	6.19
2007 年	12188.85	4.88	101.84	0.36	5678.51	4.68	6408.50	6.41
2021 年	43653.17	3.83	96.09	0.12	11366.69	2.52	32190.39	5.24
2022 年	44652.80	3.73	97.00	0.11	11458.40	2.37	33097.40	5.18

注："一五"到"五五"时期全国数据缺失。

资料来源：《中国统计年鉴》（1978~2022 年）、《上海统计年鉴》（1953~2022 年）。

1978 年以前，上海作为老工业基地，促进经济发展的主要因素与国内相同，经济发展周期与全国水平保持整体一致。1978 年以后，上海经济发展至今经历两个转折点三个阶段（见图 8-2），即以 1991 年和 2001 年两个时间节点划分的三个不同阶段，展现了上海经济发展的实际效果。第一阶段（1978~1991 年），其间上海经济增长速度每年均低于全国平均水平。20 世纪 80 年代上海经济发展滞后于全国，生产总值占全国比重一路下降至最低水平。其主要原因是，80 年代上海第二产业处于调整时期，旧的以重工业为主导的工业体系受原材料和市场的双重制约，而新的支柱产业发展处于培育阶段，另外第三产业处于恢复性发展阶段，方向不明晰，结构不突出，发展速度缓慢。第二阶段（1991~2001

年），上海经济发展速度明显快于全国平均水平。进入 20 世纪 90 年代，以金融服务业为代表的上海第三产业，特别是生产性服务业发展迅速，工业领域内六大支柱工业和高新技术企业快速发展。第二、第三产业的同期快速增长支撑了上海 90 年代起至今的快速发展时期。同时，国际市场拓展，FDI 投资的急剧增长也是重要原因。这一时期，上海经济发展的最显著的效果就是生产总值占全国比重逐年上升，且经济结构不断优化。第三阶段（2001 年至今），上海经济发展速度与全国经济发展速度基本持平。21 世纪以来，上海作为长三角地区乃至全国的对外开放的门户，在金融、信息技术等高附加值领域多有建树，第三产业的迅猛发展与特殊区位优势所发挥的带动作用使地区经济乃至国家经济在上海的带动下共同发展。

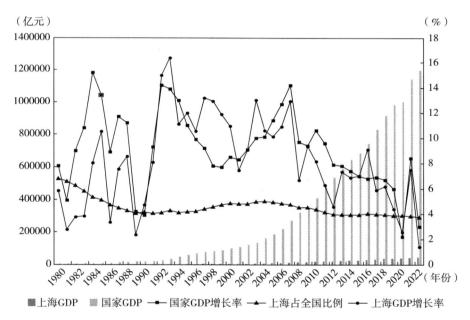

图 8-2　1980~2022 年上海、国家 GDP 总值、增长率及占比

资料来源：《中国统计年鉴》（1980~2022 年）、《上海统计年鉴》（1980~2022 年）。

（二）上海不同区经济发展差异

在区域经济整体差异方面：上海市 16 个区经济发展水平的绝对差异在扩大，相对差异呈波浪式下降趋势。2005~2022 年，以浦东新区和嘉定区为例，2005 年两区相差 1698.09 亿元，到 2022 年两区相差 13245.09 亿元，绝对差距在扩大。但两区的相对差距在波动，2005 年浦东新区经济规模与嘉定区之比是5.13∶1，到 2022 年比例缩小为 4.43∶1。其中，在 2010 年左右达到 5.83∶1，到 2015 年降为 3.73：1，到 2022 年再度回升至 5.78：1，总体表现为波动式变化的趋势。其他区也表现出类似的差异变化过程。经济规模差异变化原因除了经济发展速度差异，行政区调整合并也是其中的变量。

2008 年以前，上海市 16 个区经济发展水平的绝对差异快速扩大，2008 年后绝对差异上升相对缓慢。2005 年前，上海市 16 个区经济发展水平的相对差异比较稳定，而 2005 年后，上海市 16 个区经济发展水平的相对差异就开始持续下降。此外，2005 年以前，中心城区与郊区之间的经济发展水平差异持续增加，而在 2005 年后开始减少，其对区域经济发展水平总体差异的贡献度先增加后减少。中心城区内部的经济发展水平差异扩大，其对区域经济发展水平总体差异的贡献度变大；而郊区内部经济发展水平的差异在减少，其对区域经济发展水平总体差异的贡献度先减后增。在区域经济产业发展方面，第一产业的经济发展水平差异的变动呈现减小的趋势，且其对上海市区域经济发展水平总体差异的贡献度也在变小，如在 2011 年只占 0.65%；第二产业的经济差异及其对区域经济发展水平总体差异的贡献度呈现出波浪式下降的趋势。与此同时，第二产业产值占上海市 GDP 的比重缓慢下降；第三产业的经济发展水平差异是稳中略有下降，但是其对上海市区域经济发展水平总体差异的贡献度先降后升。

三、区域经济差异的成因

20 世纪 90 年代初，上海经济发展总体规模快速增长，内部不同行政区间发展速度、发展质量差异逐渐显现。这种空间差异受到主、客观因素多重叠加共同作用影响，呈现许多新的特点。

（一）快速城市化和郊区化推动

20 世纪 90 年代中期以来，上海进入快速城市化和郊区化发展阶段。中心城区建设、旧城改造，以及以浦东开发为核心的城市建设极大地推进了上海城市建设速度和质量，外向型和开放型经济赋予建成区高质量的国际化大都市经济发展。而上海郊区在工业区的基础上发展成为新城，新的经济要素导入、公共服务配套及基础设施的大量新建，郊区化城镇化发展进入快车道。同时，随着新城建设和新生产空间在郊区的崛起，大型交通基础设施向郊区乃至长江三角洲区域的网络化延伸，以及若干个中心功能区域渐次进入实质性的开发程序，如世博园区、深水港、北外滩、上海南站等，都通过全新规划与功能定位融入了高起点的产业功能与城市服务机能，推动上海多中心城市空间结构发展。

（二）大都市内部产业转移

20 世纪 80 年代以来，上海城市产业经济空间进行了较大规模的转变，核心的就是城市内部产业转移和重新布局。首先，市区工业向郊区转移，为中心城区腾出发展现代服务业、商业等的空间，导入高效的经济要素资源，新的产业经济形态与业态发展迅速，优化了区域产业经济结构。其次，郊区导入工业基础，匹配公共服务与基础设施，结合区域特点发展特色产业经济，根本性地改变和升级了区域产业经济结构，在城市内部形成生产网络和产业链，构建相对完整的产业体系，在市区和郊区不同区域内建立了差异化的产业发展网络，不同产业发展阶段及效益差异对特定时期区域经济差异造成较大影响。

（三）区域投资政策差异

上海 16 个区依托不同性质工业园区、高科技产业区，实施不同产业投资政策，差异化的产业政策对区域经济发展质量与速度产生较大影响。以开发区及自贸区为核心的区域投资政策促使生产和生活要素重新调配、组合，导致区域经济差异化增长，不同级别开发区促使上海区域经济格局产生变化。20 世纪 90 年代浦东对外开放，开发区建设和房地产开发促进城市空间结构调整，上海城市空间进入集聚与扩散复合阶段。1984 年上海确立了虹桥、漕河泾和闵行三个国家级开发区，90 年代后又陆续建立陆家嘴金融贸易区、外高桥保税区、金桥出口加工区和张江高科技工业园区。同期，上海在郊县和浦东新区设立了 11 家市级开发区，200 多个乡镇建立各类开发区，整体呈现分散中集聚的空间发展趋势。上海房地产业从 1992 年以来增长迅速，大规模的房地产开发使市区的土地利用结构和空间形态发生了重大变化。

（四）行政区划调整

进入 21 世纪，上海经历了四次行政区划调整：2000 年，南市区并入黄浦区；2009 年，南汇并入浦东新区；2011 年，撤销卢湾区和黄浦区，设立新的黄浦区；2015 年，撤销闸北区和静安区，设立新的静安区。行政区空间调整对产业经济、资源配置、城市管理、公共治理等产生综合复杂影响，涉及经济、社会、政治、观念、文化、生活等方面，经济发展格局和特征完全改变。例如，浦东新区和南汇区合并拓展了浦东新区发展空间，提升了南汇区发展质量，更好地承担国家新区开发开放的使命；静安区与闸北区的合并，促使原静安区的经济空间拓展，原闸北区的经济升级与要素导入产生根本性改变。行政区划调整很大程度改变区域经济发展格局，合并后的区域经济结构更加合理，促使区域之间和区域内部平衡增长。

第二节　区域空间结构

区域空间结构的演变与经济功能区的发展密切相关，上海产业升级发展主导了区域空间结构的变化。20 世纪 90 年代的浦东开放开发与 21 世纪面向 2035 年的上海区域经济发展塑造了现在及未来上海区域主体空间结构。整体而言，上海区域经济工业化进程拓展了城市空间结构形态，而服务经济，特别是现代高端服务经济的发展促进城市空间结构的优化和功能提升。

一、空间结构演变

20 世纪 80 年代初期，上海城市空间形成了单一核心的中心城区高密度发展格局。城市形态开始形成以城区为主体，远郊工业区和卫星城既相对独立又彼此联系的空间格局。这一时期，城区工业向城市外围地区迁移的节奏明显加快。

1990 年，国务院批准浦东新区开发开放，党的十四大确立"以浦东开发开放为龙头，进一步开放长江沿岸城市，尽快把上海建成国际经济、金融、贸易中心之一"发展战略。1992 年，上海确立了"优先发展第三产业，积极调整第二产业，稳定提高第一产业"发展方向。产业结构采取"退二进三"方式。1996 年，国务院提出建设上海国际航运中心，四大中心战略的提出促进上海城市建设和城市功能进入全新阶段。城市空间和功能区围绕产业结构调整而重新布局定位。浦东开发改变了上海城市空间格局，东西向轴线成为城市空间拓展的主轴，并带动浦西中心城区开发，整体呈圈层式扩张，进入"多轴、多核、多心"的都市圈建设时期。第一圈：以金融、贸易、商务为核心的中央 CBD 区，面积约为 3 万平方千米；第二圈：以第三产业为主、保留部分都市型工业、具有商住办等综合职能的内环圈，面积为 70 平方千米；第三圈：发展第三产业和市级工业园区，兼具相当规模的生活居住区，面积为 700 平方千米；第四圈：以第二产业和居住为主、第一产业为辅，并发展自身配套的第三产业的新城；第五圈：外围城镇网络体系中居住、工业、第三产业就地平衡，交通便利的中心城镇。

在 20 世纪 90 年代城市快速拓展过程中，随着工业企业的快速外迁，中心城区工业企业数量急剧减少，伴随的是商业写字楼快速增长，人口大规模向新城镇、新中心迁移。金融、贸易、会展等第三产业功能向城市中心集中，非都市型工业向郊区城镇转移，适度强化了区域中心的综合功能，促进城市向多中心城市发展过渡，城市副中心发展分担中心区的部分职能，带动各区共同发展。上海逐渐建成"多中心、多层次、网络化"的城市空间格局。

面向 2035 年，上海城市空间规划提出建成"一主、两轴、四翼，多廊、多核、多圈"的总体空间格局。"一主、两轴、四翼"，即以中心城区为主体，强化黄浦江、延安路—世纪大道"十"字形功能轴引导，形成以虹桥、川沙、宝山、闵行四个主城片区为支撑的主城区，承载上海全球城市的核心功能。"多廊、多核、多圈"，即强化沿江、沿湾、沪宁、沪杭、沪湖等重点发展廊道，培育功能集聚的重点发展城镇，构建公共服务设施共享的城镇圈，实现区域协同、空间优化和城乡统筹。

二、空间结构特征

上海城市空间圈层布局，产业发展主导空间演变。城市空间结构拓展作为城市发展战略的具体空间实践形式，同时也是实际成果的表现方面。上海城市空间结构演化的总特征是工业发展促进城市空间结构形态拓展，第三产业发展促进城市空间结构优化和功能提升。20世纪90年代前，上海工业发展空间拓展主导城市空间扩展，先后在城市近郊、远郊地区建立工业型卫星城镇。90年代后期，第三产业发展主导城市空间结构升级。这一时期，向心型城市化和离心型城市化同步进行，中心城区居住和办公楼宇的构成比重普遍上升，工业用房的构成比重明显下降。发展至今，上海城市空间布局形成了圈层模式：内环线以内以第三产业和居住为主，内外环线之间以第二产业和第三产业并重，外环线以外以第一产业和第二产业并重。综合来看，改革开放后，上海城市经济重心经历由郊区工业区向中心城区商业中心缓慢转移，并最终处于商业中心地带的缓慢过程，反映了上海由改革开放初期的工业城市向21世纪的商业金融城市转变的大趋势。

（一）工业发展主导城市空间形态外延拓展

20世纪50年代中期，上海在城市近郊先后开辟柳营（化工）、彭浦（机械）、漕河径（仪表）、北新径（化工）、五角场（机械）、长桥（建材）、周家渡（钢铁）、庆宁寺（造船）、高桥（化工）、桃浦（化工）、吴淞（钢铁）11个工业区。50年代后期，工业布局开始向远郊扩散。1958年，郊县开辟了闵行（机械）、安亭（汽车）、吴径（化工）、嘉定（科研）、松江（轻工业）5个卫星城镇。70年代，在金山兴建上海石化总厂，在吴淞工业区兴建宝钢，至此上海共兴建7个卫星城。80年代中期起，上海调整产业结构，开始了城市郊区化的发展阶段。1984年设立虹桥、漕河径和闵行3个国家级开发区。1990年，浦东对外开放后，设立陆家嘴金融贸易区、金桥出口加工区、外高桥保税区和张江高科技工业园区。90年代中期，上海市人民政府批准设立松江、康桥、嘉定、金三嘴、莘庄、奉浦、宝山、青浦、崇明9个区县属市级工业区。90年代后半期，在金山、奉贤的漕泾、胡桥沿杭州湾北岸地区建成上海化学工业区。同时，在内环线以内和内环线周边地区实施"退二进三"战略，重点发展第三产业；内环线与外环线之间地区主要发展第二产业；外环线以外地区，重点发展第一产业和以制造业为主的第二产业，重点发展9个市级工业区。综合来看，上海拥有 6 个国家级开发区、14 个市级工业园区及 7 个工业卫星城镇（见表 8-6），不同时期、不同类型、不同级别的工业园区及新镇的兴建与发展促成了现在上海空间结构的整体格局。

表 8-6　1990~2000 年上海市各区开发区统计

区名	市级、国家级开发区
金山区	金山工业区
奉贤区	上海化学工业区、星火开发区、上海工业综合开发区
徐汇区	漕河泾开发区
浦东新区	金桥出口加工区、陆家嘴金融贸易区、张江高科技园区、康桥工业区
闵行区	紫竹科学园区、莘庄工业区、闵行经济技术开发区
松江区	松江工业区
青浦区	青浦工业园区
长宁区	虹桥经济技术开发区
嘉定区	嘉定工业区、国际汽车城
宝山区	宝山工业园区、宝山城市工业园区
崇明区	崇明工业园区

资料来源：笔者整理。

（二）第三产业发展主导城市空间结构优化

第三产业发展对空间区位、交通、建筑等外在环境有着特别的要求。从 20 世纪 80 年代末期开始，上海中心城区大幅度地实施"退二进三"战略，第三产业发展迅速，配合产业结构的重组，城市空间结构进行重构，第三产业在中心城区集聚，工业布局的重心转移到郊区。进入 90 年代，由于土地批租、市政建设和旧城区改造的大规模进行，再加上产业结构"退二进三"的大调整，中心城区的人口与居住职能开始外移。第三产业发展的空间区位要求与中心城区传统职能外移腾出的空间契合，中心城区工业土地与旧式住宅用地置换成办公用地后，办公和商业楼宇构成比例大幅上升，工业用房比重大幅下降。城市空间，特别是中心城区空间垂直高度化、功能集聚化、基础设施系统化、建筑风格多样化发展特征明显，极大地优化升级了城市的空间结构。发展至今，上海外滩和陆家嘴金融贸易区组成的中央商务区及各区分中心形成其轮廓，江湾、花木、徐家汇、真如四个副中心也已经具有一定规模，城市"多中心""开敞式"的空间结构初步形成。

第三节　城乡格局与一体化发展

改革开放以来，上海城乡结构的发展演变是中国城乡格局变化的缩影。早期的工业化发展初步改变了城乡二元结构，以浦东开放开发为标志的改革开放进程根本性地改变区域经济要素的流动与布局，城乡分工合作的内涵与方式发生根本性改变，促进上海建设面向未来的"主城区—新城—新市镇—乡村"新型城乡体系。在这一过程中，不同时期城乡差距动态变化，总体呈先增大后缩小趋势。国家新型城镇化发展，美丽乡村建设等顶层宏观政策引领与因地制宜、灵活多变的地区实践相结合，极大地推进了区域城乡一体化进程。

一、城乡关系的演化

上海早期的城乡二元结构特征明显。从 20 世纪 80 年代开始，上海城市工业向郊区农村转移，郊区工业的发展带动新城镇的快速发展，农村劳动力及外来流动人口大规模地进入工厂，改变了郊区人口结构及产业经济形态，新城镇配套的基础设施和公共服务建设获得较快发展，初步形成了上海城乡一体化发展格局。但此期间，上海郊区乡村与中心城镇还是处于相对独立的状态，乡镇基本上是为城市转移工业提供生产性资源要素，如乡镇人口进入企业、农田变成企业厂区等。城乡一体化的社会保障体系及公共服务还没有完全建立，二元结构没有根本性的改变。90 年代，以浦东开放开发为标志，上海国际化大都市建设全面启动，现代城市建设及产业经济要素布局于上海全市范围，极大地促进了城乡经济的分工合作发展，首先是上海传统农村经济进一步缩减，新引进的工业及外资企业进入全市各级开发区，原有的乡镇经济体系及城镇二元结构被打破，网络化的经济联系逐步建立，一批具有特色产业的新城镇逐步发展崛起，成为区域网络的重要节点，面向 21 世纪的上海城镇网络化体系逐渐建立。2005年开始，国家出台"小康社会""城镇化"发展战略，上海城乡一体化发展进入快车道，通过城市化发展，特色乡镇建设、美丽乡村建设等，在产城融合、现代产业体系、城市公共交通体系及功能区优化布局的基础上形成上海新型城镇体系格局。新的城镇体系以功能分区与合作为基础，以平等的区域合作主体地位为显著特征，以平衡的城镇公共服务和基础设施为根本保障，一体化发展进入快车道。

从城乡人均收入差异来看，近 30 年来上海城乡人均收入差距总体呈现"上升—下降—再上升—保持平稳"的变化趋势。其中，第一阶段（1990～1994 年），城乡居民人均收入比率由 1.31 扩大到 1.71，绝对差额由 517 元扩大到 2431 元；第二阶段（1995~1998 年），绝对差额仅增加 440 元，保持在 1.65 左右，保持相对稳定；第三阶段（1999~2004 年），城乡居民人均收入比率由 1.99 升至 2.27，绝对差额增加 3895 元，差距急剧扩大；第四阶段（2005~2010 年），城乡居民人均收入比率基本保持在 2.3 左右，绝对差额由 10303 元增至 16514 元，增加了 6211 元。综合来看，1990~2010 年，上海农村居民人均可支配人均收入增长了 8.39 倍，城镇居民人均可支配人均收入增长了 13.59 倍，城乡绝对人均收入差距由 1990 年的 517 元扩大到 2010 年的 18092 元。城乡居民人均收入比由 1990 年的 1.35∶1 扩大到 2004 年的 2.27∶1，2006 年扩大到 3.28∶1，2010 年缩小到 2.3∶1。从 2009 年开始，上海市农村常住居民人均可支配人均收入增速连续快于或等于城镇常住居民，城乡居民人均收入比从 2009 年的 2.34 逐渐缩小到 2022 年的 2.12，城乡差距总体呈缩小趋势。

二、城乡一体化发展

20 世纪 80 年代，上海城镇体系由中心城、近郊工业区、中心镇、县城、县属镇，以及乡集镇与农场集镇构成。城市建设重点集中于中心城区，城市基础设施发展较缓慢，卫星城规模小，呈单中心发展局面，城镇规模等级差距较大。90 年代，上海初步建成中心城、新城、中心镇和一般镇四个层次的城镇体系，城市空间地域正由单中心模式向多中心模式转变。10 个新城为松江、宝山、嘉定等，涵盖主要的市级工业区、市直控重大产业基地和重大基础设施建设，承接中心城区转移的工业及人口，集聚主要生产要素，成为上海工业产业经济发展的主要承载区。并且 10 个新城是上海县区级行政中心，建成相对独立的城市公共综合服务体系，支撑整个上海功能和空间体系。中心城镇是市郊非农产业的主要集聚地，配套服务于农村非农产业生产发展。一般镇集聚社区型非农产业和就业人口，为周边农村地区提供农业生产服务和便民服务设施。

进入 21 世纪，上海越来越重视农村农业的发展，出台多项政策法规促进农村经济发展，减少城乡差距。例如，2005 年上海市政府发布关于贯彻《国务院关于鼓励支持和引导个体私营等非公有制经济发展的若干意见》的实施意见，2009 年中共上海市委发布《中共中央关于推进农村改革发展若干重大问题的决定》的实施意见，2013 年上海市人民政府办公厅出台《关于本市加快推进家庭农场发展的指导意见》，2015 年上海市出台《关于推动新型城镇化建设促进本市城乡发展一体化的若干意见》，2017 年又出台《上海市农村集体资产监督管理条例》。相关政策涉及农村经济发展的各个方面，极大地解放和促进了上海农村经济发展动力，农村经济快速发展，逐步消减了城乡差距。

面向 2035 年,上海规划建成"主城区—新城—新市镇—乡村"的市域城乡体系。其中主城区面积约 1161 平方千米,规划常住人口规模约 1400 万人,包括中心城、主城片区,以及高桥镇和高东镇紧邻中心城的地区;中心城为外环线以内区域,面积约 664 平方千米,规划常住人口规模约 1100 万人,重点建设城市公共服务、地区就业和城市空间品质。主城片区面积约 466 平方千米,规划常住人口规模约 300 万人,包括虹桥、川沙、宝山、闵行 4 个主城片区,以轨道交通促进空间紧凑发展。新城建设包括嘉定、松江、青浦、奉贤、南汇等,规划常住人口约 385 万人,培育具有辐射带动能力的综合性节点城市,按照大城市标准行设施建设和服务配置。新市镇包括核心镇、中心镇和一般镇三个层次,突出新市镇统筹镇区、集镇和周边乡村地区的作用,中心镇包括罗店、安亭、南翔、江桥、朱家角、浦江、佘山、九亭、枫泾、朱泾、亭林、海湾、奉城、周浦、康桥、唐镇、曹路、惠南、祝桥、长兴、陈家镇等。乡村,核心为建设美丽乡村,引导农村居民集中居住。

参考文献

[1] 曹永琴,李泽祥. 上海产业结构调整的路径选择研究 [J]. 上海经济,2018 (6):5-15.

[2] 方书生. 计划经济时期中国工业的创新机制 (1949—1978) [J]. 上海经济研究,2021 (3):93-106.

[3] 居晓婷,杜凤姣,熊健,等. 上海五个新城:全球城市区域视角下的功能体系优化提升 [J]. 城市规划学刊,2022 (3):72-79.

[4] 林盼. 区域经济一体化的早期实践:改革开放初期上海经济区概念的提出与演变过程探析 [J]. 中国经济史研究,2023 (5):142-154.

[5] 孙娟,屠启宇,王世营. 全球城市区域视角下上海大都市圈内涵属性与目标愿景 [J]. 城市规划学刊,2022 (2):69-75.

[6] 王绍博,罗小龙,顾宗倪. 精明增长背景下上海城市空间扩展演变特征与驱动机制 [J]. 经济地理,2019,39 (6):58-65.

[7] 忻平,陶雪松. 新中国城市建设与工业化布局:20 世纪五六十年代上海卫星城建设 [J]. 毛泽东邓小平理论研究,2019 (8):63-70.

[8] 张传勇,王丰龙,杜玉虎. 大城市存量工业用地再开发的问题及其对策:以上海为例 [J]. 华东师范大学学报 (哲学社会科学版),2020 (2):161-170.

[9] 郑德高,马璇,葛春晖. 追求卓越的全球城市:上海城市发展目标和战略路径研究 [J]. 城市规划学刊,2017 (7):67-74.

[10] 朱荫贵. 近代上海成为中国经济中心的启示 [J]. 复旦学报 (社会科学版),2019,61 (5):60-70.

第九章　开放型经济发展格局

自党的十四届三中全会首次提出"发展开放型经济"以来，上海作为首批14个沿海开放城市之一，较早确立了多轮驱动的开放型经济发展思路。改革开放以来，上海对外开放的过程，正是建立和发展开放型经济的过程，上海从全国最重要的工业基地迈向具有世界影响力的社会主义现代化国际大都市，城市经济社会发展成就和开放型经济密不可分。上海从对外开放初期强调外贸出口和引进外资，到推动内需与外需、出口与进口、"引进来"与"走出去"协调发展，实施更加积极主动的开放型经济发展战略，开创了外贸规模和效益同步增长，外贸、外资、外经并行发展，国内、国外市场双向拓展的发展格局。上海是"一带一路"建设的重要节点城市，发挥着我国参与和影响世界经济事务的重要平台的作用，打造全球经济资源流动与配置的重要空间载体，上海发展开放型经济具有十分重大的战略意义。

第一节　上海开放型经济发展历程

自1978年以来，上海作为改革开放的前沿，以浦东开发开放、中国加入WTO、上海世博会、上海自贸区成立和进博会等为重要节点，上海的开放型经济发展大致经历了四个阶段，即1978~1990年的起步探索阶段、1991~2000年的加速发展阶段、2001~2012年的全面提升阶段、2013年至今的高质量开放阶段。自改革开放以来，上海开放型经济规模不断扩大、结构日趋优化，已成为促进上海经济高质量发展的重要引擎。

一、起步探索阶段（1978~1990年）

1978年，中国开启改革开放，开启开放型经济发展大幕。1979年，以创办深圳、珠海、汕头、厦门等经济特区为标志，中国对外开放迈出重要步伐。上海没有被纳入第一批经济特区范围，直到1984年，国务院宣布进一步开放的14

个沿海城市才包括上海。20 世纪 80 年代，与深圳、珠海、汕头、厦门 4 个经济特区以及广东、福建相比，上海对外开放的范围和力度偏小。本阶段内，上海开放型经济发展相对缓慢，进出口贸易、利用外资和对外投资的增速及规模都比较有限。

（1）对外贸易开始起步，但对经济增长的作用较为有限。上海外贸进出口总额从 1978 年的 30.26 亿美元增加到 1989 年的 78.5 亿美元，上海的外贸依存度（外贸进出口额相当于 GDP 的比率）从 1978 年的 16% 增加到 1989 年的 42.4%，年均增幅相对有限。1978 年，上海出口商品构成中主要以轻纺产品、农副产品为主，机电仪化等产品出口额仅占全市出口总额的 12.3%[①]。

（2）吸引外资是本阶段开放型经济的主要内容。1984 年被列为沿海开放城市之前，对外借款是上海利用外资的主要形式。1984 年以后，上海吸引外商直接投资呈现一波上升势头。1987～1989 年，年均实际利用外资超过 3 亿美元。本阶段内，上海的外商直接投资主要以港澳资本为主，外资集中投资于纺织服装、食品加工、机电等传统劳动密集型制造业。

（3）对外投资的规模和范围有限。上海对外直接投资起步缓慢，80 年代初期每年仅一家海外企业获批并投入生产，投资金额每年不超过 200 万美元，主要集中在以纺织、轻工和中餐馆为主的服务性行业。80 年代后期逐渐增加到每年 20 多家，1989 年底上海已拥有境外投资企业 95 家（卢伟雄和孙勇，1990）。1989 年，上海对外投资金额已高达 1800 万美元，投资领域扩展到机电、化工、商业、通信等 10 多个行业部门。本阶段的上海对外投资以合资形式为主，全部海外企业中独资的仅有 3 家（谢康和欧志伟，1990）。

（4）随着开放型经济的发展，上海开始从以工业为单一功能的内向型生产中心城市逐步向多功能的外向型经济中心城市发展。在国务院对上海 1986 年《上海市城市总体规划方案》的批复中，将上海城市性质定位为：我国最重要的工业基地之一，我国的港口和重要的经济、科技、贸易、金融、信息、文化中心，同时还应当把上海建设成为太平洋西岸最大的经济和贸易中心之一。虽然当时首先强调的还是工业，而且上海最主要的任务是更好地为全国的发展建设服务，但已开始提出要把上海建成国际性的经济和贸易中心之一。

二、加速发展阶段（1991～2000 年）

（1）以浦东的开发开放为标志，上海开放型经济开始加速发展。1992 年，上海进一步对基层下放外商投资项目的审批权限，推动了吸引外资的快速发展。

---

① 上海市商务委员会.四十年风雨兼程上海外贸谱写新华章［EB/OL］.［2018-12-18］.http：//www.shanghai.gov.cn/nw2/nw2314/nw2315/nw31406/u21aw1354908.html.

1997 年上海是全国第一个提出"服务贸易与货物贸易并举"的外贸工作指导方针的城市，一批大型企业集团和单位先后加入开放型经济发展行列。

（2）对外贸易在经济发展中的地位越发重要。上海进出口总额由 1991 年的 204.09 亿美元增加至 2000 年的 1093.11 亿美元，占全国的比重为 43.5%。2000 年上海的外贸依存度已超过 98%，意味着上海的进出口贸易总额和 GDP 的比例接近 1∶1，这也是上海开放型经济发展水平提升的一个重要标志。

（3）吸引利用外资迎来高速发展。1992 年是上海利用外资进入高速发展时期的标志年，1992 年签订的外商直接投资合同超过前 11 年的总和，外商直接投资项目和合同金额分别同比增长 451.2% 和 566.7%。1992 ~ 2000 年，上海合同利用外资从 18.6 亿美元增加至 63.9 亿美元，实际利用外资从 12.6 亿美元增加至 31.6 亿美元。上海利用外资的领域也在不断拓宽，外商直接投资拓展至金融、保险、商业、外贸等现代服务业。

（4）海外市场不断开拓。本阶段内，上海增加和扩大非贸易性对外直接投资等业务。非贸易性海外企业由 1990 年的 56 家增加至 1995 年的 231 家，至 2000 年底，上海的海外企业机构累计为 580 家，其中贸易性企业机构 255 家，非贸易性企业机构 325 家，海外企业分布在 70 多个国家和地区，涉及轻工、机械、电子、医药、化工、建材、旅游等行业。非贸易性海外企业主要集中在非洲、中南美、亚洲等新兴市场，贸易性海外企业主要集中在北美、欧洲和亚洲等地区。

（5）上海发展开放型经济的城市功能基础更加稳固。鉴于上海开放型经济的进展及国际城市的新形势和新变化，1992 年党的十四大提出，"以上海浦东开发开放为龙头，进一步开放长江沿岸城市，尽快把上海建成国际经济、金融、贸易中心之一，带动长江三角洲和整个长江流域地区经济的新飞跃"，明确了上海开放型经济应有的地位与作用，即上海以浦东开发开放为龙头，建成国际经济、金融、贸易中心（"一龙头、三个中心"），依照该定位，上海开放型经济的产业支撑能力和城市集聚扩散能力的进一步提升有了更加良好的基础。

三、全面提升阶段（2001 ~ 2012 年）

随着中国正式加入 WTO，跨国公司在上海加快汇聚，上海不断优化开放型经济结构，不断提高引进利用外资的质量和水平，对内对外开放度持续提升，上海的国际枢纽性经济地位加速凸显。

（1）外贸依存度持续提升。2002 ~ 2009 年，上海外贸进出口总额持续快速增长，从 726.64 亿美元增加至 4367.6 亿美元，外贸依存度从 104.8% 升至 136.6%。外贸进出口结构进一步优化，2012 年，上海的加工贸易出口占比近 10

年内首次降至 50% 以下，加工贸易虽有所下降，但仍是对外贸易的主导形式。服务贸易持续快速增长，上海服务贸易出口额和进口额均居全国首位。

（2）利用外资对经济发展的贡献日益增强。2001～2012 年，上海吸收外资合同金额由 73.73 亿美元增至 223.38 亿美元。外资高新技术产业工业增加值所占比重要高于其他所有制工业企业，外资规模以上企业的工业总产值所占比重由 1993 年的 14% 增加到 2009 年的 59.4%；外商直接投资中的服务业比重显著提高，由 2001 年的 25% 上升到 2012 年的 83.7%。本阶段总部经济集聚效应明显，2002 年，上海在全国率先出台《上海市鼓励外国跨国公司设立地区总部的暂行规定》，推进一批国际著名的跨国公司落户上海。截至 2012 年底，外商累计在上海设立跨国公司地区总部 403 家、投资性公司 265 家、研发中心 351 家，而且 95% 以上地区总部具有两种以上的总部功能。

（3）"走出去"的层次和竞争力不断提高。海外投资、对外承包工程和对外劳务合作均有显著增长，截至 2011 年底，上海累计对外投资总额首次突破 100 亿美元，2012 年一年对外投资额新增 32.43 亿美元，"走出去"的步伐不断加快，2012 年民营企业对外投资项目数、金额占比分别为 63% 和 30%，国有企业占比分别为 20% 和 60%，从投资规模来看国有企业占对外投资的主导地位。

（4）开放型经济体系与"四个中心"建设相辅相成。在上海 2001 年版城市总规中，上海城市发展目标是建设经济繁荣、社会文明、环境优美的现代化国际大都市，国际经济、金融、贸易、航运中心之一（"一个现代化、四个中心"）。上海明确要在经济、金融、贸易、航运四个方面都做国际中心之一。"四个中心"建设标志着上海对外开放进入新的阶段，上海开始在更高层次上提高开放型经济水平。

四、高质量开放阶段（2013 年至今）

2013 年设立上海试验区和 2018 年开始举办中国国际进口博览会（以下简称进博会），成为推动上海开放型经济发展的重要引擎，上海在推动出口与进口、"引进来"与"走出去"协调发展的过程中，不仅形成了以服务贸易、一般贸易、消费品进口为主的外贸发展格局，而且形成了以服务经济、总部经济、研发经济为主的引资格局，形成了以产业链、创新链、价值链为主导的对外经济合作格局。

（1）外贸依存度有所下降，但外贸的地位仍举足轻重。2013～2021 年，上海外贸进出口总额从 4413.98 亿美元增加至 6286.03 亿美元，增速相对有所减缓，服务贸易成为上海市开放型经济新增长点，服务贸易进出口额由 2013 年的 1725.4 亿美元增加至 2021 年的 2293.80 亿美元。

（2）吸引外资的规模和能级不断提升。2013~2021 年，上海外商直接投资合同金额由 246.3 亿美元增加至 603.91 亿美元。跨国公司围绕着全球价值链、创新链和供应链在上海布局，上海形成了以服务经济、总部经济、研发经济为主的外资发展格局，截至 2021 年底，上海累计吸引跨国公司地区总部 831 家、外资研发中心 506 家。外资企业成为上海推动经济增长的重要引擎、优化产业结构的重要支撑、促进科技创新的重要主体。

（3）对外投资呈现结构性变化。上海自贸区发挥对内对外的辐射带动作用，推动了对外投资合作的快速发展，2016 年上半年，上海自改革开放以来第一次出现实际对外投资额大于实际利用外资额，形成双向投资的"顺差"。上海对外投资合作方式包括增资、并购和新设，其中并购类投资迅速增加。2021 年，海外并购占总投资额的比重为 44.83%。

（4）开放型经济取得的发展成效，助力上海建设具有世界影响力的社会主义现代化国际大都市。在《上海市城市总体规划（2017—2035 年）》中，上海城市性质定位为我国直辖市之一、国家历史文化名城，国际经济、金融、贸易、航运、科技创新中心。此后，上海城市发展目标进一步提升建设具有世界影响力的社会主义现代化国际大都市。为增强上海作为长三角世界级城市群核心城市的龙头带动作用、集聚辐射效应和国际竞争力，上海需要主动服务"一带一路"建设、长江经济带发展等重大战略，更好地发挥向外连接全球网络和向内辐射区域腹地的"两个扇面"作用，这也为上海开放型经济发展带来新要求和新机遇。

第二节 全球高端要素资源

改革开放以来，上海积极引进外资，上海的外资规模从小到大、能级由低到高，成为全球高端要素的重要目的地。上海外资"引进来"成效不断显现，截至 2023 年 2 月，上海累计实际使用外资 3312 亿美元，累计引进跨国公司地区总部 902 家、研发中心 536 家，外资成为推动上海经济社会发展的重要力量。

一、利用外资的规模和空间分布

（一）上海引进外资的规模变化

从吸收外资规模的变化来看，1985 年，上海合同外资金额近 3.05 亿美元，实际吸收外资金额仅 0.62 亿美元。1992 年后，上海进入引进外资高速发展时期。2021 年底，上海引进外资的合同金额累计为 6528.28 亿美元，累计实到外资为 3010.07 亿美元。改革开放以来，上海吸收外资规模的增速不断加快，上海花费 18 年时间实现累计实到外资突破 500 亿美元的目标，随后只花费 6 年时间实现累计实到外资突破 1000 亿美元的目标，而累计实到外资突破 2000 亿美元、3000 亿美元分别仅用了 3 年、2 年。

2013 年是上海利用外资规模变化的"分水岭"。2013 年之前，上海引进外资的合同金额和实到金额总体上呈平稳增长态势，2013 年上海自贸区挂牌成立后，随着上海基本形成与国际投资贸易通行规则相衔接的基本制度体系，上海的新增外资大幅增加。2014 年上海合同外资首次突破 300 亿美元，2015 年上海合同外资首次突破 500 亿美元，2015~2021 年，上海每年新增合同外资均在 400 亿美元以上，2021 年达 603.91 亿美元（见图 9-1）。

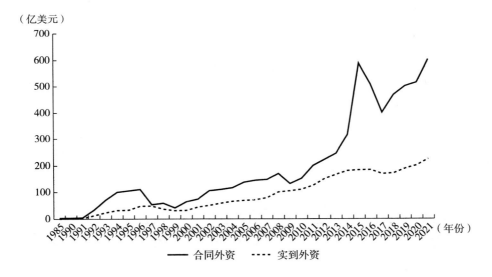

图 9-1　1985~2021 年上海利用外资规模情况

资料来源：历年《上海统计年鉴》。

（二）上海引进外资的行业分布

改革开放初期，上海利用外资实施出口导向与进口替代并重，既注重引进出口加工型企业，增加出口，也注重引进先进技术企业，提高上海产业能级，并把后者作为引进重点[①]。从改革开放初期到 21 世纪初，工业性外商投资项目

[①]　中国政府网. 上海不断创新利用外资方式规模从小到大质量由低到高 [EB/OL]．[2008-12-07]．http：//www.gov.cn/govweb/gzolt/2008-12-07/content_1170802.htm.

一直占主导地位。1978~2007年，上海共吸收外资制造业项目23596个，促进了汽车、钢铁、船舶、装备、化工、信息及生物医药六大支柱产业的发展，大量外资企业成为支柱产业的龙头企业。

2005年，上海市第三产业利用外资合同金额首次超过第二产业，第三产业吸引外资占比增加至52.9%，第二产业吸引外资占比调整为47%，上海利用外资的产业结构初步形成"三、二、一"格局。中国自加入WTO以来，上海积极发展服务外包产业，随着一批大型服务外包项目落户上海，上海形成了5个服务外包示范区，以服务外包为标志的服务业对外开放，推动上海第三产业吸收外资所占比重持续上升。2003~2021年，上海第三产业吸收外资合同金额占比由33.5%上升到95.7%，外资在金融、贸易、航运等现代服务业领域成为产业生力军（见图9-2）。

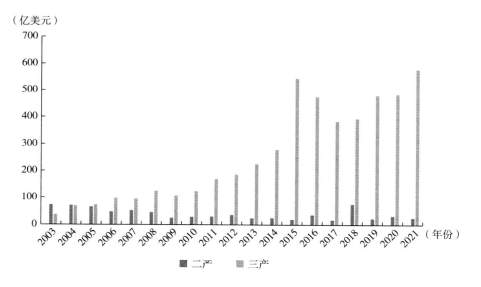

图9-2　2003~2021年上海第二、第三产业利用外资合同金额情况
资料来源：历年《上海统计年鉴》。

2021年，上海以服务业、总部经济、研发经济为主体的外资行业分布格局更加明显。引资结构以服务业为主，服务业实到外资金额占全市比重为95.5%。总部经济能级提升，行业分布以制造业企业为主。母公司以制造业企业为主，占比71%，主要集中在生物医药、集成电路、汽车制造、智能制造等行业，服务业企业占比29%，主要集中在商贸、物流、检验检测等行业。外资研发集聚效应明显，主要集中在生物医药、信息技术、汽车及零部件和化工等行业（见图9-3）。

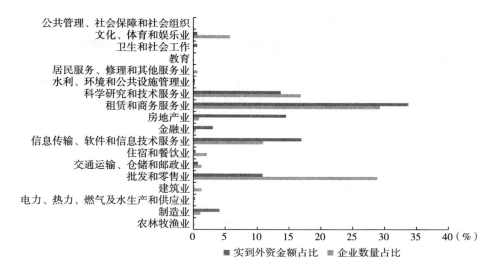

图 9-3　2021 年上海市利用外资分行业情况

资料来源：2022 年《上海统计年鉴》。

（三）上海利用外资的空间分布

20 世纪 90 年代以来，上海外资的空间分布是经济全球化与地方政府互动的过程，其中制度因素和集聚因素的作用在不断增强（赵新正等，2011），上海不同空间利用外资的规模和强度均有所差异。

1. 利用外资规模的空间分布

利用外资规模可以作为反映地区经济发展外资作用大小的指标之一，上海利用外资规模在空间上表现为"近郊区＞中心城区＞远郊区"，即由中心城区向外呈现出"低—高—低"的圈层状空间结构。

浦东新区（原浦东新区和原南汇区）在上海利用外资中遥遥领先，发挥着重要作用。1997 年浦东合同外资金额占上海市的比重为 39%，2001 年该比重上升到 46.1%，意味着 21 世纪初期上海近一半的外资集中在浦东地区。此后一段时间内，随着中心城区的服务业外资占比上升，浦东新区外资占比有小幅下降，但都处在 30% 以上。2013 年上海自贸区挂牌成立后，浦东新区利用外资迎来新一轮增加，2021 年浦东新区外商直接投资 240.79 亿美元，实际到位资金 107.03 亿美元。

闵行、嘉定、宝山、松江、青浦等也是利用外资的空间集聚区。20 世纪 90 年代初期，郊区利用外资的规模已相对高于远郊区及部分中心城区，1997 年，闵行、嘉定、宝山、松江、青浦五个区合同外资金额各自占上海市的比重均超过 5%，高于除黄浦区之外的其他中心城区。随着郊区"出口加工区"等载体的成功开发，再加上土地资源丰富、基础设施完善、毗邻市区等优势，郊区吸收利用外资势头良好，21 世纪初期迎来吸收外商投资的又一轮高潮，其中闵行区合同外资金额占上海市的比重在 2012 年高达 12.8%。

中心城区吸收外资呈"V"形变化特征。改革开放初期，中心城区因具有优越的区位条件、商业设施和便捷的信息渠道，在吸引外资方面具有其他区县不具备的绝对优势，黄浦区 1997 年合同外资金额占上海市的比重已超过 9.2%，仅次于浦东新区。由于 2005 年之前上海吸引的外资以工业项目为主导，再加上中心城区土地资源有限、商务成本上升等因素，使中心城区吸引外资规模在上海市的地位有所下降。但近年来随着服务业外资占比不断上升，中心城区吸引外资规模开始呈上升趋势，与近郊区的差距在不断缩小。

奉贤、崇明、金山三个远郊区吸引外资规模相对较小，三个区合同外资金额各自占上海市的比重一直处于低位，由于交通不便、配套基础设施不完善、产业和商业基础较差，使远郊区吸收外资的规模远远低于上海其他区县（见表 9-1）。

表 9-1 1997～2022 年上海各区合同外资金额占比情况   单位：%

区县＼年份	1997	2001	2006	2012	2018	2022
浦东	39.0	46.1	37.8	34.9	43.4	40.9
黄浦	9.2	1.7	6.4	6.1	3.9	3.9
静安	2.8	0.7	5.1	10.3	5.3	4.3
徐汇	3.2	1.1	4.2	4.8	3.1	3.3
杨浦	0.7	1.8	2.0	2.4	5.4	2.5
长宁	4.2	1.9	3.6	3.3	2.6	2.5
普陀	4.7	1.2	1.8	2.9	4.9	4.8
虹口	1.5	0.5	4.2	5.0	3.5	3.3
闵行	6.1	7.9	10.2	12.8	7.5	10.4
嘉定	6.6	14.1	6.0	3.1	6.7	3.2
宝山	7.8	0.6	2.4	1.7	4.2	3.4
松江	5.5	10.7	5.3	4.7	2.0	5.1
青浦	6.4	6.3	4.6	3.9	2.4	4.7
奉贤	1.3	3.7	3.6	2.1	2.6	3.2
崇明	0.2	0.2	0.1	0.3	1.9	1.4
金山	0.8	1.5	2.7	1.7	0.8	3.2

资料来源：历年上海市各区国民经济和社会发展统计公报；为统一数据口径，区县范围按 2018 年上海市行政区划进行统一。

2. 利用外资强度的空间分布

从外商投资密度的空间分布来看，上海各区县外资投资密度表现出由中心城区向外围呈圈层式递减的结构特征。中心城区是外商投资的高密度地区，黄浦、静安、长宁、徐汇一直是外资投资密度较高的区域，历年的外资投资密度均高于郊区，说明中心城区外商投资的空间密集度最高。浦东、闵行、嘉定、松江、宝山等地区的吸引外资规模虽然高于中心城区，但投资密度均低于中心城区。

从各区县外商投资密度的演变来看，郊区外商投资密度总体上呈稳步上升趋势，如青浦由 1997 年的 49.33 万美元/平方千米增加至 2022 年的 306.06 万美元/平方千米；中心城区外商投资密度则表现出先下降再上升的态势，如黄浦、虹口、静安、普陀、长宁、徐汇，2001 年的外商投资密度均大幅低于 1997 年水平，但随着上海市服务业外资占比的升高，中心城区外商投资密度开始不断上升（见表 9-2）。中心城区由于土地资源有限，更加注重提高单位面积引资的数量和质量，注重引进不用新增土地和用地少的项目。

表 9-2 1997~2022 年主要年份上海各区县外资投资密度情况

单位：万美元/平方千米

年份 区县	1997	2001	2006	2012	2018	2022
黄浦	2305.52	653.1	4458.1	6182.8	7238.51	8318.67
虹口	337.14	167.38	2549.34	4437.82	5651.62	6098.81
静安	394.14	149.19	1970.86	5816.16	5409.44	5113.88
普陀	441.64	172.03	467.88	1097.94	3399.6	3811.78
杨浦	63.23	232.97	469.36	828.26	3373.95	1808.00
长宁	558.04	389.93	1339.61	1785.9	2616.19	2825.07
徐汇	303.09	157.89	1093.1	1829.8	2182.25	2611.40
浦东	165.57	299.37	445.08	601.94	1363.17	1485.45
闵行	85.02	167.49	392.1	722.86	765.21	1229.94
宝山	148.06	17.4	126.22	129.16	583.42	556.11
嘉定	73.16	238.75	184.21	140.03	547.18	303.75
奉贤	9.52	42.31	74.64	62.56	142.57	205.12
青浦	49.33	73.89	97.83	119.68	134.3	306.06
松江	46.34	138.87	124.72	160	123.34	373.49
崇明	0.67	1.33	1.2	5.48	61.58	52.30
金山	7.23	20.12	65.66	59.72	51.19	240.59

资料来源：历年上海市各区国民经济和社会发展统计公报；为统一数据口径，区县范围按 2018 年上海市行政区划进行统一。

3. 利用外资的空间载体

上海注重引导符合产业投资导向的外资项目集聚到作为现代服务业和先进制造业主要载体的各类集聚区和产业园区，产业集聚区是上海市发展开放型经济的重要载体，也是上海吸收利用外资的主要空间载体。

开发区是上海市利用外资的主要平台。自1986年闵行开发区和虹桥开发区被列为第一批国家级开发区以来，上海不断创新开发区的形式和内容，强化吸引外资的针对性。从开发区的网络构成来看，2003年以后，上海开发区发展进入转型调整、内涵提升阶段，形成了由经济技术开发区、高新技术产业开发区、保税区、出口加工区、金融贸易区、旅游度假区、工业园区、物流园区、商贸园区及生产性服务业园区等组成的开发区网络。截至2021年底，上海共有15个国家级开发区和23个市级开发区。从开发区对外资的吸引情况来看，截至2007年底，上海市开发区累计引进外资项目1.74万个，占上海市总数的36%，累计合同外资金额达到589亿美元，累计实到外资338亿美元，占上海市比重分别为45.5%和45%。此后，开发区一直是上海市利用外资的重要平台，2020年，上海市开发区引进外资项目2649个，吸引合同外资金额220.42亿美元，占上海市比重分别为46.1%和42.7%。

上海自贸区成为吸引外资的重要承接地。2013年8月，经国务院批准设立的上海自贸区范围总面积为28.78平方千米，仅包括上海市外高桥保税区（核心）、外高桥保税物流园区、洋山保税港区和上海浦东机场综合保税区4个海关特殊监管区域。2014年，浦东陆家嘴金融片区、金桥开发片区、张江高科技片区被纳入上海自贸区范围，上海自贸区扩展至120.72平方千米。2013年9月，上海自贸区发布《中国（上海）自由贸易试验区外商投资准入特别管理措施（负面清单）》（以下简称《负面清单管理措施》），2018年《负面清单管理措施》减至45条。《市场准入负面清单（2019年版）》相比2018年版进一步减少了20项。2021年，国家发展改革委和商务部发布《自由贸易试验区外商投资准入特别管理措施（负面清单）（2021年版）》，管理措施为27条。2023年，上海加大吸引和利用外资，出台了《上海市加大吸引和利用外资若干措施》，要求落实最新版全国和自贸试验区外商投资准入负面清单。上海自贸区的制度创新对外资产生较强吸引力，上海自贸区刚挂牌成立时，新设外资企业占新设企业的比重仅为5%，2021年新设外资企业592户，约占新设企业的10%。截至2022年底，上海自贸区累计实到外资586亿美元，约占上海同期的30%。

二、总部经济提升上海外资能级

吸引跨国公司的地区总部是上海发展开放型经济的重要内容，上海优越的地理区位和历史文化为其发展总部经济提供了良好的基础条件。上海市不断为发展总部经济创造良好的制度环境，持续推进高能级地区总部进驻上海，支持跨国公司设立研发中心及开放式创新平台，形成了中外大型企业总部集聚高地。在总部经济有力带动下，上海利用外资的能级不断提升，不断增强配置全球高端要素资源的能力。

（一）总部经济规模持续扩大

上海成为中国内地跨国公司地区总部最集中的城市。自 2002 年上海制定《上海市鼓励外国跨国公司设立地区总部的暂行规定》以来，上海总部经济经过十多年的发展，在数量和规模上都取得了显著成效。截至 2022 年底，上海累计引进跨国公司地区总部 891 家，吸引外资研发中心 531 家。更多地区总部成为集管理决策、采购销售、研发、资金运作、共享服务等多种职能于一体的"综合性总部"。外资研发中心集聚全球高端创新要素，吸引大量的创新资本、创新人才。

2004~2022 年，上海市跨国公司地区总部和外资研发中心的增幅分别为936%、279%。跨国公司地区总部增长速度要快于外资研发中心，集聚效应日益明显。

从落户区域来看，浦东新区是吸引跨国公司地区总部的主要区域，也是跨国公司地区总部最集中区域。截至 2022 年底，浦东新区累计认定跨国公司地区总部 419 家、外资研发中心 252 家，分别占全市的 52.05%、64.45%。其中，陆家嘴主要是投资性总部，张江以研发类总部为主，金桥以先进制造业和生产性服务业总部为主，保税区是营运总部集聚地（见图9-4）。

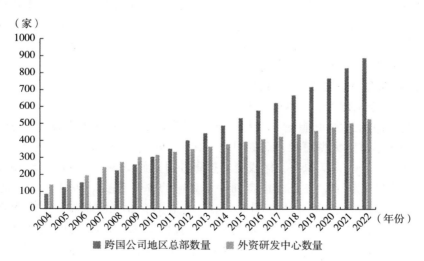

图 9-4　2004~2022 年上海市总部机构数量

资料来源：历年《上海统计年鉴》。

从跨国公司地区总部的投资国别（地区）来看，欧、美、日企业是投资主体。截至 2021 年底，欧洲企业累计设立地区总部 258 家，占总数的 31.0%；美国企业在上海累计设立地区总部 224 家，占总数的 27.0%；日本企业累计设立地区总部 175 家，占总数的 21.0%（见图 9-5）。

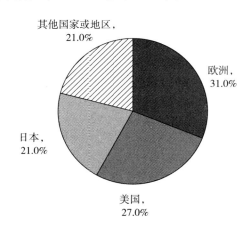

图 9-5　2021 年上海跨国公司地区总部投资地区分布

资料来源：2022 年《上海统计年鉴》。

跨国公司地区总部的行业分布以制造业企业为主，截至 2021 年底，制造业企业在上海累计设立地区总部 183 家，占跨国公司地区总部数量的 71%；服务业企业累计设立地区总部 65 家，占总数的 29%。总部经济是经济全球化和区域经济一体化发展到一定阶段的产物，其集聚效应能够促进所在区域的发展，截至 2021 年 11 月底，上海跨国公司地区总部以占全市外资企业总数 1.1% 的比重，贡献了全市外资企业 18.2% 的税收。

（二）利用外资能级不断提升

1. 大型跨国公司占比不断提升

随着上海引进外资能级不断提升，外资大项目不断增多。改革开放之初，上海就注重对世界大型跨国公司的引资工作，2006 年《财富》500 强企业的 481 家外国企业中，有 257 家在上海投资，投资项目达到 1884 个，约占全国的 47%，合同外资 227 亿美元，占上海市合同外资总额的 20% 左右。2021 年，上海引进 60 家跨国公司地区总部和 25 家研发中心，从总部企业能级来看，世界 500 强企业设立的地区总部约占 15%；从研发中心企业能级来看，25 家中全球研发中心 5 家，外资开放式创新平台 1 家，世界 500 强企业设立的外资研发中心约占总数的 1/4。上海引进外资已具有大项目多、能级高等特点，反映了上海利用外资正向更高水平、更深层次发展。

2. 吸引外资结构不断优化

跨国公司地区总部机构在上海的集聚，产生了大量专业服务需求，推动了上海信息服务、金融服务、专业中介服务、会展、物流等现代服务业的发展，有力推动了大量知识型外资服务企业进入上海。2021年，上海服务业实到外资215.3亿美元，占全市外资比重为95.5%。

从上海引进的服务业外资结构来看，"1+3"发展格局已初步形成，"1"是指以商务服务业为主，"3"是指高技术服务业、房地产业和商贸业协调发展。以跨国公司地区总部、外商投资性公司为主的商务服务业已成为上海引进外资的主要领域。2021年，商务服务业实到外资76.0亿美元，占上海市外资比重为33.7%，高技术服务业、房地产业、商贸业实到外资占上海市外资比重分别为29.1%、14.6%、10.9%。上海正在加快建设具有全球影响力的科技创新中心，吸引外资企业不断在相关技术服务企业领域增资。2021年，上海科学研究和技术服务业实到外资30.92亿美元，同比增长33.1%。

上海的外资制造业也在不断提升能级。2020年，上海外资制造业项目实到外资10.9亿美元，同比增长36.1%，1000万美元以上项目24个，主要集中在汽车及其零部件、集成电路、化工、专用设备、医药和医疗器械制造领域。高技术制造业占制造业外资比重为31.2%。高技术制造业外资推动制造业外资大幅增长，以特斯拉新能源汽车制造项目为例，其是迄今为止上海引进的最大的外资制造业项目，也是中国首个外商独资汽车整车制造和研发项目。

第三节　全球资源配置能力

上海一直是中国对外投资的重要平台，在国家"走出去"战略的推动下，上海不断完善"走出去"的促进和支持体系，实现了从"商品输出"到"资本输出"的角色转变，对外投资领域不断拓展、对外投资结构不断优化、对外投资形式不断更新、对外投资效应日益突出，上海对外投资已经形成以产业链、创新链、价值链为扩张动力的发展格局。

一、从商品输出到资本输出

"从商品输出"到"资本输出"是开放型经济升级的必然规律，资本输出将产生不同于商品输出的经济效应（朱富强，2016），上海在经历了以出口贸易、技术引进为主要内容的对外经济合作后，对外投资开始成为新的对外经济合作重点。

（一）商品输出能级不断提升

改革开放初期，上海主要发展以"三来一补""两头在外"为特征的加工贸易，初级产品在出口产品中占有较大比重。1978 年，上海出口商品构成中以轻纺产品、农副产品为主，机电仪化等产品出口仅占全市出口总额的 12.26%。1990 年，随着产业转型升级，上海出口商品结构基本实现了由以初级产品为主向以工业制成品为主的转变，初级产品占出口产品的比重降至 10% 以下，工业制成品占出口产品的比重超 90%，大型机电、成套设备的出口对整个出口起拉动效应，上海出口商品的整体结构不断优化，农副产品的出口比重从 1978 年的 31.2% 减少到 1995 年的 8.9%。21 世纪以来，上海出口商品的技术含量不断提高，出口商品结构得到进一步调整和优化，高新技术产品占出口产品的比重由 1999 年的 17.4% 增加至 2021 年的 38.52%。

以上海金桥出口加工区为例，金桥出口加工区经过几次功能调整，实现了加工组装业到制造业，再到生产性服务业的功能转变，其产品输出经历了加工导向期、制造导向期和创新导向期等不同时期。在加工导向期（1990～1997 年），1990 年 9 月金桥出口加工区成立后，初期主要引进纺织、轻工、机电等劳动密集型产业部门，主要生产国际市场上处于标准化生产阶段的产品，出口产品集中在小型家电、电子及通信元器件、食品、纺织服装制品等，产品的科技含量和附加值低，市场竞争力弱。在制造导向期（1998～2005 年），通过承接国际产业转移，借助跨国公司的技术溢出效应，金桥出口加工区的出口产品发展到现代家电、电脑及软件、食品、生物医药制品、芯片设备、集成电路和轿车、汽车零部件等多元化的产品结构。在创新导向期（2006 年至今），2006 年，"金桥生产性服务业集聚区"挂牌后，形成研发设计、总部经济、生产性服务外包与产品服务"四个中心"，形成了包含标准化产品和新产品在内的产品出口结构。新产品产值占工业总产值的比重逐年上升（程进等，2012）。

（二）资本输出渐成主要方式

1. 对外直接投资规模领跑全国

根据投资发展路径理论，一国的净对外直接投资是经济发展阶段的函数，到达一定阶段时，进行投资阶段的转变是必然选择，但投资发展路径具有独特性（陈漓高和黄武俊，2009）。上海在改革开放初期就开启了对外直接投资的历程，近年来，随着上海经济发展水平迅速提升，上海对外直接投资也呈现出快速发展趋势。上海对外直接投资中方投资额由 2000 年的 0.26 亿美元增加至 2015 年的 398.97 亿美元，2016 年上半年上海首次出现资本"走出去"大于"引进来"的资本净输出。2021 年，面对复杂严峻的全球发展环境，上海实际对外投资金额位居全国各省份第二，上海对外投资规模持续处于全国领先地位。2021 年，上海对外直接投资 196.20 亿美元，同比增长 29.8%（见图 9-6）。

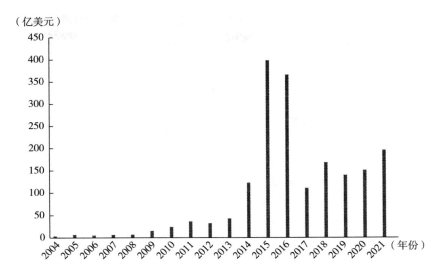

图 9-6　2004～2021 年上海对外直接投资额变化情况

资料来源：历年《上海统计年鉴》。

2. 上海自贸区平台对外投资作用明显

作为上海对外投资的重要平台，上海自贸区通过制度创新，不断提高自由化、便利化水平，上海自贸区已成为企业对外投资的集聚地，在上海的对外直接投资中发挥了桥头堡的作用。2013 年上海自贸区对外投资总额占上海市比重仅为 7.6%，2015 年通过上海自贸区进行备案的对外投资额占上海市比重即已超过 50%。到 2018 年，共有 361 家企业通过上海自贸区进行对外投资核准备案，对外投资总额占上海对外投资总额的 69.2%。2021 年，上海市委、市政府发布《关于支持中国（上海）自由贸易试验区临港新片区自主发展自主改革自主创新的若干意见》，明确支持临港新片区管委会对注册在临港新片区的地方企业实施上海市权限内的境外投资项目备案管理，上海自贸区在上海市"走出去"战略中的地位和作用越来越重要。

3. 海外并购是上海对外投资的主要方式

从对外直接投资方式来看，上海对外投资方式主要为增资、并购和新设，其中以跨国并购为主。市场中占有优势的企业通过开展跨国并购，一方面，获取优质品牌、核心技术和营销渠道，从低技术含量的劳动密集型经济向价值链高端发展，提高国际化经营水平并扩大市场份额。另一方面，实现规模经济以降低成本，提高企业的国际竞争力。2020 年，中国企业共实施对外投资并购项目 513 个。其中，上海市企业实施的对外投资并购项目为 151 个，占比近三成，是地方企业对外投资并购项目最多的省级地区。2021 年，上海并购项目投资额占总投资额的 44.83%，增资项目投资额占总投资额的 36.63%。从行业分布情况看，上海市对外直接投资并购涉及国民经济 15 个行业大类，制造业并购项目居多（见图 9-7）。

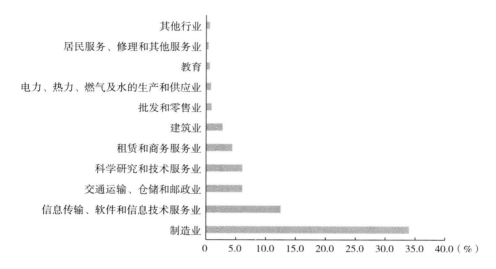

图 9-7　2020 年上海对外投资并购的行业分布

资料来源：《上海对外投资合作年度发展报告（2021 年）》。

二、对外投资的空间分布

东道国经济规模、人均收入、贸易开放、资源条件等因素均构成了企业对外直接投资区位选择的影响因素（余官胜和林俐，2015）。研究表明，距离、东道国制度对中国对外投资的国别选择产生了影响，对发展中国家的投资侧重市场和资源寻求动机，对发达国家的投资侧重战略资产寻求动机（蒋冠宏和蒋殿春，2012）。上海对外直接投资的区位选择同样受到企业投资动机和投资国环境的影响，而且对外直接投资在一些国家或地区呈集聚特征。

（一）对外投资集中在亚洲、拉丁美洲

从洲际空间尺度来看，拉丁美洲、亚洲是上海对外直接投资的主要目的地。2021 年，上海对开曼群岛投资备案项目共 151 个，中方投资额为 84.37 亿美元，占全市总额的 43%；对中国香港投资备案项目共 387 个，中方投资额为 46.14 亿美元，占全市总额的 23.51%。上海对东盟、《区域全面经济伙伴关系协定》（RCEP）和欧盟地区投资增速较快。对东盟直接投资备案投资 21.02 亿美元，同比增长 54.17%；对 RCEP 成员国直接投资备案投资 23.75 亿美元，同比增长 17.7%；对欧盟直接投资备案投资 16.66 亿美元，同比增长 10.36%（见图 9-8）。

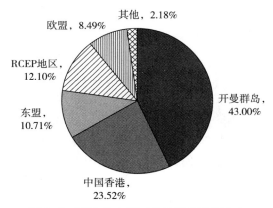

图 9-8 2021 年上海对外投资的地区分布

资料来源:《中国对外投资合作发展报告（2022）》。

（二）中国香港和美国是主要的海外投资地

2020 年，上海对中国香港、美国、英属维尔京群岛、开曼群岛、新加坡、印度尼西亚、荷兰、阿拉伯联合酋长国、日本和英国合计投资 122.1 亿美元，占上海对外直接投资的 97.2%。其中，中国香港和美国是上海对外直接投资的主要目的地。2020 年，上海市对外直接投资流量分布在 60 个国家和地区，中国香港、美国排在前两位，上海对中国香港和美国的投资流量分别占全市的 35.6% 和 17.8%（见图 9-9）。

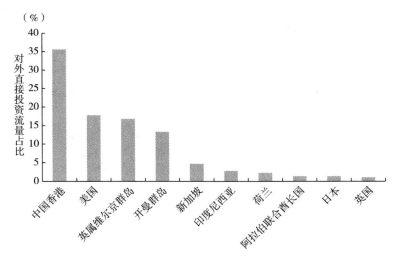

图 9-9 2020 年上海对外投资额的空间分布

资料来源:《上海对外投资合作年度发展报告（2021 年）》。

（三）对外投资空间分布呈先分散再集中趋势

国际贸易争端和贸易壁垒将影响上海对外投资的空间分布格局。比较 2017 年和 2018 年上海对外投资的空间分布可以看出，除了对中国香港和德国的投资有不同幅度的上升，上海对其他排位靠前地区的投资均有一定程度下降，其中对美国、加拿大、澳大利亚的投资下降较为明显，除企业投资动机等因素的影响之外，一些东道国造成的贸易争端和贸易壁垒也是影响上海对外投资布局的重要因素。进一步从上海对外投资空间分布的集中情况来看，近年来上海对外投资空间分布的集中度呈先分散再集中趋势。2013 年，上海对美国、澳大利亚、德国、日本、英国、法国、加拿大、中国香港 8 个国家或地区的投资额占总投资额的比重为 82.8%，2017 年上海对排在前 8 位国家或地区的对外投资额占比降至 64%，2018 年该比重进一步降低至 59.8%，反映出上海对外投资的空间分布呈现出扩散趋势。到 2020 年，上海对排在前 8 位国家或地区的对外投资占比增加至 94.7%，国际贸易保护主义抬头等因素对上海对外直接投资的空间选择产生较大影响。

三、"一带一路"建设桥头堡地位不断加强

"一带一路"倡议有力支持了上海企业及机构在全球进行资源配置和布局，上海企业也积极参与"一带一路"建设，上海作为"一带一路"建设"桥头堡"的地位和作用不断提升，提高了上海企业及机构的国际化运营能力和竞争力，"一带一路"倡议已经成为推动上海开放型经济高质量发展的新动能。

（一）对"一带一路"建设的投资规模不断增加

经贸投资是"一带一路"建设的重要内容，上海充分运用其区位、自贸区制度创新、产业以及科技创新等优势，对共建"一带一路"国家和地区的投资合作稳步推进。上海企业主动响应"一带一路"倡议，2014~2016 年，上海在共建"一带一路"国家和地区累计投资项目 246 个，实际投资额累计达到 54.9 亿美元，年均增长近 1.6 倍；承接重大工程 3019 个，累计合同额达 217 亿美元，年均增长 9.4%，与沿线国家或地区进出口贸易额突破 5000 亿元，占全市的比重超过 20%。

上海通过提升对共建"一带一路"国家和地区的投资，不断强化"一带一路"建设桥头堡的地位和作用。2018 年，上海对共建"一带一路"国家和地区非金融类直接投资中方投资额为 29 亿美元，占全市的比重为 17.4%；新签对外承包工程合同额为 87.3 亿美元，占全市的比重为 73.4%；完成营业额 47.23 亿美元，占全市的比重为 62.6%。2018 年，上海成功召开首届中国国际进口博览会，来自共建"一带一路"国家和地区的参展商占到 1/3。2023 年，上海连续

成功举办六届中国国际进口博览会，吸引了包括美国在内的 128 个国家的 3400 多家企业参展。上海与共建"一带一路"国家和地区的互联互通，进一步推进了国际经济、金融、贸易、航运、科技创新"五个中心"建设。

2023 年，上海在共建"一带一路"国家和地区投资近 300 亿美元、承包工程合同额超过 700 亿美元、货物贸易总额超过 1 万亿美元。2023 年，上海将创建"丝路电商"合作先行区，探索数字身份和电子认证跨境互操作，推动"丝路电商"跨境人民币结算，建设数据交易登记服务体系和数据交易国际板，同时，推动长三角地区跨境电商公共服务平台在货物通关、物流跟踪、企业咨询等方面加强合作。

（二）对"一带一路"建设投资的空间分布相对集中

上海对共建"一带一路"国家和地区投资的空间分布相对不平衡，投资国家集中度较高。截至 2020 年底，上海市对 32 个"一带一路"国家和地区的投资存量为 162.5 亿美元，占上海市对外直接投资存量的 11.9%。其中，超九成投资集中在新加坡、印度尼西亚、阿拉伯联合酋长国、马来西亚和俄罗斯，以上五国合计占比达 93.7%。2020 年，上海市对 21 个"一带一路"国家和地区的投资流量为 12.8 亿美元，占上海市对外直接投资流量的 10.2%。进一步从国别分布来看，2020 年，上海市对共建"一带一路"国家的超九成投资集中在新加坡、印度尼西亚、阿拉伯联合酋长国、菲律宾和缅甸五国，合计占比达 91.4%（见图 9-10）。

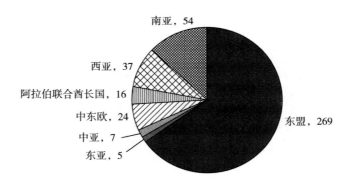

图 9-10　2013～2018 年上海对共建"一带一路"国家和地区投资项目数分布

资料来源：http：//www.gmw.cn/xueshu/2019-02/28/content_32583570.htm.

参考文献

［1］程进，曾刚，张云伟. 中国沿海大都市出口加工区生命周期研究——以上海金桥出口加工区为例［J］. 地理科学，2012，32（12）：1417-1423.

［2］韩剑．新发展格局下上海自贸区的定位与担当［J］．人民论坛，2020（27）：26-29.

［3］刘鑫，顾雪芹．外资提升双循环战略链接功能的新机制和新路径：以上海为例［J］．社会科学，2022（12）：131-140.

［4］倪外．构建新时代对外开放型经济体系［J］．上海经济研究，2022（5）：24-29.

［5］文余源，杨钰倩．投资动机、制度质量与中国对外直接投资区位选择［J］．经济学家，2021（1）：81-90.

［6］吴福象．深圳和上海外向型经济模式比较及借鉴［J］．人民论坛，2021（27）：72-75.

［7］徐宁，李仙德．上海上市公司对外投资网络演变及其影响因素研究［J］．地理科学进展，2020，39（4）：553-566.

［8］尹晨，周薪吉，王祎馨．"一带一路"海外投资风险及其管理——兼论在上海自贸区设立国家级风险管理中心［J］．复旦学报（社会科学版），2018，60（2）：139-147.

［9］赵蓓文．构建开放型经济新体制：上海实践与对策［J］．上海经济研究，2017（5）：28-33+60.

［10］朱富强．经济全球化下的"高等收入陷阱"——兼论资本输出和商品输出的差异效应［J］．经济学家，2016（7）：5-16.

第十章　区域协同发展

1990 年 4 月 18 日，党中央宣布开发开放上海浦东。1991 年，邓小平同志强调，"开发浦东，不只是浦东的问题，是关系上海发展的问题，是利用上海这个基地发展长江三角洲和长江流域的问题"。在自身发展的同时辐射、引领、带动长三角、长江经济带协同发展自此成为中央赋予上海的战略使命，并在长三角城市群、长三角地区更高质量一体化发展以及长江经济带建设等国家战略实施中，着力发挥龙头城市的作用，引领区域一体化发展、区域协调发展。

第一节　引领长三角区域一体化

巨型城市区域涌现已经成为世界经济地理新趋势，城市群通过区域内城市整合，强化城市间的功能互补和深度合作，能拓宽发展空间，为工业化、信息化提供高效率的环境，挖掘区域经济更为强大的发展功能，从而加快整个区域和国家的经济发展（顾朝林，2011）。上海的直接腹地是长三角，地势平坦，通过内河、长江及其支流可以很便捷地与长三角地区、长江经济带各省相联系，市场规模及市场容量在全国排名较靠前。作为我国最大、经济最发达的城市群，它既处在东亚和西太平洋地区的区域经济中心，又位于我国沿海的南部地区与北部地区交汇处的中心地带，同时还处于我国沿海经济带与内陆长江经济带的交汇处。由于自然条件优越，区位优势明显，经济基础良好，科技和文化教育事业发达，已经成为世界第六大城市群和拉动全国经济增长的重要贡献地区。独特的地理位置和区位特点，对长三角的综合发展有巨大的推动作用。自 2018 年长三角一体化上升为国家级战略以来，江、浙、沪、皖三省一市在全国的地位逐年上升，正加速成为中国发展最为强劲的增长极。《长江三角洲区域一体化发展纲要》《"十四五"新型城镇化实施方案》中强调，长三角一体化发展、打造世界一流城市群的发展要求。上海市作为长三角地区经济发展的关键力量，将为实现长三角一体化发展提供重要支撑。

本节将分别从创新共同体构建、跨界投资网络联动发展、虹桥国际商务区、生态绿色一体化建设以及上海大都市圈同城化发展方面，对长三角协同发展建设的典型案例及上海市所发挥的作用进行介绍。

一、引领构建长三角创新共同体

2020 年 12 月，中华人民共和国科技部印发了关于《长三角科技创新共同体建设发展规划》的通知，强调持续有序推进长三角科技创新共同体建设，以"科创+产业"为引领，充分发挥上海市科技创新中心的领头带动作用，强化江苏、浙江、安徽的创新优势，优化长三角地区创新布局与协同创新生态，建设具有全球影响力的长三角科技创新共同体（管浩，2021）。在国家和长三角区域"十四五"规划指导下，从推进科技创新能力建设、开展重大科技攻关项目、提升现代化产业技术创新水平等方面协同提升区域自主创新能力。以上海为中心的创新共同体建设持续带动苏浙皖协同提升，不断取得成效，成为推动一体化高质量发展的驱动力。

（一）科技创新平台建设推动协同创新

长三角地区加速建设科技创新平台，通过长三角数据中心、大型仪器网络共享服务平台、大科学装置等科技创新平台的建设与发展，持续推动长三角地区科技创新共同体建设，提升区域整体竞争力。

1. 长三角数据中心

《长三角地区一体化发展三年行动计划（2018—2020 年）》提出，引导长三角地区率先实行信息基础设施更新升级，推动长三角数字经济快速发展，成为中国数据中心产业发展的核心区域。国家在长三角等多个片区启动建设国家算力枢纽节点，先后规划 10 个国家数据中心集群。区域各地政府陆续出台相关数据中心产业规划，引导数据中心布局，加快数据中心等基础设施建设进度。上海是中国经济发展核心城市和网络三大核心节点之一，当前已率先实现"双千兆宽带城市"建设目标，具有显著的网络资源优势和良好的数字经济发展基础。在此基础上，上海积极倡导发展数字产业，统筹发展数据中心产业，以人工智能、云计算数据中心以及绿色数据中心为重点，分别在浦东新区、宝山区等布局了众多数据中心。此外，上海结合苏州、南通等邻近城市，统筹数据中心集群建设。中国信息通信研究院联合中国 IDC 圈发布的《长三角数据中心新基建发展白皮书》中介绍，截至 2019 年，长三角地区已投产大型及以上数据中心超过 80 个，上海市占比超过 40%，成为区域数据中心主要增长极，承担大量数据需求。近年来，随着区域一体化进程加快，长三角数据中心的建设呈现以上海为中心向苏州、南通等邻近城市扩散，未来无锡、常州、扬州、芜湖等城市也将承接上海地区的数据中心外溢需求，形成环上海数据产业带，成为中国数据中心产业发展的主要集聚区。预计至 2025 年，上海数据中心总规模能力达到 28 万标准机架，深度融入国家"东数西算"战略计划，为国际经济、科创、金融等领域提供动能。

2. 大科学装置建设

2022 年 8 月，长三角三省一市联合印发了《三省一市共建长三角科技创新共同体行动方案（2022—2025 年）》，其中强调了构建长三角重大科技基础设施集群，推进重大科技基础设施项目建设，谋划前沿领域重大科技基础设施。

重大科学基础设施是突破科学前沿，解决经济社会发展和国家安全重大科技问题的物质技术基础。重大科学装置多依托高校、科研院所等高水平创新主体进行建设，面向社会开放共享，是解决"卡脖子"技术问题，增强国家科技竞争力的重要推动力量。依托大科学装置，长三角可以通过打造研发与转化功能型平台，吸引创新型人才集聚以及要素资源的积累，从而推动区域创新协作，促进网络化技术研发格局的形成。根据长三角科技创新资源共享平台统计（见表 10-1），截至 2023 年 11 月，长三角地区共建成大科学装置 26 处，其中上海市 12 处、江苏省 6 处、浙江省 5 处、安徽省 3 处，以专用研究设施和公共实验设施为主要类型。从依托单位来看，大科学装置主要依托于中国科学院下属研究所以及当地高校，另外也有国家级或地方性研究中心与委员会参与建立。在依托单位合作类型中，以中国科学院下属研究所与地方高校为主，国家与地方研究机构也有一定程度参与，3 处大科学装置存在单位间合作构建，加强了跨领域和科研院所之间的合作创新。

表 10-1　2022 年长三角大科学装置名单

序号	区域	名称	依托单位
1	上海市	软 X 射线自由电子激光试验装置	中国科学院上海应用物理研究所、北京大学
2		神光 Ⅱ 综合实验平台	中国科学院上海光学精密机械研究所
3		上海光源	中国科学院上海高等研究院
4		国家蛋白质科学研究（上海）设施	中国科学院上海生命科学研究院
5		海底科学观测网	同济大学、中科院声学研究所
6		上海超级计算中心	上海市经济和信息化委员会
7		转化医学国家重大科技基础研究设施（上海）	上海交通大学
8		上海超强超短激光实验装置	中国科学院上海光学精密机械研究所
9		高效低碳燃气轮机试验装置	中国科学院能源动力研究中心
10		硬 X 射线自由电子激光装置	上海科技大学、中科院上海应用物理研究所、中科院上海光学精密机械研究所

续表

序号	区域	名称	依托单位
11	上海市	国家肝癌科学中心	第二军医大学
12		活细胞结构与功能成像等线站工程	上海科技大学
13	江苏省	国家超级计算无锡中心	国家超级计算无锡中心
14		纳米真空互联实验站	中国科学院苏州纳米技术与纳米仿生研究所
15		高效低碳燃气轮机试验装置	江苏中国科学院能源动力研究中心
16		网络通信与安全紫金山实验室	网络通信与安全紫金山实验室
17		未来网试验设施	江苏省未来网络创新研究院
18		作物表型组学研究设施	南京农业大学
19	浙江省	超重力离心模拟与实验装置国家重大科技基础设施	浙江大学
20		超高灵敏极弱磁场和惯性测量装置国家重大科技基础设施	北京航空航天大学杭州创新研究院
21		多维融合智能感知重大科学基础设施	之江实验室
22		智能计算数字反应堆	之江实验室
23		新一代工业控制系统信息安全大型实验装置	之江实验室
24	安徽省	合肥同步辐射装置	中国科技大学
25		全超导托卡马克核聚变实验装置	中科院等离子体物理所
26		稳态强磁场实验装置	中国科学院合肥物质科学研究院

资料来源：依据长三角科技创新资源共享平台整理汇总。

近年来，长三角以上海张江、安徽合肥综合性国家科学中心为依托，打造"上海张江先进光源大科学装置集群""合肥滨湖科学城大科学装置集中区"，与北京怀柔、粤港澳大湾区一并获批"综合性国家科学中心"。上海张江先进光源大科学装置集群以张江高科技园区为基础，以其周围的上海科学院、复旦大学张江校区、上海交通大学张江科学院等高校与科研机构为主体，重点发展集成电路、生物医药、人工智能三大产业构建大科学装置，形成以光学装置为主的上海张江先进光源大科学装置集群。合肥滨湖科学城大科学装置集中区以合肥滨湖科学城为核心，形成科学岛、大科学装置区、成果转化区、中科大国际校区、科学小镇、科学服务区等板块，推进产学研密切衔接，也提供了科研人员日常生活和成果转化配套基础设施、为科技创新提供支持（薄力之，2023）。

大科学装置建设不仅推动长三角地区加快攻破核心技术难题，形成科技创新成果，也促进了长三角地区科技创新合作的协同发展、高水平研发载体培育以及产业一体化推进。

3. 大型仪器网络共享服务平台

长三角地区在科学技术研发方面具有良好基础条件。科研仪器的共享服务可以提升设备的使用效率、解决中小企业科技创新的仪器匮乏问题，促进区域间要素流动，同时也可以增加产学研实体化落地。2018年，上海浦江创新论坛中宣布启动"长三角科技资源共享服务平台"的建设，以中国科学技术大学、东华大学、上海工程技术大学、苏州大学等高校为主体，科研院所和企业为辅助的183家平台机构的1746件大型科学仪器设备被纳入开放共享名单。截至2023年11月，长三角科技资源共享服务平台整合区域内大型科研仪器44671个、大科学装置26个、服务机构3180家、科研基地1231个，分布在集成电路、生物医药、人工智能、新材料等领域，为三省一市企业和科研单位提供共享服务。同时，平台还建设了地方服务站点9个，与江苏和浙江2省8地建立了科技创新券跨区域互认互用机制，逐步形成长三角大型仪器服务共享网络。江苏紫金山实验室被确立为全球首个广域确定性网络，为长三角高校院所及企业提供网络技术和实验服务，完成了包含上海、南京、合肥、杭州等40个节点在内的光传输网络建设。此外，上海交通大学海安研究院等多个跨区域新型研发机构也正在开发建设，为推动国家重点实验室在长三角区域的深度合作与协同打造战略科技力量矩阵提供动能。

科研平台共建共享也推动了区域技术转移合作的加强，以上海国际技术交易市场、浙江科技大市场、江苏省技术产权交易市场和安徽网上技术市场为核心，在技术供需和交易方面初步实现了信息共享，增强了区域内技术转移机构的协同合作。中国网数据显示，2021年国家技术转移东部中心在长三角设立19个分中心，技术交易网络越发丰富，三省一市质检技术交易合同输出1.4万余项，交易额超540亿元，并呈现逐步增大趋势。

（二）科技创新券促进区域创新资源要素流动

2012年，江苏宿迁在全国率先推出科技创新券，该举措对于降低科技型中小企业创新成本，提高研发机构提供创新服务的主动性与积极性具有推动作用。长三角地区是中国最早开始推行使用创新券的地区，2018年，长三角三省一市共同制订了《长三角科技合作三年行动计划（2018—2020年）》，逐步探索科技创新券跨区域通用通兑的协调机制取得了阶段性成效，实现创新券跨区域使用、创新券互认互通试点以及创新券全域互认互通（赵志娟等，2022）。

2020年以前，长三角地区以市县为主要推进主体，以企业需求为导向，探索创新券跨区域使用。其间上海市科委及上海市各区政府部门前后与嘉兴市、温州市、昆山市政府和有关部门开展创新券跨区域使用合作，如签订《浙沪科技创新券跨区域使用嘉兴试点合作协议》、推出德清科技成果转移转化服务创新

（上海）券，促进了科技创新券的流动。2020 年以后，以上海市青浦区、苏州市吴兴区嘉善县、安徽省马鞍山市为试点地区，实施长三角区域创新券通用通兑，尝试实施区域间科技创新要素的多向流动。近年来，不同省市结合本地重点研发领域与不同创新主体的需求，设计多种专项创新券与不同分类管理机制。上海市将支持政策覆盖了尚未注册企业的创新创业团队，重点关注中小微企业以及大学科技园、众创空间。截至 2023 年 11 月，上海市科技创新券已经服务 879 家企业、2960 项产品，兑付总金额 134460 万元。不仅促进了区域间中小企业和创新团队的发展，也为区域产学研联动与区域一体化持续助力。

从成效来看，科技创新券通过对企业科技创新活动进行按比例补助，引导企业增加投入，保障了财政资金的安全性，也提高了资金的使用效率，对企业科技创新具有明显的推动作用。科技型中小企业利用创新券推进机构研发，加强了企业与科研院所之间的联系，提升了科技资源支撑创新的效能，促进创新资源的优化配置，也激活了企业创新的活力。此外，科技创新券的实施也推动了科技资源丰富区域与匮乏区域资源的共享，提升国家科技平台的服务能力和使用率。当前上海积极整合上海与长三角地区的研发资源，通过设立服务驿站和科技服务中心促进创新服务与研发需求的跨区域对接，有效推动长三角自发形成区域间创新合作机制。

（三）长三角 G60 科创走廊带动科学与制度创新双轮驱动

2016 年 5 月，上海松江区提出沿 G60 高速公路构建产生融合的上海松江科创走廊，重点承载上海和长三角地区重要产业基础创新策略园区，承载重大科研成果转化，形成先进制造业集聚区，提升区域开放型经济发展，同时打造产城深度融合示范区，以科技创新和制度创新推动区域转型升级，由此形成了 G60 科创走廊的 1.0 版本。在此基础上，G60 科创走廊逐渐扩容。《长三角地区一体化发展三年行动计划（2018—2020 年）》中提出了以沪苏湖合高铁建设为契机进行范围延伸，形成了当前的包含上海、嘉兴、杭州、金华、苏州、湖州、宣城、芜湖、合肥在内的"一廊一核多城"的长三角 G60 科创走廊。其主要目标在于，依托上海核心城市功能，面向长三角，共建共享覆盖三省一市的 G60 科创走廊，以科技创新为驱动，以先进制造业产业集群发展为支撑，构建优势产业突出、产业高度集聚、布局分工合理、基础设施完善、生态环境优美的世界级先进制造业产业集聚高地，成为科创驱动中国制造迈向中国创造高质量发展的示范走廊（岑晓腾等，2019）。

在产业联盟与产业园区联盟的打造方面，G60 科创走廊已围绕产业链、创新链、价值链一体化布局，聚焦人工智能、集成电路、高端装备制造等 7 大先进制造业产业集群，建立 9 个产业联盟和 1 个产业园区联盟。其中，包含新材料产业技术、机器人、智能驾驶、新能源、网联汽车、人工智能、生物医药、集成电路、智能装备、通航产业联盟，并成立产业园区，进一步打破行政边界壁垒和层级，实现创新要素和科学技术的跨区域流动，引导企业、高校、行业协会等组织合作交流，促进科技成果转化的"产学研"合作体系，促进区域资源整合，提升企业产品和技术的创新能力。同时，G60 科创走廊吸纳上海市"一网通办"、江苏省"不见面审批"、浙江省"最多跑一次"的市政服务经验，将"一网通办"服务平台建设纳入长三角科技创新发展计划。以企业服务为突破口，通过构建在线平台，形成审批流程一体化和数据共享，帮助长三角不同区域政务平台对接和业务协同，推进线上线下受理服务便利化、就近化，进而实现 9 地市政服务一体化。此外，G60 科创走廊与大型科学仪器开放共享平台、科技创新券互认互通试点地区相对接，通过举办科技成果拍卖会等形成促进科学技术落地转化。自 2018 年启动长三角 G60 科创走廊以来，9 个城市 R&D 投入达 1598 亿元，发明专利授权 38202 项，拥有高新技术企业 15816 家，新增科技成果奖励 337 个，交互投资 2280 亿元。当前，G60 科创走廊已上升为长三角区域一体化发展国家战略的重要组成部分，对于促进区域科技资源开放共享和科技成果转化具有重要作用。

二、跨界投资网络联动发展

投资是投资者将资金投入到本领域或其他行业资产中，寻求额外收益和增加投资组合多样性的过程。跨区域和跨领域投资可以促进区域间资金和生产要素的流动，推动区域协同发展。产业整合已然成为推动区域经济增长和转型升级的重要动力，企业并购则是实现区域产业整合、推动产业转型升级的关键一环，区域间企业并购进程的合理化推动也将有助于促成区域经济协同发展水平的提升，对区域间发展差距的缩小也大有裨益。以 CVSource 投中数据库中的企业并购数据为基础，构建 2017~2021 年长三角城际企业并购网络，同时考虑到上市公司资金雄厚，对地方经济发展影响较大且在并购事件中多占据主导地位，因此将投资企业主体限定为上市企业，并参考已有研究（吴加伟等，2021），对并购事件原始数据进行清洗，限定并购事件交易状态为已完成，交易地区类型为境内交易（吴加伟等，2019），且双方企业均位于长三角区域内，对于存在多个买方企业或无买方/标的企业名称等信息不完整的数据做删除处理。

2017~2021 年，长三角城市企业并购总金额呈现先增长后下降的趋势，于 2018 年达到峰值，年度总金额约 1620 亿元，此后逐步下降，2021 年总金额约 1022 亿元，下降趋势明显。在城内与城际间投资并购方面，城际间并购金额占比波动起伏，2017~2020 年占比变化与总金额变化趋势一致，2018~2020 年持续下降，2020 年城际间并购金额达到 249.53 亿元的最低谷值，占比仅 19%。2021 年，城际间并购金额占比显著上升，占总金额的 45%，表明城际间合作程度提升，经济联系强度提升，协同发展水平有所提高（见图 10-1）。

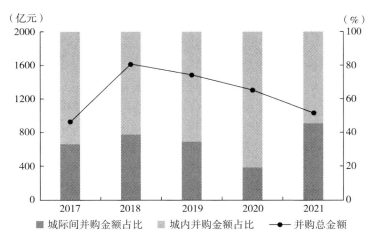

图 10-1 2017～2021 年长三角城市内外部企业并购投资发展趋势
资料来源：笔者根据 CVSource 投中数据车官网原始数据计算所得。

为进一步度量上海市在长三角地区经济发展的空间效应，基于 2017～2021 年长三角城际间企业并购数据，对区域间并购资金流进行可视化表达。由图 10-2 可知，上海并购关联数量在长三角城市整体所占比例长期排名较靠前，且从 2017～2021 年对外并购占比逐渐提升，5 年间对外投并购资金量居首位，全时段占比约 17.4%，印证上海对长三角城际间并购的溢出效应，在长三角城市中发挥龙头带动作用。同时，绍兴、杭州、苏州的城际间并购数量也较高。

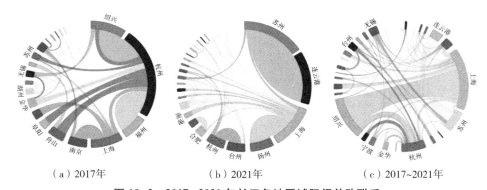

（a）2017年　　　　　（b）2021年　　　　　（c）2017～2021年

图 10-2 2017～2021 年长三角地区城际间并购联系
资料来源：笔者根据 CVSource 投中数据库官网原始数据整理所得。

依据城际并购数据构建长三角城际并购网络，如图 10-3 所示，长期以来，上海市在长三角并购网络中居于首位，始终处于城际并购网络的核心位置，并购辐射地位与吸引地位均十分突出（见表 10-2）。同时，杭州、苏州、南京也表现出较强的辐射和吸引地位。相较于 2017 年，2021 年长三角城际间并购关联数量有所减弱，但主体城市地位未有变化。

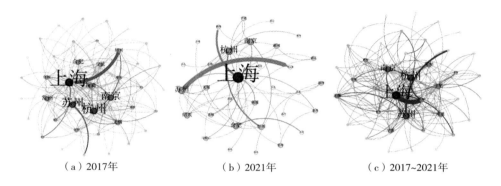

（a）2017年　　　　　　　（b）2021年　　　　　　（c）2017~2021年

图 10-3　2017~2021 年长三角地区城际并购网络拓扑结构演化

资料来源：笔者根据 CVSource 投中数据库官网原始数据计算所得。

表 10-2　2017~2021 年长三角城际并购网络加权度、加权入度、加权出度情况

序号	2017 年			2021 年			2017~2021 年		
	加权度	加权入度	加权出度	加权度	加权入度	加权出度	加权度	加权入度	加权出度
1	上海	上海	上海	上海	上海	上海	上海	上海	上海
2	杭州	杭州	南京	杭州	苏州	杭州	杭州	杭州	南京
3	苏州	苏州	杭州	苏州	杭州	南京	苏州	连云港	杭州
4	南京	常州	苏州	南京	盐城	合肥	南京	苏州	苏州
5	常州	南京	绍兴	合肥	嘉兴	绍兴	常州	南京	绍兴
6	合肥	无锡	合肥	绍兴	南京	台州	合肥	扬州	合肥
7	南通	南通	南通	台州	南通	苏州	南通	无锡	宁波
8	无锡	泰州	宁波	南通	无锡	南通	无锡	镇江	南通
9	宁波	合肥	台州	无锡	湖州	无锡	宁波	宁波	台州
10	绍兴	宁波	金华	湖州	镇江	湖州	绍兴	南通	金华

资料来源：笔者根据 CVSource 投中数据库官网原始数据计算所得。

整体来看，2017~2021 年，长三角地区城际间并购格局呈现"一超多强"的空间格局，上海市首位度明显，杭州、苏州、南京等省会城市领头作用突出，城市邻近组团逐渐形成。跨区域投资并购进一步驱动长三角区域经济要素的流

动和区域一体化的形成，为城市间的联系构建良好渠道。

三、虹桥国际商务区启动雁阵起飞

2021 年 2 月，国务院发文批复《虹桥国际开放枢纽建设总体方案》，其中要求紧扣"一体化""高质量"两个关键点，刻画"一核两带"发展蓝图。"一核"为上海虹桥商务区，"两带"分别为以虹桥商务区为起点向南北延伸的北向拓展带和南向拓展带。北向拓展带由虹桥、长宁、嘉定、昆山、太仓、相城、苏州工业园区组成，发挥中央商务协作区、国际贸易协同发展区域以及综合交通枢纽功能拓展区作用。南向拓展带由虹桥、闵行、松江、金山、平湖、南湖、海盐、海宁组成，主要发挥特色文化与旅游功能的国际商务区、数字贸易创新发展区、江海河空铁联运新平台作用。从空间上看，"一核两带"功能布局从苏南长江口经过上海市域延伸至杭州湾北岸，呈"大雁"形。虹桥国际商务区处于"雁头"的核心区域，南北拓展带为"大雁两翼"，将着力带动长三角协同开放和高质量一体化发展。

虹桥国际商务区从会展、交通、商务、科创方面，推动四大功能深度融合，形成区域经济增长的新引擎，并带动两翼和整个区域协同发展。在交通方面，虹桥国际商务区发挥其综合交通枢纽优势，进一步打造综合枢纽门户功能。沪苏湖城际铁路开工建设，机场联络线、嘉闵线、2 号线向西延伸，13 号线与 17 号线向西延伸工程开工建设，商务区与长三角主要城市的 2 小时轨道交通圈逐渐形成。上海与南通、嘉兴机场开展合作，加强虹桥机场与周边机场协作巩固上海国际航空枢纽地位，同时联动苏州、南通、嘉兴打造国际门户枢纽集群，优化不同层级枢纽机场协作分工，优化上海虹桥国际机场、浦东国际机场与国内外主要节点城市航线网络，加强与共建"一带一路"国家和地区航空联系。在会展方面，虹桥国际商务区设立并引进了联合国亚洲采购中心、中国马来西亚商会、新加坡企业中心等多个国家的组织和机构。推动虹桥地区高端商务、会展、交通功能深度融合，建设虹桥进口商品展示交易中心，聚集多国商品，推动展品变商品，拓展国际航运服务功能。同时，推动进口贸易促进创新示范区探索，开展内外贸易一体化试点，着力培育跨境电商、离岸贸易等新型国际贸易，2022 年实现进出口商品总额 616.59 亿元，更好地联动"两翼"产业升级和消费升级。在产业方面，虹桥国际商务区全力构建"四高五新"产业体系，聚焦高能级总部经济、高溢出会展经济、高流量贸易经济、高端化服务经济，重点打造贸易经济、数字经济、高端服务、时尚消费 4 个千亿级生态集群，以及生命新科技、汽车新势力、低碳新能源 3 个 500 亿级产业集群，提升全球数字贸易港和临空经济示范区，构建产业创新服务平台。在人才方面，虹桥国际商务区立足区域人才集聚"强磁场"优势，发布了《虹桥国际中央商务区重点产业紧缺人才目录》，重点针对科创经济、数字经济等6个重点产业领域，通过加快国际化、专业化、创新型人才集聚的特色举措吸引人才。虹桥国际商务区管理委员会与闵行区、长宁区、青浦区、嘉定区签署协议，打造商务区人才发展共同体，进一步为区域人才吸纳和流动提供政策保障。在《虹桥国际开放枢纽建设总体方案》中，安徽省虽然未被列入虹桥国际商务区范围内，但虹桥国际商务区通过整合长三角一体化发展、中国国际进口博览会以及虹桥国际开放枢纽三大国家级战略发展平台功能，通过"政府引导、企业主体、市场化运作"的模式，安徽省与松江区联合建设了位于松江区的"G60松江·安徽科创园"。科创园以人工智能和机器人为中点，成立安徽企业在上海的总部集聚地，促进安徽省深度参与长三角一体化进程和区域科技创新。

虹桥国际中央商务区作为虹桥国际开放枢纽核心功能承载区，通过建设国际化中央商务区、构建国际贸易中心新平台、提高综合交通管理水平、提升服务长三角和连通国际能力等方面取得重要成果。未来，长三角"雁阵"也将在提升上海虹桥核心显示度的同时，推动示范区与整个长三角地区的创新与经济活力，引领长三角地区更高水平协同发展。

四、生态绿色一体化发展示范区窗口示范

2019年，国家发展改革委印发了《长三角生态绿色一体化发展示范区总体方案》（以下简称《方案》），长三角生态绿色一体化发展示范区的提出和建设是长三角地区一体化发展新阶段的新尝试和新探索，为深入融合长三角地区一体化发展探索新路径。《方案》确定了一体化示范区范围包括上海市青浦区、苏州市吴江区、嘉兴市嘉善县，是一衣带水的水乡近邻圈。示范区两区一县地处三省交界处，在跨省级行政区且涉及多主体背景下，推进区域生态绿色一体化发展创新制度，对示范区的规划发展具有推动作用。《长三角生态绿色一体化发展示范区国土空间总体规划（2021—2035年）》对示范区规划建设提出了生态优先，以绿色发展为导向，立足区域资源禀赋和江南水乡，促成多中心、网络化、集约型、开放式、绿色化的区域一体空间布局的要求。长三角生态绿色一体化发展示范区确立了13个重点项目和4个创新产业项目，包含金融、智能科技、光电和半导体行业，另有7个生态环保类项目和2个互联网项目。

《长三角生态绿色一体化示范区国土空间总体规划（2021—2035年）》中表明，上海市青浦区空间规划主要呈现"一城两翼"格局，青东地区为虹桥国际开放枢纽，青浦新城作为"蝴蝶"中枢将建立面向长三角的独立性与综合性节点城市体现示范区的"窗口"作用，打造数字智能与生命健康产业社区，青

西地区为"蝴蝶"西翼将聚焦创新绿核,打造世界著名湖区,联合吴江、嘉善攻坚示范区创新共同体。青浦区依托"长三角数字干线",推进水乡客厅与西岑科创中心联动发力,放大上海数据集团平台效应,加快水乡客厅一体化算力调度中心开工前期工作,着力培育数字经济集群。

2023 年 7 月 31 日,在上海市青浦区举办了长三角生态绿色一体化发展示范区开发者大会,宣布了长三角生态绿色一体化发展示范区跨省域高新技术产业开发区正式成立,其作为全国首个跨省域高新技术产业开发区,以数字产业、智能制造、绿色新材料三大战略性新兴产业和总部经济、绿色科创服务两大特色产业为重点,形成"3+2"主导产业发展格局,持续关注区域"卡脖子"问题,构建区域一体化的现代化产业体系,为长三角创新链产业链跨区域一体化、生态经济发展、宜创宜业宜居的打造助力。《长三角生态绿色一体化发展示范区建设推进情况介绍》中表明,自 2019 年《长三角生态绿色一体化发展示范区总体方案》发布以来,长三角生态绿色一体化发展示范区累计推出 112 项成果,聚集了 64 家高能级主题,2022 年国家高新技术企业达 2924 家。长三角生态绿色一体化发展示范区的决策推动了跨行政区合作与区域一体化发展的实地探索,未来仍需要在建设任务高水平推进方面持续强化,进一步发挥示范与带动作用。

五、上海大都市圈同城化发展

都市圈与城市群发挥着国家经济社会发展的增长极作用,是推进高质量发展和参与国际竞争的重要平台。2022 年 2 月,沪、苏、浙两省一市政府联合印发了《上海大都市圈空间协同规划》,将上海、无锡、常州、苏州、南通、宁波、湖州、嘉兴、舟山 9 市纳入规划范围,形成"1+8"的城市空间协同格局。上海大都市圈包括虹桥国际开放枢纽、长三角生态绿色一体化发展示范区、G60科创走廊等多个不同层级的跨区域功能区,为打破行政区划壁垒,畅通经济要素流动,真正实现都市圈一体化、同城化,响应长三角区域一体化国家战略做出了地方实践。

从空间上来看,上海大都市圈以太湖平原为核心,连通南北两侧长江口、向杭州湾延伸,依靠面向太平洋,形成全球开放的空间格局。长三角地区具有丰富的铁路与航运资源,上海大都市圈依托长江、沿海航线以及通往内陆城市的丰富陆路网连通区域内外,为上海与周边城市形成"干线+城际+市域"、与国外形成"航运+港运"促进要素流动和经济发展提供基础。随着上海中心城核心功能的外延扩散,上海逐渐向"多核心都市圈"转变。例如,嘉善、嘉兴等近沪城及周边都市圈与上海联动,以上海为核心、周边城市为重要节点开展多核心都市圈规划建设,对区域外联系、经济联动以及长三角一体化具有推动作用。

根据《上海大都市圈空间协同规划》，2025 年上海大都市圈初步建成卓越的全球城市区域框架，2035 年基本建成卓越的全球城市区域，2050 年全面建成卓越的全球城市区域，并重点对创新、流动、生态、人文四个方面做出了目标要求。

上海大都市圈集聚了丰富的高校和科研院所的科技创新资源，并通过科技创新券、大型仪器共享服务平台等资源服务形式促进科技创新资源的区域流动与有效利用。各区域围绕产业特征和各自优势，探索不同创新路径。上海市综合实力相对突出，苏州以产业园区为引领，在新药研发、医疗器械等方面持续关注生物医药产业的研发创新。在产业发展方面，上海大都市圈运用产业发展的牵引作用，在上海国有企业与苏浙乡镇企业之间形成了以"横向联合""星期天工程师""品牌共享"为载体的技术转移和产业转移，确立了上海经济区的产业分工格局。在上海大都市圈背景下，都市圈作为产业链和供应链的基本组织单元，成为促进城市之间分工协作、参与国内国际双循环以及全球竞争的重要单元。在特色与优势产业方面，上海大都市圈在建立世界级高端制造集群方面具有良好的基础，通过巩固强化现有产业集群的优势体系，聚焦汽车制造产业集群、能源新材料、生物医药等重点优势产业，围绕链主企业、产业协同、产能互补等，形成了多个具有较强竞争力的产业集群。在产业分工方面，以汽车制造业为例，上海拥有三大汽车整车生产基地，常州在动力电池与新能源汽车整车方面具有相对优势，宁波、苏州在新能源智能网联汽车方面发展较好，上海带动"圈内"城市，推动区域内城市的产业链组件与成群，建立"研发—产业化""整车—零配件""生产—销售"的协同，从而实现全产业链供给体系。

区域交通设施建设与都市圈发展相互促进，上海大都市圈通过打造机场群，形成以上海为核心，南通、无锡、常州、嘉兴、宁波、舟山为辅助的圈层式机场分布格局，上海大都市圈机场群密度为 1.3 个/万平方千米，枢纽功能突出。在世界级港口群方面，2005 年上海洋山深水港开通，2019 年浙沪合作共建小洋山综合开发项目，当前已经逐步形成上海、宁波舟山港以集装箱运输为核心，江苏以江海河联运为特色的沪浙苏港口群运输格局，为长三角区域内以及中国面向国外的区域货运与资源流动提供良好条件。在陆路方面，明确上海大都市圈同城化地区 1 小时通勤圈，县级行政单元至上海主城区 90 分钟通勤范围建设轨道交通都市圈，为实现都市圈城镇体系间的便捷互联互通、要素资源流动提供基础。

放眼未来，上海大都市圈各城市间合作将不断推进，并尝试以空间协同为重点，面向长三角地区和全国全球城市建立合作关系，上海市作为"领头雁"，应持续提高水平，主动参与国际竞争与合作，扩展全球影响力。

第二节 发挥长江经济带建设龙头作用

上海是我国经济中心城市之一，也是引领长三角区域一体化发展的龙头城市，在实施创新驱动、区域协调发展国家战略，建设双循环新格局、建设全国统一大市场、实现高质量发展等方面肩负着特殊的使命。

一、引领改革开放的"排头兵"

上海作为长江黄金水道的"龙头"，从浦东开发开放到上海自贸区建设，始终充当我国改革的先锋、开放的门户，集聚"五个中心"等改革开放的创新功能载体。在新发展格局下，依托长江形成的长江经济带，形似巨龙腾飞，如何把这条引领全国高质量发展的"巨龙""舞"起来，"龙头"重任在肩。

20世纪80年代，上海在深化改革的各个方面进行了大量探索，为90年代改革的全面铺开创造了条件。1990年4月18日，党中央、国务院宣布开发开放浦东，提出以浦东开发开放为龙头，进一步开放长江沿岸城市，成为中国改革开放历程中最重要的事件，也是上海改革开放后重新崛起最重要的一环。1992年10月，国务院批复设立浦东新区，在"开发浦东、振兴上海、服务全国、面向世界"的工作方针下，转型成为"中国改革开放的窗口""现代化建设的排头兵"。为配合上海国际金融中心、国际航运中心联动发展，在更大的区域范围内推动浦东开发开放，2009年4月，将南汇区并入浦东新区，极大地促进了浦东地区的功能布局整合、产业布局整合、行政管理资源整合，拓展了发展空间，更好发挥了改革开放效应。

2012年以来，上海全面深化改革，努力当好"排头兵""先行者"。上海以开放作为最大优势，以带动长江经济带向更高层次的开放型经济发展、全面提升国际化水平和综合竞争力为着力点，以国际航运中心建设、综合交通枢纽建设为基础，发挥自贸试验区制度创新的先行先试作用，科技创新和制度创新并进，优化与沿江省市的合作模式，不断放大长江经济带龙头城市的服务辐射功能。

一是率先探索自贸试验区建设，引领长江经济带全方位对外开放。2013年9月，中国第一个自贸试验区——上海自贸区挂牌运行。上海自贸区居于"海上丝绸之路"与长江经济带物理空间的交会点，在沿江和沿海运输、国际中转航运、口岸贸易通关等方面发挥着重要作用。截至2022年底，上海自贸区累计实到外资586亿美元，约占上海同期的30%；累计新设企业8.4万户，是前20年同一区域的 2.35 倍；国家层面复制推广的自贸区制度创新成果中，近一半源自上海首创或同步先行先试，让长江经济带 5 个自贸试验区摒弃竞争思维，实现联动发展，充分发挥了全面深化改革和扩大开放的试验田作用，成为长江经济带转型升级的有力抓手。2019 年 8 月，上海又在临港地区设立了全国唯一的自贸试验区新片区，近年来，临港新片区签约项目近 1200 个，总投资超 6500 亿元，其中签约前沿科技产业重点项目 340 个，主要经济指标保持快速增长，成为全市经济发展新的增长极，示范引领作用进一步凸显。

二是对内创新产业合作模式，推进长江经济带产业布局与协同创新。依托长江经济带科技创新中心、产业创新中心等高水平创新平台，加快张江综合性国家科学中心建设，构建区域创新网络，加大对长江经济带的创新带动和资源优化配置，为长江经济带产业转型和提升整体竞争力提供创新支撑；推动上海漕河泾开发区等十余家国家级经开区在长江经济带跨省市共建产业园区，利用品牌开发区开发管理经验，在招商引资、园区管理、人才培训等方面与沿线开发区开展合作；以设立产业园或重组兼并的方式在长江经济带进行投资布局，形成以上海为辐射端的产业链，推进长江经济带产业链与创新链深度融合。

三是提升"五个中心"核心功能，带动长江经济带参与国际分工。围绕增强全球资源配置能力，浦东加速集聚机构、健全市场、提升能级，促进金融、航运、贸易等领域的开放融合，推动以长江经济带为代表的中国要素走向国际、辐射全球，加速辐射长江经济带国际贸易发展，扩展长江经济带与国外金融市场连通的渠道。上港集团在长江沿线多个港口建立了港口生产、航运组织、物流配送三大领域的合作体系，并通过组建专业化物流企业的方式实现了沿江水运物流"一体化"运作，有效服务于长江流域外向型经济发展。2022 年，上海港集装箱吞吐量突破 4730 万标准箱，连续 13 年全球第一。形成与上海国际金融中心建设的联动机制，为长江经济带建设提供更好的金融服务和资本配置。例如，建立以负面清单为核心的外商投资管理制度，推动贸易便利化，口岸货物和船舶申报 100% 通过"单一窗口"办理等，为构建开放型经济新体制探索了新途径。

二、生态文明建设的示范区

近年来，上海市委、市政府高度重视《中华人民共和国长江保护法》《长江保护修复攻坚战行动计划》《"十四五"长江经济带发展实施方案》贯彻落实工作，始终把修复长江生态摆在突出位置，着力增强生态治理的系统性、整体性、协同性，持续推进崇明世界级生态岛建设，为长江经济带沿岸省市共抓大保护、不搞大开发形成良好的示范，带动长江经济带成为环境改善最佳的经济带和经济转型绿色发展的样板区域。

一是强化规划管控，严守生态保护红线，发布实施了《上海市国土空间近期规划（2021—2025 年）》《上海市生态空间专项规划（2021—2025）》《上海市生态环境保护"十四五"规划》等，强化生态空间用途管制，明确全市划分为优先保护、重点管控、一般管控三大类 293 个单元。以崇明世界级生态岛建设为抓手，围绕打造"鸟的天堂"目标，始终坚持生态立岛、绿色发展，切实加强生态修复和生物保护，着力保护长江口生态环境，开展长江经济带绿色发展试点示范。

二是加强资源保护，推动生物多样性恢复，落实水资源刚性约束，加强饮用水水源地保护，全面实施节水行动，加强自然保护地体系和长江水生生物保护。截至 2022 年底，上海森林覆盖率提升至 18.51%，森林面积 189.8 万亩，较 2021 年净增 5.1 万亩，相当于增加了 24 个世纪公园。2022 年，万元 GDP 用水量为 17 立方米，较 2020 年下降 10.5%，较 2015 年下降 45.2%；万元工业增加值用水量为 33 立方米，较 2020 年下降 2.9%，较 2015 年下降 37.7%。

三是加强水污染防治，推动水环境持续改善，推进长江入河排污口排查整治，加强农业面源、船舶、固体废物监管和污染治理。2022 年，全市主要河湖 Ⅱ～Ⅲ 类水质断面占 95.6%，Ⅳ 类水质断面占 4.4%，无 Ⅴ 类和劣 Ⅴ 类水质断面。

四是强化政策实施力度，推动生态环境修复，成立禁渔专班，组织开展"清船、净岸、打非"三大行动，加强水土流失防治，加强林业湿地、水生态保护修复。截至 2020 年底，率先全面完成了退捕任务，上海 192 艘长江捕捞渔船和 194 名捕捞渔民全部退出捕捞生产作业。目前，长江上海段已实现无捕捞渔船、无捕捞网具、无捕捞渔民、无捕捞生产和清船、清网、清江、清湖等"四无""四清"目标，非法捕捞得到有效遏制。

五是加大结构调整力度，加快绿色转型发展，优化产业结构布局，加快重污染企业调整，发布实施了《上海市产业结构调整指导目录》，并不断修订更新，提升沿江环境的整体优化和产业升级，推动化工企业向合规园区集中集聚，持续推进清洁生产，打造绿色制造体系，大力推进都市现代农业绿色发展。2022 年，上海绿色专利申请总量已达 1.3 万件，经认定的国家级绿色工厂 79 家、绿色供应链 7 家、绿色园区 6 个、绿色产品 57 项。近五年来，上海绿色技术交易合同额年均增长 48.68%，2022 年达到 1174.7 亿元。

2021 年，上海市青浦区被中华人民共和国生态环境部命名为"国家生态文明建设示范区"，成为上海首个获此殊荣的行政区，2022 年入围生态环境部"无废城市"建设名单，持续推进现代环境治理体系试点示范。2020 年，青浦区水质优良率为 100%，AQI 优良天数为 313 天；生物多样性"品类"越来越多，通过生物多样性保护红线的划定提高生物多样性；生态风险"防御墙"越筑越牢。打造江南绿色水都，打造"引领示范区、辐射长三角"的优质公共服务品牌；以"干净、有序、安全、高效、整洁、和美"为目标开展城市建成环境建设与运维。

2021年，金山区漕泾镇被命名为第五批全国"绿水青山就是金山银山"实践创新基地。2022年，金山区被生态环境部命名为第六批"国家生态文明建设示范区"，金山区成为上海市唯一同时拥有两块金字招牌的区。金山区坚定贯彻落实"南北转型"战略要求，全力塑造"三个湾区"城市新形象。2021年金山区环境空气质量 AQI 优良率为 90.4%；国家地表水考核断面优Ⅲ率达到 81.0%。大力提升工业园区创新循环化改造能力，创建国家级绿色园区 2 个、绿色工厂 18 个、绿色产品 16 个、绿色供应链 2 个，建成上海首个国家生态原产地产品保护示范区。形成"小蒋说环保""慧如打卡 365""我们慧·蒋环保"等多个宣传品牌，以滨海文化为特色，融合旅游度假、文化演艺、研学基地等多种业态，推动生态环保理念深入人心。

三、投资网络促进产业联动

长江经济带覆盖沿江 11 省市、横跨我国东中西三大板块、人口规模和经济总量占据全国"半壁江山"，在双循环新发展格局构建中地位特殊。从以上海为"龙头"的长三角沿江而上，跨过以武汉为"龙腰"的长江中游地区，到达以重庆为"龙尾"的长江上游，两大直辖市之间连接了相当丰富的生产资源和生产要素。长江经济带的资源要素流动畅通，将直接为国内大循环打通主动脉，辐射东中西、带动南中北，实现生产、分配、流通、消费在全国范围的大布局，夯实国内超级大市场的坚实基础。

城际投资关系已成为优化资源要素配置、发挥地方比较优势的重要抓手。2022 年，上海签约落地亿元以上重点招商项目 1375 个，总投资超 1.2 万亿元，持续发挥了技术改造对全市工业稳增长稳投资的重要作用。以企查查数据库中的上市企业投资数据为基础，构建了长江经济带城际企业投资网络，发现长江经济带 5367 家上市企业累计向区域内 58865 家企业投资。长江经济带内城市本地投资 28607 次，涉及金额 30881 亿元；城市间异地投资 21443 次，长江经济带 4008 家企业累计异地投资 21086 家企业，共计金额 21278 亿元。上海对长江经济带内其他城市的投资额达到 3000 亿元以上，其中，上海对南京、苏州、无锡等城市的投资金额最多。

从长江经济带城市的融资企业数量来看，上海、杭州、苏州、南京、成都、武汉获得融资的企业超过 1000 家，占长江经济带所有城市融资企业数的 65% 以上。上海企业融资的机构集聚地和首选地效应彰显，上海获得长江经济带内其他城市融资的企业超过 8000 家，远超其他城市（第二位为杭州，有 3000 余家），有效带动长江经济带腾飞。上海已经形成了以服务业为主导的产业结构，其中金融、物流、信息技术、文化旅游等产业成为了经济发展的重要支柱，有效推动长江经济带地区产业转型升级，立足区域联动建设现代化产业体系。

从长江经济带城市上市公司融资的行业领域来看，科技研究和技术服务业有 9625 家企业，数量最多，占长江经济带所有融资企业的 35.82%。其次，信息传输、软件和信息技术服务业有 6196 家企业，占比 23.06%。制造业有 4258 家企业，占比 15.85%。科学技术、软件信息服务以及制造业领域的企业数共占到所有融资企业的 74.73%，折射出长江经济带"科技活水澎湃成潮"的蝶变，长江产业带的联动效应进一步增强。

此外，技术密集型产业主导也是长江经济带开发区的普遍特征（胡森林等，2020）。2018 年长江经济带共有 1115 个开发区，占全国总量的 44.12%。其中国家级经济技术开发区 108 个、国家级高新技术开发区 69 个、海关特殊监管区 65 个以及边境经济合作区 5 个，同时还包含各类省级开发区 868 个。长江经济带开发区技术密集型、资本密集型和劳动力密集型主导产业的数量规模依次递减，分别为 1695 个、709 个和 657 个。其中，装备制造、电子信息、农副产品是长江经济带开发区排名前三的主导产业类型，占比分别达 18.72%、13.49% 和11.70%。但长江经济带上、中、下游三大区域开发区的主导产业能级存在明显差异，未来可借鉴长三角地区内各类"飞地园区"建设的经验做法，将长三角地区一流园区的产业整体或产业链的部分环节通过园区共建等多种方式转移到中上游相对落后地区的同类产业园区。

长江经济带特别是长三角地区集中了大量优秀民营企业，都在积极参与对外投资，未来有必要利用上海的对外开放优势和"四个中心"功能到上海设立业务总部，当这些企业顺利完成对外投资构架时，可能转型升级为跨国公司，它们在上海的业务总部也将随之升格为跨国公司总部。上海亟须引进和培育出一批这样的跨国公司总部，提升产业能级的同时，增强对长三角地区和长江经济带的引领带动能力。

四、创新网络强化发展新动能

创新是驱动城市持续发展的内生动力。上海创新投入能力、创新要素集聚能力、创新产出能力同步提升，在长江经济带中的占比大，创新标杆作用凸显。上海的科学技术支出由 2013 年的 257.66 亿元增加到 2021 年的 422.70 亿元，平均每年占到长江流域省市的科学技术支出的 17%；上海的国内发明专利授权数由 2013 年的 10644 件增加到 2021 年的 32860 件，平均每年占到长江流域省市的国内发明专利授权数的 14%。上海市处在长江经济带城际合作专利网络的核心位置，创新引领辐射作用不断增强。基于 IncoPat 专利数据库，构建长江经济带城际合作专利网络，发现 2016~2020 年上海市与长江经济带内其他城市的合作专利数量最多，达到 16115 件，是 2001~2005 年的 16 倍，带内合作研究成果不断涌现。

长江经济带是我国重要的创新资源集散地，科创资源优势十分明显。五大国家级科创中心有三个落子长江经济带（上海、武汉、成渝）。长江经济带还拥有 10 个国家自主创新示范区、88 个国家级高新区，普通高等院校数量占全国的 40% 以上，拥有全国近一半的两院院士和科技人员，规模以上工业企业 R&D 人员全时当量、经费投入、新产品开发项目数占全国比重均超过 50%。依托长江经济带三大城市群（长江三角洲城市群、长江中游城市群、成渝城市群）建设，大中小结合、东中西联动，推动长江经济带高质量发展。长江经济带着力构建以"上海—南京—杭州—合肥—长沙—武汉—重庆—成都"为核心节点的带状创新先行示范区，依托产业转移和黄金水道加快创新要素向周围城市的有序转移，为技术创新活动注入活力。其中，上海创新发展特征突出，在长江经济带中区域引领辐射效应显现。上海已成为亚太区域吸引力位居前列的创新中心城市之一，国家级重点实验室超 45 家，外资研发中心超 500 家。上海优质创新资源已经在长江经济带形成一定的区域辐射力，上海与浙江嘉兴、江苏昆山试点跨区域使用科技创新券合作协议，如设立上海重庆实验室工程，加强上海与重庆的科技创新合作，助力沪渝共筑科技成果转化新格局。

科技创新协同合作推动长江经济带优势产业延链、新兴产业建链。开放的经济体制和紧密的创新合作为长江经济带发展带来巨大机遇。2020 年，长江经济带 9 省 2 市的专利授权量达 164.7 万件，占全国总量的 46.8%，企业创新更加活跃，规模以上工业企业 R&D 人员全时当量、经费投入、新产品开发项目数占全国总量的比重均超过 50%，占据中国的"半壁江山"。但当前长江经济带科技创新尚存在科技合作区域行政壁垒严重、创新要素分布及能力不协调、产业链与创新链脱离等问题。根据各省份的资源禀赋和产业基础，协同建立新兴产业和未来产业发展的生态系统，具体而言，建立跨区域产业联盟、研发中心等合作平台，推动科研力量优化配置和资源共享共用，建立统筹长江全流域的产业科技创新组织，下游的长三角 G60 科创走廊闯出了一条科创引领产业转型发展的新路，中游的光谷科创大走廊目前已布局脉冲强磁场、精密重力测量等 3 个大科学设施，致力于打造离岸科创集聚地，上游的成渝科创走廊以"一城多园"模式共同建设西部科学城。

创新驱动产业优化升级，上海集成电路、生物医药、人工智能三大先导产业以及先进制造业和现代服务业快速发展，有力支持和带动了长江经济带产业上下游分工合作。2022 年，上海三大先导产业总规模逾 1.4 万亿元。以生物医药产业为例，上海生物医药产业人才富集，高水平人才占全国的 1/5，直接从业人员高达 27.8 万人，其中 35 岁以下占比超五成，年轻化趋势明显。拥有 17 所国内知名高校院所和 30 多家国家级专业研究机构，先后布局和建设 35 家生物医药领域公共服务平台。2019~2022 年，规模以上生物医药工业企业数从 388 家增加至 500 家以上。上海强化"张江研发+上海制造"导向，完善"1+5+X"产业格局，产值占全市的 90%。2022 年，产业规模突破 8000 亿元，其中制造业产值从 2016 年的 958 亿元提高到 1850 亿元，年均增长超 10%。

总而言之，当前长江经济带多数省份已提出并正在积极实施产业创新高地建设和制造业创新中心建设行动等方案，为上海带来的发展机会凸显、发展潜力巨大，而不是恶性竞争。上海要瞄准自身优势，主动牵头组织，以建设全球影响力的科技创新中心为重要抓手，深化科技创新体制机制改革，塑造上海高质量发展的新动能、新优势，充分发挥长江经济带建设的龙头作用，积极推动长江经济带科技创新协同体系建设，增强面向全国、全球市场的科技创新服务供给能力。

参考文献

［1］薄力之. 国内外大科学装置集聚区［J］. 国际城市规划，2023，38（2）：153-158.

［2］岑晓腾，苏竣，黄萃. 基于耦合协调模型的区域科技协同创新评价研究——以沪嘉杭 G60 科技创新走廊为例［J］. 浙江社会科学，2019（8）：26-33+155-156.

［3］顾朝林. "十二五"期间需要注重巨型城市群发展问题［J］. 城市规划，2011，35（1）：16-18.

［4］管浩. 区域协同发展，建设长三角科技创新共同体［J］. 华东科技，2021（11）：36.

［5］胡森林，曾刚，滕堂伟，等. 长江经济带产业的集聚与演化——基于开发区的视角［J］. 地理研究，2020，39（3）：611-626.

［6］吴加伟，陈雯，袁丰，等. 长三角地区企业本土并购网络的时空动态性分析［J］. 地理研究，2021，40（7）：2020-2035.

［7］吴加伟，陈雯，袁丰，等. 中国企业本土并购双方的地理格局及其空间关联研究［J］. 地理科学，2019，39（9）：1434-1445.

［8］赵志娟，俞云峰，陈盼. 长三角科技创新券通用通兑协同推进机制与发展对策［J］. 科技管理研究，2022，42（23）：48-53.

第十一章　国际大都市建设

　　加快建设具有世界影响力的社会主义现代化国际大都市，是习近平总书记对上海的明确定位。上海作为我国改革开放的前沿窗口和深度链接全球的国际大都市，正以强化"四大功能"为主攻方向，以城市数字化转型为重要动力，全面深化"五个中心"建设，不断开创上海发展新局面。

第一节　深化"五个中心"建设

　　上海经济社会发展经历了从"四个中心"向"五个中心"的战略目标演进。党的"十四大"报告提出"尽快把上海建设成为国际经济、金融、贸易中心之一，带动长江三角洲和整个长江流域地区经济的新飞跃"。2001年国务院正式批复并原则同意《上海市城市总体规划（1999—2020年）》，明确指出要把上海建设成为现代化国际大都市和国际经济、金融、贸易、航运中心之一，初步构建了"四个中心"建设的基本框架，上海"四个中心"建设由此上升到国家战略高度。2014年5月，习近平总书记在上海考察工作时明确要求上海要加快建成具有全球影响力的科技创新中心。此后，上海市委、市政府进行了深入的调查研究和方案论证，建设上海全球科创中心的方案成为上海市政府2015年的一号课题。2016年4月，国务院批复了《上海系统推进全面创新改革试验加快建设具有全球影响力的科技创新中心方案》，建设具有全球影响力的科创中心，成为党中央、国务院交给上海的重要任务和国家战略。

一、国际经济中心

　　作为中国经济总量最大的城市，上海2020年已基本建成国际经济中心。未来，上海应对标国际一流经济中心城市，继续提升上海的经济中心功能，建设社会主义现代化大都市。到2035年，上海的国际经济中心地位应与中国经济的全球新地位相匹配，建设成为领先全球的国际经济中心，并在引领上海都市圈和长三角一体化发展中发挥更大作用。

（一）国际经济中心建设成效

上海已经基本建成综合经济实力雄厚、产业能级高、集聚辐射能力强的国际经济中心。从经济总量来看，自改革开放以来，上海经济持续快速发展，总体上表现为大幅增长、不断突破，2021年地区生产总值突破4万亿元，位列全国第十，占全国GDP总量的3.8%。以美元兑人民币平均汇率6.45计算，约为6699.98亿美元。上海人均GDP 2021年为17.4万元，明显高于全国平均水平（8.1万元），仅次于北京（18.4万元），与其他经济大省相比优势较为明显。

2018年初，上海市委、市政府明确提出"上海服务""上海制造""上海购物""上海文化"四大品牌重大战略部署，以现代服务业为主体、战略性新兴产业为引领、先进制造业为支撑的现代产业体系加快建立，服务业增加值占全市生产总值比重稳定在70%以上。2022年，地区生产总值为44652.80亿元，其中，第三产业增加值为33097.42亿元，增长0.3%，占地区生产总值的比重为74.1%。未来上海将按照习近平总书记的要求，继续当好全国改革开放排头兵、创新发展先行者，强化全球资源配置、科技创新策源、高端产业引领、开放门户枢纽等功能。对标国际一流经济中心城市，发挥上海在长三角一体化中的辐射引领作用，带动周边城市产业集聚和缩小收入差距，打造世界级湾区经济和都市群。

（二）国际经济中心建设新动能

在发达国家"再工业化""制造业回归"的背景下，发展战略性新兴产业是上海把握机遇、实现经济转型升级的战略性选择。"十三五"时期，上海大力培育发展战略性新兴产业，核心技术、关键产品不断突破，自主创新能力显著增强，发展质量持续提升。"十四五"时期，上海战略性新兴产业发展面临着更加深刻复杂的内外部发展环境，但仍处于全面提升产业能级的关键时期，面临新的机遇和挑战。为了进一步推进上海国际经济中心建设工作，必须把握好战略性新兴产业发展重点。

1. 集成电路产业发展重点

"十四五"期间，上海电子信息制造业构建"一核三基四前五端"产业体系。围绕国家战略方向，重点发展集成电路核心先导领域。上海市集成电路产业打造以张江为主体，以临港和嘉定为两翼的"一体两翼"空间布局，提升张江国家集成电路产业基地能级，增强临港集成电路高端装备制造能力，培育嘉定集成电路新兴产业带。加快研究谋划在临港新片区或长三角示范区新建集成电路综合性产业基地。到2025年，上海集成电路产业规模实现倍增，将形成国际一流、技术先进、产业链完整、配套完备的集成电路产业体系，基本建成具有全球影响力的集成电路产业创新高地。

2. 生物医药产业发展重点

作为上海战略性新兴产业重要支柱，生物医药产业是上海市"打造世界级产业集群"的三大先导产业之一。《上海市战略性新兴产业和先导产业发展"十四五"规划》提出，到 2025 年，上海计划基本建成具有国际影响力的生物医药创新策源地和生物医药产业集群。但现阶段，产业研究由政府主导，且面临着技术成果外流的风险，技术创新能力与国外相差较大，存在外资冲击风险。上海生物医药产业发展主要可以通过以下几个举措改善：首先，抢先布局，加速市场化进程。企业优选一批市场前景好的重大项目，预先进行专利布局，加快推进产业化，抢先占领应用市场，与此同时在创新药物、高端制造等领域设立产业链协同发展支持专项助力市场化进程。其次，加强合作，推进成果转化。扶持一批优势企业与高校等科研机构，建设技术创新联盟，开展长期研发活动，重点突破和超前部署一批关键、重要、前沿生物制药技术，联合开展技术成果转化。最后，精准施策，完善产业投融资制度。建议政府或国资参与生物医药产业建设，以政府引导基金或国资平台介入方式，促进财政与金融联动，发挥市场作用拓展资金链，逐步建立完备的产业发展生态系统，引领生物医药产业转型升级。

3. 人工智能产业发展重点

根据全球人工智能技术和产业发展趋势，结合上海市人工智能产业优势和发展基础，通过加大政策支持、建设创新体系、推动集群发展等方式，促进基础硬件、关键软件、智能产品等方面高质量发展。第一，支持相关主体开展基于先进架构的高效能智能芯片设计创新，重点推动通用计算 GPU 研发与产业化；面向智能图像识别、智能驾驶等应用，研制云端芯片和云端智能服务器。第二，支持相关主体加强人工智能框架软件的研发和应用，强化人工智能框架软件和芯片等硬件相互适配、性能优化和应用推广。第三，推动智能机器人软硬件系统标准化和模块化建设，鼓励相关企业、产品使用方与金融机构拓展智能机器人应用场景。第四，支持开展智能网联汽车关键技术、操作系统、专属芯片和核心零部件的自主研发与产业应用。第五，鼓励无人机产业发展，支持建设运行管理服务平台，加强多部门协同监管，支持拓展无人机应用场景。第六，支持开展人工智能医疗器械关键技术研发，在智能辅助诊断算法、手术定位导航、融合脑机接口等方面加强攻关突破。

4. 新能源汽车产业发展重点

为加快上海市新能源汽车产业发展，上海市人民政府发布了《上海市加快新能源汽车产业发展实施计划（2021—2025 年）》，其中加强关键共性技术研发，持续提升产业基础能力，需要把握产业技术研发重点领域：第一，强化整车集成技术创新。优先发展纯电动汽车，支持本市整车制造企业优化生产布局，健全燃料电池汽车全产业链生态，培育多层次、广覆盖的燃料电池汽车应用场景。第二，构建关键零部件技术和产品供给体系。加快动力电池技术突破，推动高功率密度驱动电机及控制系统向系统发展和燃料电池汽车关键技术突破。第三，加大智能汽车核心技术攻关力度。支持相关企业跨领域联合开展技术攻关，探索设立国家级车用操作系统创新中心，支持开展相关领域计量测试技术方法研究和标准体系建设。第四，推动车用氢气供应体系有序建设。支持可再生能源制氢技术应用和管道输氢试点，大幅降低氢气储运成本。

5. 高端装备制造产业发展重点

《上海市高端装备产业发展"十四五"规划》的发布，彰显了上海发展高端装备产业的决心，确定了"高端引领、数字驱动"的产业发展思路。其中"高端引领"方面，明确了"7+X"重点发展领域。"7"包括智能制造装备、航空航天装备、船舶海工装备、高端能源装备四大优势装备产业，以及节能环保装备、医疗装备、微电子装备三大重点装备产业。"X"则是指轨道交通、工程机械、农机装备、应急装备、高端电梯、先进泵阀等其他基础装备领域。"数字驱动"主要体现在装备数字化和生产数字化两方面。装备数字化主要是推动新一代人工智能技术与高端装备融合发展，生产数字化重点在于加强数字化技术赋能。

6. 航空航天产业发展重点

作为战略性新兴产业，航空航天的发展壮大是一段艰苦又漫长的征程。作为民用航空的主战场，2021 年上海市经信委等部门联合制订了《上海民用航空产业链建设三年行动计划（2022—2024 年）》（以下简称《三年行动计划》），根据《三年行动计划》内容，上海不仅要发挥整机制造对产业链的引领和带动作用，还要加快大型客机的研发生产工作。推动通航飞机产品创新的同时，支持无人机的融合应用。在民用航空方面，上海做大做强卫星及应用产业，加速卫星应用与空间基础设施融合发展，全面构建覆盖星上关键零部件、星地系统集成、地面站及应用终端、综合信息服务、整星研发批产的航天产业体系，重点发展卫星制造、航天运输系统以及卫星应用。

7. 信息通信产业发展重点

上海市通信管理局发布的《上海市信息通信行业加强集成创新持续优化营商环境二十条》提出，主要从四个方面着手打造市场化、法治化和国际化一流营商环境：一是夯实数字底座，提升通信能级；二是完善通信服务，降低企业成本；三是提升监管能力，优化经营环境；四是营造创新生态，推动产业发展。

信息通信发展围绕新型基础设施建设，加快推进下一代 IP 网络、全光通信设备等通信和网络产业发展，提升新型显示自主创新能力，强化物联网核心技术突破，保持电子设备制造产业稳定发展。

8. 新材料产业发展重点

材料工业是国民经济的基础产业，新材料是材料工业的先导，具有战略性、基础性，是高技术竞争的关键领域。《上海市先进材料产业发展"十四五"规划》中提出，先进材料产业的发力重点在先进基础材料、关键战略材料和特色攻坚材料，并指明先进材料产业发展的重点任务：一是加快创新转化，进一步提升企业创新能力，积极推进产业创新平台建设，全方位促进技术成果交易服务；二是实施补链强链，补重点产业核心环节，强先进材料高端环节，稳原材料保供环节；三是强化数字赋能，加强数字化基础建设，推进数字化应用赋能，培育数字化转型要素支撑；四是完善集群生态，各产业集群协同发展，多产业主体互补共赢；五是深化融合发展，两业融合支持先进材料创新变革，构建先进材料产业发展区域共同体，构筑产业绿色制造新体系。

9. 新兴数字产业发展重点

上海市数字经济发展以推动数字技术与实体经济深度融合为主线，以科学家判断技术前景、企业家发现市场需求、市场验证赛道价值、政府营造发展环境为工作方法，协同推动数字产业化和产业数字化。《上海市数字经济发展"十四五"规划》中布局四大领域新赛道，围绕数字新产业、数据新要素、数字新基建、智能新终端等重点领域，加快进行数字经济发展布局。数字新产业主要培育 6 个子赛道，分别是数字健康、智能制造、低碳能源、数字零售、数字金融以及智能城市。到 2025 年，以软件和信息服务为核心的新兴数字产业营业收入达到 1 万亿元左右，培育 20 家垂直细分领域数字经济龙头企业，打造若干个千亿级产业集群，全面提升数字经济发展能级，推动经济领域数字化转型。

二、国际金融中心

上海国际金融中心建设是党中央、国务院高瞻远瞩、审时度势，从我国现代化建设全局的高度作出的一项重大战略决策，是中央赋予上海的重要使命和光荣任务。2020 年上海已基本建成与我国经济实力以及人民币国际地位相适应的国际金融中心，"十四五"时期是上海国际金融中心建设在基本建成基础上迈向更高发展水平的开局起步期。

（一）国际金融中心建设成效

2022 年新华·道琼斯国际金融中心发展指数显示，上海依然保持强劲的发展潜力，全球综合竞争力上升一位，与香港并列第五，与其他亚洲城市共同在世界金融体系中扮演引领者角色。金融中心的形成与发展必须具有较强的经济集聚和扩散能力，与相邻的腹地有紧密的经济联系。相较于中国香港和新加坡等国际金融中心，上海以中国内地庞大的经济体系为依托，在提高进出口水平方面有着无法比拟的优势。2022 年全年通过上海口岸进出口总额为 11470.59 亿美元，与地区生产总值之比达到 173%（上海市统计局和国家统计局调查总队，2022）。2022 年全年上海金融市场交易总额达到 2932.98 万亿元，比上年增长16.8%。上海证券交易所总成交额为 496.09 万亿元，增长 7.6%。全年通过上海证券市场股票筹资 8477.18 亿元，比上年增长 1.7%。

在国际金融中心建设方面，上海的金融信息网络已实现全国联网，并与国际金融信息网络连接，证券交易的电子化水平在世界居领先地位，同时，上海还建立了个人信用联合征信系统和票据支付信用信息咨询系统，为上海国际金融中心的建设与发展创造了有利条件。上海已成为国内最大的证券、保险和外汇交易市场，全国银行卡中心、黄金交易中心先后落户，票据市场也初具雏形，拥有全国最大的住房抵押市场。其中，陆家嘴作为唯一以"金融贸易"命名的国家级开发区和"长江经济带"两大金融核心区（江北嘴、陆家嘴）之一，集聚了大量的中外资银行和保险机构、跨国公司总部、办事处和大量的贸易企业。

2021 年 8 月，上海市人民政府印发的《上海国际金融中心建设"十四五"规划》提出，到 2025 年上海国际金融中心能级显著提升，服务全国经济高质量发展作用进一步凸显，人民币金融资产配置和风险管理中心地位更加巩固，全球资源配置功能明显增强，为到 2035 年建成具有全球重要影响力的国际金融中心奠定坚实基础。

（二）促进金融业核心区发展

浦东新区的陆家嘴金融中心区和北外滩金融中心区作为上海金融业主要集聚区，成为上海建设国际金融中心的关键。

1. 陆家嘴金融贸易区

陆家嘴金融贸易区是上海中央商务区的重要组成部分，为了尽快形成陆家嘴金融贸易区的面貌，浦东新区充分发挥中央及上海市委、市政府赋予浦东的先试先行政策优势，相继推出聚焦金融等五大聚焦政策，主推陆家嘴金融贸易区的迅速发展，而发展的桥头堡就是 1.7 平方千米的陆家嘴中心区。上海陆家嘴中心区已经形成五大功能组团：一是以中国人民银行、汇丰银行、中银大厦等中心绿地周边地区为重心的国际银行楼群组团；二是以金茂大厦为主体的中外贸易机构要素市场组团；三是以东方明珠、香格里拉酒店、正大广场为核心的秀气旅游景点组团；四是以仁恒、世茂、汤臣鹏利等滨江地带为代表的顶级江景住宅园区组团；五是以陆家嘴中心区西区为重心的跨国公司区域总部大厦组团。

国外 CBD 发展规律表明，CBD 的产生和发展同城市社会经济发展的轨迹一致，在区域经济比较发达的阶段，CBD 会出现功能和空间上的拓展。陆家嘴金融贸易区的发展壮大带动了浦东新区乃至整个上海经济的快速发展。随着上海服务经济的持续发展，以陆家嘴金融区为核心的上海 CBD，逐步发展成涵盖外滩、北外滩、南外滩、世博会场馆区并向西延伸到南京路、淮海路的大规模区域 CBD；在功能上逐步走向多元复合，各区既相互分工又相互联系，并赋予足够的滨水地区的景观休闲和文化展示内涵，凸显国际大都市的城市品质。陆家嘴金融产业集群会对上海经济产生增长效率，甚至对周边长三角地区经济产生辐射效应。

2. 北外滩金融中心

北外滩位于虹口区南部滨江区域，是上海中心城区里市场基础扎实且中央商务功能相当完备的板块。北外滩周围地区的蓬勃发展为"北外滩"地区的繁荣开发提供了极佳的机遇。关于"北外滩"的优越地理位置已经形成了一个共识，即北外滩与外滩、陆家嘴金融贸易区形成三足鼎立之势，可共同构成上海国际经济金融贸易中心的主体。北外滩航运服务集聚区将被建设成为企业总部基地、航运要素集聚中心、国际邮轮客运中心和口岸服务中心，为上海现代物流业、航运业提供高层次的服务，并在此基础上发挥其金融服务功能。

上海"北外滩"地区的开发建设一直是人们所关注的热点，随着上海进一步的改革开放，上海作为全国的经济、金融、贸易中心地位的进一步确定，黄浦江沿江地区的开发的整治越来越受到重视。黄浦江岸线形成一个再开发轴规划，从而疏解被生产占用过多的岸线用地，逐步向高环境质量转化。

三、国际贸易中心

围绕立足国内、面向全球的战略要求，为国内市场提供全球资源保障，为国际市场提供高质量贸易服务，将上海国际贸易中心建设成为国际贸易中心新高地。"十四五"时期，上海要实现国际贸易中心能级跃升，基本建成全球贸易枢纽、亚太投资门户、国际消费中心城市、亚太供应链管理中心、贸易投资制度创新高地，全面建成国际会展之都。

（一）国际贸易中心建设成效与差距

1. 建设成效

近年来，上海的市场体系建设不断加强，流通规模进一步扩大，物流发展水平进一步提高，现代化商业模式已经建立。2021 年，上海市实现商品销售总额 16.45 万亿元，其中零售业销售额为 1.26 万亿元。上海市连锁经营业集聚了国内外商贸企业总部和企业运营管理中心、品牌运营中心、资金结算中心、物流中心、分拨中心、销售中心和采购中心等，已经成为众多国际高端商品和服务品牌的中国地区总部、亚太地区总部。

上海市贸易总量不断提高，贸易结构也进一步优化。2020 年，上海的进出口总额达 40610.35 亿美元，相较于 2019 年增长了 16.5%，其中进口增长 17.7%，出口增幅小于进口，为 14.6%。2020 年，上海口岸贸易额占全球贸易总量 3.2% 以上，列世界首位；上海港口货物吞吐量达到 71670 万吨、国际标准集装箱吞吐量 4350.34 万标准箱，稳居世界第一；贸易中转功能稳步增强，集装箱水水中转和国际中转比例分别提高至 51.6% 和 12.3%；美国、欧盟和日本等传统市场的出口总额增长 33%，对东盟等新兴市场出口比重逐步提高，在国际上的地位不断上升。

上海正逐步形成以国内大循环为主体、国内国际双循环相互促进的新发展格局。2021 年上海对外直接投资总额为 196.2 亿美元，比 2020 年增长 29.8%；对外直接投资的国家与地区达到 190 个，相较于"十一五"期间的 101 个有大幅提升。同时，吸引外资增长平稳，2021 年全年外商直接投资合同金额为 603.91 亿美元，实现了 16.9% 的增长，外商直接投资实际到位金额 225.51 亿美元，其中第三产业外商直接投资实际到位金额占比 95.5%。

2. 与代表性国际贸易中心的差距

与全球公认的国际贸易中心城市相比，上海在贸易中心的能级方面还有较大的差距。一是经济控制力不强，总部经济落后。跨国公司是国际产业链和价值链的主导者，跨国公司总部集聚是国家战略对上海作为全球城市的核心要求。2022 年，纽约、巴黎和东京分别有世界 500 强企业总部 17 家、23 家和 36 家，尽管上海的世界 500 强企业总部数量由 2014 年的 8 家增长至 2022 年的 12 家，但与其他城市相比总部经济仍存在一定的发展差。与北京相比，以企业总部为表征的经济控制力较弱（见表 11-1）。

表 11-1　2022 年世界 500 强企业总部上海与北京比较

	数量（家）	营业额（百万美元）	平均营业额（百万美元）
北京	54	5919671.2	109623.5
上海	12	848832.2	70736.0

资料来源：财富中文网.2023 年《财富》世界 500 强榜单上的 142 家中国公司［EB/OL］.［2023-08-02］.http://www.fortunechina.com/.

二是城市综合服务体系有待改善。服务型主导的经济不仅可以提高城市承载力，而且有助于熨平经济波动，能在应对国际金融危机和世界经济减速中发挥稳定器的作用。与国际贸易中心城市发达的服务体系相比，上海在城市服务功能，特别是在为国际贸易活动提供高层次的商务和金融服务等方面仍存在较大差距。诸多国际城市第三产业占 GDP 比重早已突破 80% 大关，如 2007 年东京第三产业占 GDP 的比重为 84.8%，巴黎为 85.2%，2006 年伦敦第三产业占 GDP 的比重为 88.2%。2022 年，上海第三产业增加值为 33097.42 亿元，比上年增长 0.3%，占全市生产总值的比重为 74.1%，与其他国际贸易中心城市相比仍有一定差距。

三是要素市场自由化和交通运输网络化有待加强。由于第三产业比重不足与落后，上海缺乏必要的金融、信息和投资手段对长三角区域以及全国经济施加影响，在现代化功能的发挥方面与纽约、伦敦、东京等国际经济中心城市相比还存在较大差距，国际影响力仍有待加强。并且，上海资金、保险、黄金、期货等市场的规模较小，国际结算业务起步较晚，相关的制度还不健全，导致在吸引国外金融资本上受到制约。

上海城市交通网络较为健全，形成了连接国内的发达的公路、铁路和内河交通网络，并且是目前中国国内唯一拥有两个国际机场、最大海港港口的城市。但与其他国际贸易中心相比，上海无论在国际航线分布方面，还是在内陆货运能力、服务水平、信息技术手段等方面均落后于其他国际贸易中心城市。

（二）上海国际贸易中心建设步骤

上海建设国际贸易中心可以分为三个发展阶段：第一阶段基本建成"腹地型"的国际贸易中心（参照中国香港）；第二阶段基本建成"转口型"的国际贸易中心（参照新加坡）；第三阶段基本建成兼具"腹地型""转口型"的国际贸易中心（参照纽约、东京和伦敦）。围绕阶段目标，上海确定建设框架和全球定位，但上海国际贸易中心的定位不局限于腹地型、转口型这种基本的、传统的国际贸易中心类型，而是搭建中国国内贸易、中国进出口贸易和世界各国间贸易三大平台，促进内贸与外贸相融合，承担全球性一体化综合资源配置。

《"十四五"时期提升上海国际贸易中心能级规划》明确上海国际贸易中心建设进入加快提升能级的新发展阶段，服务于构建国内大循环的中心节点和国内国际双循环的战略链接。"十四五"时期，上海的重点任务是实现上海国际贸易中心能级跃升，基本建成全球贸易枢纽、亚太投资门户、国际消费中心城市、亚太供应链管理中心、贸易投资制度创新高地，全面建成国际会展之都。

四、国际航运中心

"十三五"时期，航运中心建设进入高速发展阶段，以优良的洋山深水港为主体，国际航运服务能力不断提升。2020年，上海国际航运中心基本建成。上海国际航运中心深化发展不仅是顺应时代变化、服务国家战略、促进贸易增长，更是巩固航运中心建设已有优势、打造新竞争优势、探索制度突破，使上海国际航运中心成为支撑新发展格局的重要载体。

（一）国际航运中心建设成效

《新华·波罗的海国际航运中心发展指数报告（2023）》显示，上海连续4年位列全球航运中心城市综合实力第三；联合国贸发会议发布的全班轮运输连通性指数，上海港连续12年位列全球第一，上海国际航运中心从"基本建成"向"全面建成"跃升（张磊，2021）。

航运要素集聚度显著增强，枢纽作用凸显。上海拥有七大航运服务集聚区，分别是以航运总部经济为特色的北外滩地区和陆家嘴—洋泾地区，以港口物流和保税物流为重点的洋山—临港地区和外高桥地区，首个国际邮轮产业园吴淞口地区，临空经济发展重要载体虹桥机场和浦东机场地区。依托航运服务集聚区，一批国际性、国家级航运功能性机构云集上海，全球排名前列的班轮公司、邮轮企业、船舶管理机构、船级社等在沪设立总部或分支机构。

海港物流体系智慧绿色协同高效。洋山深水港四期成为全球规模最大、自动化程度最高的集装箱码头，芦潮港铁路中心站与洋山深水港区一体化运营取得突破，集装箱水水中转比例达51.6%。口岸通关各环节基本实现无纸化，港口业务无纸化率达100%。清洁能源设施、技术在港口推广应用，专业化泊位岸电设施覆盖率达79%。区域港航协同发展有序推进，长江集装箱江海联运实现信息共享和业务协同。航海服务保障水平显著提升，洋山港、长江口E航海项目全面完成，空中、水面、水下三位一体应急保障体系基本建成。

亚太大型国际航空枢纽初步建成。上海成功构建国内首个"一市两场"城市机场体系，空港通达性居亚洲领先地位。长三角空域精细化管理改革取得实效，航班正常率提升至年均80%以上。浦东国际机场全球最大单体卫星厅启用，快件分拨中心、冷库中心等专业化货运设施相继投用，枢纽功能进一步增强。2023年1月至8月，浦东机场和虹桥机场共完成航班起降44.8万架次、旅客吞吐量为6128.7万人次、货邮吞吐量为239.3万吨，分别恢复至2019年同期的86%、75%和93%。

现代航运服务功能基本健全。2021年，上海地区船舶保险和货运保险业务量达到45.7亿元，较上年上升5.3%，占全国船货险业务量的20.1%。航运信息服务发展迅速，中国出口集装箱运价指数（CCFI）、中国沿海煤炭运价指数（CBCFI）得到市场广泛认可，基于"中国航运数据库""港航大数据实验室"的应用项目相继实施。上海海事法院和海事仲裁服务机构共同打造国际海事司法上海基地，海事仲裁服务全国领先。吴淞口国际邮轮港成为亚洲第一、全球第四邮轮母港，邮轮商贸、邮轮船供业务得到发展，邮轮船票制度试点实施。

航运市场营商环境显著优化。上海港全面落实国家减税降费部署，降低港口使用成本。上海国际贸易"单一窗口"对接22个部门，实现口岸货物申报和运输工具申报全覆盖。除国内水路运输业务外，其他航运业务均已对外开放，累计34家外资国际船舶管理公司获批入驻自贸试验区。水运行业实施行政审批制度改革，压缩审批承诺时限，大幅精简申请材料，全面推进"证照分离"改革，构建"五位一体"的行业综合监管体制。

（二）高端服务型国际航运中心建设

高端服务型国际航运中心的主要特征是高层次的航运衍生服务产业极为发达，表现在法律法规极为完善，航运金融市场发达、航运要素集聚度高、航运交易活动密集、航运技术创新能力强，尤其是其向全球及时提供的航运信息与研究报告，是影响航运资源调配和全球航运市场发展的重要因素。

上海在集装箱吞吐量、货物吞吐量等"硬实力"指标上表现突出，但货运服务型发展模式不是上海国际航运中心持久发展的最好选择。上海在稳步推进航运硬件建设的基础上，全力完善航运软环境，发展高端服务产业，健全航运服务体系。弥补提升在航运金融、海事仲裁等"软实力"指标上的不足。2023年发布的最新一期国际航运中心航运服务评价结果显示，上海连续五年排名全球第三，位于航运服务"第一梯队"。并且从细分领域来看，上海航运经纪、海事法律、航运金融三项均排名全球第四。

上海根据港口资源禀赋、先行先试政策优势，以及金融、贸易等现代航运业发展基础，形成了外高桥、洋山、北外滩、陆家嘴、虹桥、浦东机场等若干重点功能区。围绕优化现代航运集疏运体系和发展现代航运服务体系，实现了上海国际航运中心建设各领域的全面发展。航运服务领域发展势头良好，航运金融业加快发展航运金融服务，开展船舶融资、航运保险等高端服务，现代航运服务能级持续提升，2020年航运保险船舶险、货运险业务全国占比分别达41%和14%，上海航运指数成为全球航运市场的风向标。

五、全球科创中心

与"十三五"时期相比，当前世界百年未有之大变局加速演进，上海面临内外部风险挑战和发展需求交织叠加、创新发展"危""机"并存。"十四五"时期是我国进入迈向创新型国家前列的关键期，上海科技创新中心建设正处于从形成基本框架体系向实现功能全面升级的关键阶段。

（一）全球科技创新中心的战略任务

2035 年，上海要基本建成具有世界影响力的社会主义现代化国际大都市，未来 15 年是建设具有全球影响力的科技创新中心的关键跃升期。上海要对标国际领先水平，不断提升上海在世界科技创新和产业变革中的影响力和竞争力，跻身全球重要的创新城市行列。

1. 实施开放式创新，提高全球创新资源配置能力

以建设全球科技创新中心建设为抓手，跳出上海看上海，立足世界看上海，在全球科技竞争的总体格局中，重新审视上海科技发展的战略定位、理念、目标和思路，着力推动实施开放式创新，提高全球资源配置能力，培育、集聚、形成一批具有较强服务和辐射能力的机构、设施和成果，提升科技创新中心的综合服务辐射能力。

第一，加速集聚全球高端创新要素，引进和培育高端人才和创新团队，引进和集聚海内外高端研发机构以及引进和利用海内外先进技术。第二，率先深化科技对外开放，逐步推动科技计划对外开放，积极鼓励和支持本土企业"走出去"，加强国际技术转移及成果转化。第三，着力增强创新要素辐射服务力。着力提升本土创新人才的国际影响力，培育一批高水平的大学和研究机构，打造一批具有全球服务能力的大型科学设施。

2. 深化自主创新，推进重点领域跨越发展

支持本土企业、研究院所和高校创造自主知识产权，强化自主核心专利、高端品牌和关键标准的创造、应用和保护，从参与创新走向主导创新。坚持以本土机构为主体，在对全市科技创新能力进行全面分析和客观评估的基础上，聚焦重点领域，选择一批关联度高、带动性广的共性技术和关键核心技术，举全市之力、联合攻关、重点突破，增强对全球创新活动的主导性和掌控力。

第一，加快基础研究前瞻布局。服务国家战略布局优势学科，面向应用需求部署重大任务，增强和拓展上海重要领域关键方向的原始创新基础。第二，推动产业技术重点突破，提升改造传统产业、培育突破新兴产业，提升产业掌控力。第三，促进民生科技推广应用，对接生态城市、健康城市和平安城市建设需求，提高科技惠民度。

3. 推动协同创新，提升城市创新系统效能

以深化科技管理体制机制改革为着力点，完善核心资源形成机制、企业动力激活机制、市场价值实现机制，优化部市合作、部门协作、区域协同、市区联动、军民融合机制，推动创新治理体系和治理能力现代化，形成符合国际规则的创新制度安排，加快建成要素齐全、布局合理、运行高效、合作开放、互动充分并具有特色和优势的城市创新体系，提高城市创新效能。

第一，健全企业主导的产学研协同创新体系。实施本土企业创新提升工程，切实增强企业技术研发能力；探索建立以企业为主导的产学研用协同创新机制，引导企业有效利用高校、科研院所的创新资源，提高创新能力。第二，完善立体化、网络化的创新联动格局。以部市合作、区域联动、市区联动为重点，努力消除体制机制性障碍，形成创新合力。第三，优化创新导向的城市空间布局体系。以张江国家自主创新示范区建设为契机，全力打造科技创新中心核心功能区，培育创新中央区（CID）；促进上海自贸区与张江示范区联动发展和政策衔接，以开放倒逼改革，以改革促进创新，以创新驱动发展。

4. 推进商业模式创新，促进创新价值实现

商业模式创新是实现创新价值、增强科技核心竞争力的关键。上海要坚持创新的市场导向、应用导向、价值导向，瞄准高端产业和产业高端，抓住微笑曲线的两端，坚持城市功能提升、市场需求引领和新技术应用带动，聚焦战略性新兴产业，聚集国内外创新创业资源，推动产业发展内生机制和产业组织创新，培育发展创新集群；加快发展研发产业等知识密集型产业，不断拓展新领域，发展新业态，培育新热点，推进品牌化、网络化、国际化经营，增强上海创新型经济的国际竞争力，抢占全球价值链高端。

第一，支持和引导企业创新商业模式和盈利模式，增强战略管理、研发组织和资源整合能力，有效提升创新能级和创新效率，切实增强创新发展的内在动力。第二，加快培育和发展研发服务产业。形成和优化有利于研发产业发展的政策环境，逐步实现研发产业的发展壮大，使其成为上海创新驱动发展的重要支撑和新的经济增长点。

（二）全球科技创新中心建设的突破口

上海要以"强化科技创新策源功能，提升城市核心竞争力"为主线，以"提升基础研究能力和突破关键核心技术"为主攻方向，加快实现具有全球影响力的科技创新中心功能全面升级，为我国进入创新型国家前列提供坚实支撑，支撑社会主义现代化强国和世界科技强国建设。

1. 改革政府管理制度

简政放权、放松管制，对应由市场做主的事项，政府做到少管、不管；打造自由开放的科研制度，简化科研项目资金管理；完善政府信息开放与共享制度，推进公共信用信息强制归集；营造有利于民营经济创新创业的公平环境，政府采购扩大本地民营企业比例；建立现代科研院所分类管理体制，给予基础研究和社会公益类稳定财政保障，给予前沿和共性技术类政府资助、竞争性项目经费、对外技术服务收益等多元收入；改革政府扶持创新活动的机制，强化需求支持，加强对创新产品的双向支持；建立财政科技投入统筹联动机制，建

设相关部门统一应用、第三方专业机构受托管理的项目投入管理和信息公开平台；建立上海科技创新评价机制。

2. **建立积极灵活的创新人才发展制度**

着力解决集聚人才的体制机制不活、人才创新创业活力不足和人才发展综合生态环境不优等瓶颈问题，试点实施海外技术移民制度，完善人才户籍和居住证积分制度，改革科研人才双向流动、高校人才培养，以及高校和科研机构人才考核聘用制度。

3. **健全企业主体的创新投入制度**

第一，探索支持天使投资发展的制度安排，扩大天使投资引导基金规模，试点对个人和企业投资种子期、初创期项目收入中资本利得部分，实行低税率安排。第二，创新和健全科技型中小企业金融服务机制，推动商业银行与创业投资、股权投资机构投资联动。第三，鼓励企业加大研发投入，扩大研发费用归集口径，加大重点行业加计扣除比例，试点市级创新平台享受国家平台税收和通关优惠政策。

4. **构建市场导向的科技成果转移转化制度**

第一，改革科技成果管理制度，由高校和科研院所自主实施由财政资金支持形成的科技成果转移转化，转化收益全部留归单位。第二，改革国有技术类无形资产交易制度，取消强制性评估和挂牌交易，建立协议定价和交易公示制度。第三，实行严格的知识产权保护制度，依法加大侵权惩罚力度。第四，建立知识产权资本化交易制度，简化知识产权质押融资流程，开展知识产权证券化交易试点。

5. **实施激发市场创新动力的收益分配制度**

第一，构建职务发明法定收益分配制度，允许国有企业与发明人（团队）事先约定科技成果归属和分配方式。第二，建立股权激励配套税征制度，减轻税收负担。第三，改革国有企业薪酬制度，引入任期激励、股权激励等创新导向的中长期激励方式。第四，完善国有企业业绩考核制度，将创新投入视同于利润。第五，实施管理、技术"双通道"的国企晋升制度，在管理序列晋升基础上，拓宽技术条线晋升渠道。

6. **建立鼓励创新要素自由流动的开放合作制度**

第一，优化境外创新投资管理制度，拓宽财政专项资金使用范围，支持企业境外投资并购获取新兴技术、知识产权、研发机构、人才和团队。第二，鼓励创新要素跨境流动，支持外资研发机构与本市单位共建实验室和人才培养基地，共同承担重大科研任务。

第二节 强化四大功能

2019 年 11 月，习近平总书记在上海考察工作时强调，要强化全球资源配置功能、科技创新策源功能、高端产业引领功能以及开放枢纽门户功能，明确了深化五个中心建设的战略重点。这为上海"十四五"时期乃至更长时期的发展提供了重要遵循，为上海推动经济高质量发展指明了路径和方向。

一、全球资源配置功能

全球资源配置功能是全球城市的核心功能，也是全球城市高质量发展的特征标志（宰飞和张杨，2023）。其核心在于对全球战略性资源、战略性产业和战略性通道具有控制力与影响力，全面提升上海国际经济中心能级，做大做强资本要素市场，高效配置人才、技术、数据等关键要素资源，从而彰显高质量发展的战略位势。

（一）发展成效

2022 年，上海金融市场交易额超 2933 万亿元，金融业占上海 GDP 的总量达到 19.3%。跨境人民币业务结算量保持全国领先，"上海金""上海油""上海铜""上海胶"等价格影响力日益扩大。上海已成为全球金融要素市场最完备的地区之一，货币、股票、债券、期货、票据、外汇、黄金、保险、信托等各类金融机构齐备。原油期货、"沪伦通"、债券通"南向通"、公募不动产投资信托基金等创新产品和业务推出，全国首家外资独资证券公司、公募基金公司、保险公司等一批金融业开放项目落地，新增持牌金融机构近 300 家。

在信息、技术、数据、人才、货物等资源配置方面，洋山港已连接全球 200 余个重要港口，班轮运输连通性指数达 145.68，位列全球第一，集装箱吞吐量连续 13 年保持世界第一。"海港未来"号液化天然气（LNG）加注船缓缓搭靠中国香港籍"以星珠穆朗玛峰"轮，完成约 1600 立方米保税 LNG 的加注作业任务，上海国际航运中心的服务能级又上了一个台阶。上海数据基础设施建设速度不断加快，上海数据交易所开业以来实现交易 1200 个，交易金额为 4 亿元。设于临港新片区的国际数据港基本建成五大功能平台，上海正在着力打造国际数据枢纽、创建数据要素中心、营造价值转化高地。上海拥有大量高水平的高等院校以及顶尖科研院所，是各行专业技术人才的集聚地。推动人才高地建设的一系列政策，持续吸引海外高层次人才归来，为打造世界级人才要素市场奠定基础。2022 年"浦江人才计划"累计资助 5296 名优秀留学回国人员，资助总额超过 10 亿元，一大批受资助者成长为杰青、首席科学家、领军人才等。上海还大力实施海外杰出人才优享计划，加大对海外高端人才的政策和服务支持力度，推进外国人工作居留许可。

根据全球化与世界城市研究小组（GaWC）发布的世界城市名册，2020 年上海排名较 2018 年提升 1 位，排名世界第 5 位，进入具有较高集聚和服务能力的全球顶级城市行列（潘闻闻，2021）。上海持续下气力优化营商环境，吸引更多企业的国际总部、地区总部落户，跨国企业日益增长。第一家设立融资租赁和商业保理机构的外资企业——沃尔沃建筑设备亚洲总部落户浦东金桥，并已承担起沃尔沃全球一半的业务。浦东新区大力推动投资总部拓展到运营总部、供应链管理总部、结算总部，推动单功能总部拓展为复合功能总部，推动地区总部升级为亚太总部、全球总部。截至 2022 年末，浦东获认定的跨国公司地区总部达 419 家；从全市层面来看，上海累计设立跨国公司地区总部 891 家，外资研发中心 531 家，继续保持中国内地跨国公司地区总部最为集中城市的领先地位。

（二）强化路径

进一步提升上海要素市场国际化水平，强化全球资源配置能力，要求上海着力推动要素市场从规模到能级的实质性转变，实现从"国际性"向"全球性"的跨越，从融入参与国际化转向主动引导和配置全球资源。

一是要增强金融要素市场全球定价能力和话语权。围绕深化金融供给侧结构性改革，增强服务实体经济能力，积极推动金融对外开放，提升金融市场国际化水平，打造人民币金融资产配置和风险管理中心，构建更加国际化的金融市场体系、金融机构体系和业务创新体系。

二是要提升各类高能级市场平台的国际影响力。积极适应国际市场发展新趋势，以扩大开放加快补齐政策短板为目标，聚焦钢铁、有色金属、石油化工等领域，加快建设大宗商品交易全球集散与定价中心，大力集聚各类强链接广辐射的技术、数据等高能级平台。

三是要提升高端要素在全球价值链中的位势。围绕统筹利用国内、国外两个市场、两种资源，推动贸易投资自由化便利化，集聚高能级的贸易投资主体，打造高层次的贸易投资平台，加快建设在全球投资贸易网络中具有枢纽作用的贸易中心，推动全球贸易最大口岸转向全球贸易最强节点。

四是要提升高端航运服务能级和资源集聚。以建设智慧高效、服务完备、品质领先的国际集装箱枢纽、世界级航空枢纽、国际邮轮港为抓手，夯实航运服务业发展基础。以推动航运创新发展为重点，扩大航运开放水平，深化航运制度创新，完善航运服务业发展环境。以增强现代航运国际影响力为重点，大力发展航运金融、航运信息、海事法律、现代航空等现代航运服务业。

二、科技创新策源功能

习近平总书记在上海考察时明确要求，上海要强化科技创新策源功能，赋予了上海科创中心建设新的时代内涵。强化科技创新策源功能的核心是要强化基础研究，深化科技体制机制改革，加快促进科技成果转化，推动关键核心技术创新，实现产业链安全稳定和高效。

（一）发展成效

根据《上海科技创新中心指数报告（2021）》，以2010年为基期，2021年上海科技创新中心综合指数达到383.54分，连续十年保持两位数增长，上海市科技创新策源功能持续增强。上海科技创业中心建设所取得的阶段性成果为孕育具有创新策源意义、引领赛道风口的"核爆点"奠定了良好基础。上海自贸区成立以来，以制度创新为核心取得了一系列显著成果，充分发挥了全面深化改革、扩大开放的试验田作用和国内自贸试验区建设中的"头雁"引领作用。对标国际高标准经贸规则，推进高水平制度型开放，如推动构建负面清单管理制度，实施外商投资备案管理，落地了一批全国首创外资项目。海关监管举措更加高效便捷，海关等部门推出了"分送集报""货物状态分类监管"等系列创新举措。拓展现代航运服务体系功能，拓展高端航运服务功能。打造接轨国际的法治环境，对涉及自贸试验区的知识产权案件、民商事案件实行相对集中审理。

战略科技力量保持内涵式增长。上海的发展进程紧紧围绕国家战略需求，聚焦和承担国家科技重大产业化专项的集成制造，如核电设备、大型民用科技、燃气轮机、航空母舰等国家重大科技专项均落地上海。截至2022年底，上海累计牵头承担国家科技重大专项929项，获中央财政资金支持333.04亿元。加快推进在沪国家重大科技基础设施建设，上海硬X射线自由电子激光装置加快推进设备进场安装及光速线站贯通，上海光源、国家蛋白质科学研究（上海）设施、上海超级计算中心等一批已建成大科学设施服务效能不断提升，新一批"十四五"国家重大科技基础设施规划正式项目和储备项目稳步推进。

打造前沿制造产业集群，引领实体经济高质量发展。上海依托临港新片区，在集成电路、人工智能、生物医药、民用航空和新能源汽车五大领域产业集群建设上均已初具规模，为上海自贸试验区引领新发展格局构建创造了高能级的实体经济发展空间。随着五大前沿领域产业集群的进一步发展，上海自贸区能够更加充分地发挥上海在国内大循环中产业高质量发展的引领作用。

（二）强化路径

创新型经济是上海的鲜明特征和显著优势，是成为国内大循环的中心节点、国内国际双循环的战略链接的支撑点，是更好地代表国家参与国际竞争合作的重要着力点。2020 年 5 月，李强在上海市科学技术奖励大会上指出，强化科技创新策源功能，必须充分激发人才的创造力、必须着力突破关键核心技术、必须大力深化科技体制改革、必须加快把创新成果转化为现实生产力。

一是要加强基础研究，以战略眼光支持自由探索（苏展等，2023）。加快推进张江综合性国家科学中心建设，打造以国家实验室为引领的战略科技力量，打造高水平基础研究力量，支持高校、科研院所和企业自主布局基础研究，组织实施基础前沿重大战略项目，加快形成一批基础研究和应用基础研究的原创性成果。

二是要加速成果转化，打通链路引育"耐心资本"。构建覆盖全生命周期的成果转化体系，既涉及科技成果产权制度改革，也考量着高质量的成果孵化器，以及链条上每一环节人员的积极性。一手抓创新转化，进一步优化创新孵化体系、科技公共服务体系、科技投融资体系、大中小企业协同创新体系，四大体系要同时并进。

三是要构建开放创新体系，从线性叠加到指数升级。营造开放协同的创新空间，构建更高水平的全球创新网络。加强全方位、多层次、宽领域的国内国际科技创新交流合作，夯实区域合作"科技+"模式，加快推进长三角科技创新共同体建设，加强与中西部城市群、创新型城市联动，构建高水平国际创新网络，助力上海成为全球创新网络的重要枢纽（金叶子，2021）。

三、高端产业引领功能

高端产业是推动产业经济和信息化高质量发展，提升城市能级和核心竞争力的重要支撑。"强化高端产业引领功能，坚持现代服务业为主体、先进制造业为支撑的战略定位，努力掌握产业链核心环节、占据价值链高端地位"是实现自主可控、高效优质的国内循环经济体系的基本保证，是构建以国内大循环为主体、国内国际双循环相互促进的新发展格局的关键。

（一）发展成效

上海以制造业为实体经济主战场，先后制订两轮实施打响"上海制造"品牌的三年行动计划，培育壮大战略性新兴产业，推动制造业不断向产业链价值链高端跃升（刘学华等，2019）。2016 年，上海的战略性新兴产业增加值和地区生产总值分别是 4182.26 亿元和 27466.15 亿元；2022 年，上述产值分别上升至 10641.19 亿元和 44652.8 亿元，战略性新兴产业增加值占地区生产总值比重从 15.23% 上升到 23.83%（见表 11-2）。战略性新兴制造业产值占规模以上工业企业总产值的比重由 2011 年的 23.2% 提升到 2021 年的 40.6%，成为工业经济提质增效的主力军。

表 11-2　2016~2022 年上海市战略性新兴产业发展概况

年份	战略性新兴产业增加值 （亿元）	地区生产总值 （亿元）	战略性新兴产业增加值占地区生产总值比重 （%）
2016	4182.26	27466.15	15.23
2017	4943.51	30133.86	16.41
2018	5461.91	32679.87	16.71
2019	6133.22	38155.32	16.07
2020	7327.58	38700.58	18.93
2021	8794.52	43214.85	20.35
2022	10641.19	44652.8	23.83

资料来源：2016~2021 年《上海市国民经济和社会发展统计公报》。

　　构建"3+6"新型产业体系是上海"十四五"时期制造业规划的亮点和重点。2021 年，生物医药、集成电路、人工智能三大先导产业的规模分别约为7617 亿元、2578 亿元、3057 亿元，总规模达到 1.27 万亿元；电子信息、生命健康、汽车、高端装备、先进材料、时尚消费品六大重点产业工业总产值超2.87 万亿元，总规模超 5 万亿元。2020 年 4 月，上海在全国率先发布促进在线新经济发展的行动方案。2021 年，上海软件和信息服务业营业收入达 13098.4亿元，相比于 2011 年提升约 1 万亿元，年均增长 18.2%，培育了 30 余家新生代互联网领军企业；上海生产性服务业重点领域营业收入达 3.5 万亿元，文化创意产业年均增长超过 10%，新业态与新模式蓬勃兴起。

　　（二）强化路径

　　伴随新一轮科技革命的发展，人工智能、区块链、5G、云计算等新兴技术越发成熟，上海必须牢牢把握这一战略趋势和革命契机，面向国家战略需求，站在引领国家产业创新的战略高度，以三大先导产业为引领，统筹六大重点产业集群发展。以"高端技术"创新为核心要点，以"高端企业"培训为主要抓手，发挥"高端产业"对高质量发展的引领作用。现阶段，上海强化高端产业引领功能的重点方向主要包括三个方面。

　　一是打造产业合作的创新机制。上海要立足于产业基础和优势资源，加快建立植根本地、连接区域、服务全国、面向全球发展的创新网络、生产网络和服务网络。联合长三角地区大型企业、高等院校和科研院所，构建产学研用新型研发机构，创新运行机制，加大对产业发展的支持力度。优化以企业为主体的市场经济环境，优胜劣汰，避免政府过度干预。加快产业链供应链锻长板、补短板，努力掌握产业链核心环节，占据价值链高端地位。

二是创建"四链"融合的协同机制。在全球视野下，创建既适合上海又能引领世界发展的供应链、产业链、创新链、价值链"四链"融合的协同新模式和新机制，各链条必须协同突破"卡脖子"问题，发展数据经济和健康经济，切实推动上海产业的高质量发展。进一步增强对资源要素流量的管控和增值能力，推动上海在全球产业链、价值链、创新链、人才链、服务链中占据更多的高端环节，成为全球资金、信息、人才、科技等要素流动的重要枢纽。

三是强化数字转型的发展机制。推动数字经济和实体经济深度融合，围绕绿色低碳改造传统产业，发挥数字技术对经济高质量发展的"赋能"效应。在全链条上引入并培育一批技术先进、前景广阔的产业，保持产业集群的竞争力。全面提升产业发展的高度，大力发展高端制造业和高端服务业，提升全要素生产率，做大经济总量，提升经济质量。

四、开放枢纽门户功能

高水平开放枢纽门户是指在现代化和全球化进程中，在对外开放的战略指导下，依托交通、信息、金融等具有高水平竞争力的枢纽，承担各种要素的流通和聚集的高水平城市或地区。自20世纪90年代以来，上海以浦东开发开放为龙头，积极参与全球分工，承接国际产业转移，实现了跨越式发展。未来，上海强化开放枢纽门户功能的核心是要加快打造国内大循环的中心节点和国内国际双循环的战略链接。

（一）发展成效

依托我国超大规模市场，上海开放枢纽门户地位初步确立，为服务"双循环"奠定了坚实基础，商品和服务贸易规模居世界前列，枢纽功能逐步凸显。2022年，在上海投资的国家和地区达192个，上海市累计认定跨国公司地区总部891家、外资研发中心531家。年内新增跨国公司60家、外资研发中心25家。全年备案对外直接投资项目658个，对外直接投资中方投资额86.2亿美元。

中国国际进口博览会（以下简称"进博会"）、自由贸易试验区等高水平开放窗口作用不断显现。2018～2022年，进博会连续五届在上海成功举办。在第五届进博会上，来自127个国家和地区的企业参加企业商业展，66个国家和3个国际组织亮相国家综合展。RCEP成员国均有企业参展，共建"一带一路"国家和地区、上海合作组织参展国数量也较上一届增加。总交易意向为735.2亿美元，比上届增长3.9%。上海自贸试验区临港新片区正在加快建设更具国际市场影响力和竞争力的特殊经济功能区，对外开放力度不断加大。自2019年8月20日临港新片区揭牌以来，国务院总体规划规定的工作任务已完成90%，新签约项目总数超过 970 个，总投资超过 5000 亿元。"五自由一便民"制度开放体系框架基本形成，洋山特殊综合保税区投入运营，推进"六特"海关监管模式建设，试点多项重大功能创新举措。

（二）强化路径

从更好服务新发展格局的角度看，与纽约、伦敦、东京等全球城市相比，上海在资源集聚能力、制度创新水平、营商环境营造等方面仍存在一定差距。与此同时，我国面临的外部环境进一步恶化，美国多方位制衡中国的趋势加剧。上海在融入全球经济体系的同时，需要积极参与东亚区域价值链体系，进一步强化枢纽门户开放功能。强化开放枢纽门户功能的核心，是加快打造国内大循环的中心节点和国内国际双循环的战略链接。充分推动国内外双循环能量交换，构建要素链接、产能链接、市场链接、规则链接，形成独具优势的战略通道。现阶段，上海强化开放枢纽门户功能的重点方向主要包括三个方面。

一是加快打造国内大循环的中心节点。充分发挥上海高端产业集聚、科创资源丰富、金融市场发达的自身优势。通过强化产业链核心环节控制能力、充分发挥上海在我国扩大内需中的引领作用，以及率先打通制约国内大循环的障碍堵点等路径发挥不可替代的枢纽节点功能。面对美国日益强硬的对华科技打压，聚焦集成电路、人工智能、生物医药、高端装备等重点产业，进一步强化高端创新能力，打破"卡脖子"问题，维护产业链、供应链安全稳定。加快推进国际消费城市建设，引领消费新潮流。加大新型基础设施投资力度，引领投资新方向。从体制机制改革入手，完善统一开放、竞争有序的市场体系。加快培育数据要素市场，完善数据共享和流通标准，释放数据资源价值。

二是深入拓展高水平国际循环的战略空间。进一步吸引美国顶尖跨国公司到上海投资，并深化与欧洲在优势领域的合作。强化在制药、化工、光电设备等领域与欧盟的合作，强化在新能源汽车、车联网、节能环保等领域与德国合作。随着价值链区域化的趋势，上海应进一步扩大在相关国家的投资和贸易规模，并围绕上海建立东亚产业网络的核心圈。加强在技术研发、产业创新、高端服务业等领域与日本、韩国、新加坡等东亚发达经济体的合作，加强人民币跨境结算和投融资服务。以上海自贸试验区新港区为基础，设立"一带一路"建设仓储交易中心，提升仓储交易对共建"一带一路"国家和地区的服务功能。

三是进一步提升制度开放水平。上海第三产业增加值占国内生产总值的70%以上，以服务业为特征的增长结构主要依赖于高水平的制度开放。从商品和要素流动型开放向规则、标准等制度型开放转变，不仅意味着更深层次、更全面、更系统的开放，而且是构建高水平开放型经济新体制的必然选择，同时也是积极参与国际经济治理体系改革的重要举措。推进规则、法规、标准、管理等方面的制度开放，是形成以服务经济为核心的高水平开放新格局的内在要求。全面营造市场化、法治化、国际一流的营商环境，通过国内大循环吸引全球资源要素，进一步扩大外商投资市场准入范围。把握国际规则的特点和发展趋势，合理减少外商投资准入负面清单，有序推进人民币国际化。

第三节　推动城市数字化转型

作为超大城市，上海人口多、流量大、功能密，具有复杂巨系统的特征，城市建设、发展、运行、治理各方面情形交织、错综复杂。随着数据资源在链接服务国内大循环和国内国际双循环中的引领型、功能型、关键型要素地位不断突出，全面推进城市数字化转型成为上海主动服务新发展格局的重要战略。

一、上海数字化转型的发展背景

当前，数字化转型正在以不可逆转的趋势席卷全球。数字化正日益成为经济社会发展的核心动力，深刻改变全球生产组织和贸易结构，重新定义生产力和生产关系，全面重塑城市治理模式和生活方式（许宪春等，2023）。

作为国家改革开放和创新发展的排头兵，上海在数字化建设方面起步较早且优势突出。截至 2020 年底，在数字基础设施方面，上海市基本实现了千兆固定宽带家庭全覆盖以及中心城区和郊区城镇化地区 5G 网络全覆盖，率先建成全国"双千兆第一城"。在数据资源利用方面，累计开放数据集超过 4000 项，推动普惠金融等多个产业共 11 个公共数据开放应用试点项目的建设。在数字经济方面，产业数字化能级不断提升，工业互联网赋能全产业链协同、价值链整合。数字产业化持续深化，集成电路产业与人工智能产业处于全国领先地位。在数字公共服务方面，推行政务服务"一网通办"，推进"社区云"平台、综合为老服务平台、智慧医疗、推动智慧出行等多项服务建设。在数字赋能城市治理方面，建立了市、区、街镇三级城运中心，打造务实管用的智能化应用场景，建设高效处置突发事件的联动指挥系统，实现跨地域的联动指挥。

二、上海数字化转型的战略意义

全面推进数字化转型是面向未来塑造城市核心竞争力的关键之举，推动数字化转型的战略意义主要包括五个方面：一是催生科技创新新范式。数字驱动的组合式创新加速突破，数字技术的快速发展和广泛渗透为前沿及颠覆性的技术突破提供了更丰富的工具和手段。数字技术与其他技术领域的融合创新将推动技术进步和经济社会发展。二是孕育经济发展新动能。充分激发数据要素对价值创造的乘数效应，开展产业数字化和数字产业化的"双轮驱动"，全方位、全角度、全链条改造和重构传统经济体系，不断推动新产业、新业态、新模式的出现并提高城市的经济竞争力（滕堂伟，2021）。三是营造民生服务新体验。在线化、协同化、无接触为特点的应用场景不断迭代。运用大数据深度挖掘和智能分析，提供更便捷、高效的公共服务，如智能医疗、智慧教育、智慧社区等，提升居民的生活品质和幸福感。四是带动社会治理新模式。个人依靠社交媒体、网络平台和其他信息渠道，显著增强了探索公共事务和参与社会治理的自主性。互联网已成为创新社会治理、促进共治共享的平台，推动政府、企业、社会组织和个人的协同共治模式的发展与运行。五是构建城市运行新形态。数字化重新定义了城市的形态和能力。随着物联感知等技术加速应用，数字孪生城市将成为赋能城市实现精明增长、提升长期竞争力的核心抓手。

三、上海数字化转型的建设路径

2020 年 12 月，上海市委、市政府印发了《关于全面推进上海城市数字化转型的意见》（以下简称《意见》），指出"要把数字化转型作为上海'十四五'经济社会发展主攻方向之一"以及"从'城市是生命体、有机体'的全局出发，统筹推进城市经济、生活、治理全面数字化转型"。《意见》还指出了上海数字化转型的发展目标：到 2025 年，上海全面推进城市数字化转型取得显著成效，国际数字之都建设形成基本框架；到 2035 年，成为具有世界影响力的国际数字之都。为了消除制约上海数字化转型过程中的政策性门槛，2021 年 7 月，上海市发展和改革委员会印发了《上海市促进城市数字化转型的若干政策措施》，从建立全面激发经济数字化创新活力的新机制、建立全面提升生活数字化服务能力的新制度、建立全面提高治理数字化管理效能的新机制、建立数字化转型建设多元化参与的新机制、建立系统全面的数字化转型保障新体系五个维度为全面推进城市数字化转型提供制度保障。

为了进一步推动城市数字化转型，2021 年 10 月，上海市人民政府办公厅印发了《上海市全面推进城市数字化转型"十四五"规划》，指出"要以城市数字化转型作为推动高质量发展、创造高品质生活、实现高效能治理的重要抓手，加快数字化转型与强化'四大功能'、深化'五个中心'建设深度融合，与提升城市能级和核心竞争力、提升城市软实力紧密衔接"，还指出"聚焦'数智赋能'的基础底座构建、'跨界融合'的数字经济跃升、'以人为本'的数字生活体验、'高效协同'的数字治理变革，率先探索符合时代特征、上海特色的城市数字化转型新路子和新经验，加快建设具有世界影响力的社会主义现代化国际大都市"。为了推进上海城市数字化转型标准化建设，2022年3月，上海市人民政府办公厅印发了《上海城市数字化转型标准化建设实施方案》，从基础标准、经济数字化转型标准、生活数字化转型标准、治理数字化转型标准以及标准化工作格局等方面推进上海城市数字化转型标准化建设。目前，上海数字化转型建设已经取得了不少成绩。2021年，上海数字经济核心产业增加值实现5367.27亿元，占GDP比重达12.4%，上海数字经济核心产业增加值增速达到15.5%。此外，上海数字生活服务体系和数字治理服务体系也在不断完善中。截至2023年6月末，上海已在市民生活领域建设40个重点场景。中国经济信息社发布的《中国城市数字治理报告（2023）》指出，上海的城市数字化治理水平处于卓越地位，位列全国第一。

从全球来看，2021年全球数字化转型的增加值达到9449亿美元，自2016年以来，年复合增长率约为24.2%。纽约、伦敦和新加坡等世界主要城市或国家纷纷推出数字化转型战略，试图通过数字化转型成为世界数字之都。纽约作为最早推行数字化转型的城市之一，在2009年成立了"纽约城市数字化转型领导小组"，统筹规划城市数字化转型发展（薛泽林和吴晨，2022）。在应用场景方面，纽约率先将数字化转型应用到生产、贸易等相关领域，进而推广到整个城市。2013年，伦敦市推出了智慧城市发展规划，通过设立"对话伦敦"网络社区平台，搭建了政策制定者和公民对话的渠道。此外，伦敦建立了伦敦数据分析办公室（LODA），以提升城市中的数据共享和使用能力。新加坡作为亚洲领先的数字经济体，在数字经济和新兴技术领域发展迅猛。2014年，新加坡提出"智慧国家2025"发展蓝图，拉开城市数字化转型序幕。作为全球首个运用"传感器通信主干网"技术的国家，新加坡通过提升城市运行效率不断推进新型智慧城市建设。纵观世界各大城市的数字化转型可以发现，各大城市均注重数字基础设施的建设并需要多领域、跨部门的协作。实现城市数字化转型需要制定长期的战略规划，并确保政府和社会各界的共同参与和贯彻执行。

对于上海而言，上海需要以更大力度推进城市数字化转型，加快建设具有世界影响力的社会主义现代化国际大都市。一是推进智能交通系统、智能能源管理、智慧环境监测等智慧城市基础设施的建设，通过大数据、人工智能和物联网技术的应用，提升城市管理和服务水平。二是加强数字经济发展，培育数字产业集群，推动互联网、人工智能、大数据等新兴产业的创新发展。加强数字技术人才培养，提高数字经济的核心竞争力。三是优化城市治理体系，推动政务服务、社会管理、公共安全等领域的数字化转型。通过信息化手段，提高政府决策的科学性和精准性，提升城市治理效能。四是加强科技创新能力，加强科研机构和企业的合作，培育创新型企业和高新技术产业。通过建设科技创新中心和科技创新园区，吸引国内外优秀科技资源，推动科技成果转化和产业升级。五是提升城市生活品质，通过数字化手段提供更便捷、高效的公共服务，如智能交通、智慧医疗、智慧教育等。同时，加强城市环境保护和绿色发展，提高居民的生态福祉。不断推进国际数字之都的建设和升级，为上海建设具有世界影响力的社会主义现代化国际大都市提供实力支撑。

参考文献

［1］金叶子．上海科创中心"十四五"施工图强化科技创新策源功能［N］．第一财经日报，2021-09-30（A1）．

［2］刘学华，周海蓉，崔园园．"上海制造"品牌的发展历程及突破方向［J］．科学发展，2019（12）：5-15．

［3］潘闻闻．加快提高要素市场国际化程度，强化上海全球资源配置功能［J］．科学发展，2021（5）：43-48．

［4］上海市统计局和国家统计局调查总队．上海统计年鉴（2022）［M］．北京：中国统计出版社，2022．

［5］苏展，周辰，王宛艺．强化科技创新策源功能，厚植自立自强第一动力［N］．文汇报，2023-08-03（1）．

［6］滕堂伟．上海制造业数字化转型经验及对粤港澳大湾区的启示［J］．科技与金融，2021（7）：15-22．

［7］许宪春，靖骐亦，雷泽坤．数字化转型在经济社会发展中的作用、挑战与建议［J］．求是学刊，2023，50（4）：78-88．

［8］薛泽林，吴晨．城市治理数字化转型的美国实践与启示［J］．电子政务，2022（4）：91-100．

［9］宰飞，张杨．做强配置资源功能［N］．解放日报，2023-06-12（1）．

［10］张磊．"双循环"视域下打造上海国际航运中心高质量发展格局实践路径［J］．对外经贸实务，2021（11）：86-90．